U0856967

五代马楚政权研究

WU DAI MA CHU ZHENG QUAN YAN JIU

彭文峰 著

中国社会科学出版社

图书在版编目（CIP）数据

五代马楚政权研究／彭文峰著．—北京：中国社会科学出版社，2014.12（2017.10 重印）

ISBN 978－7－5161－5156－3

Ⅰ.①五… Ⅱ.①彭… Ⅲ.①政权—研究—五代（907～960）Ⅳ.①D691.2

中国版本图书馆 CIP 数据核字（2014）第 279789 号

出 版 人　赵剑英
责任编辑　宋燕鹏
责任校对　周　昊
责任印制　李寡寡

出　　版　中国社会科学出版社
社　　址　北京鼓楼西大街甲 158 号
邮　　编　100720
网　　址　http://www.csspw.cn
发 行 部　010－84083685
门 市 部　010－84029450
经　　销　新华书店及其他书店

印　　刷　北京明恒达印务有限公司
装　　订　廊坊市广阳区广增装订厂
版　　次　2014 年 12 月第 1 版
印　　次　2017 年 10 月第 2 次印刷

开　　本　710×1000　1/16
印　　张　15.25
插　　页　2
字　　数　255 千字
定　　价　48.00 元

目　　录

绪　论

一　选题缘起

天祐四年（907）唐王朝统治结束后，中原地区相继出现了后梁、后唐、后晋、后汉、后周五个朝代，史称“五代”；与中原的五代王朝大体同时，在今秦岭淮河以南及北方的山西地区先后形成了吴、吴越、前蜀、闽、南汉、荆南、楚、后蜀、南唐、北汉这十个主要的政权，北方的五代王朝和主要位于南方的十国统称为五代十国，本书沿承旧史，以“五代”概称这一时期，将这一时期的历史通称为五代史（907—960）。

五代虽然只持续了短短的53年（整体而言如此，十国部分政权延续至北宋统治时期），在中国古代史上却有着不同寻常的地位。五代是由唐至宋的过渡时期，一方面可以视为“安史之乱”以来藩镇割据局面的继续，另一方面又可看作是北宋基本统一局面的滥觞，具有承前启后的作用。正如邓小南先生所言：“五代时期之所以重要，原因之一在于它的过渡性。它是一个破坏、杂糅与整合的时期。它自唐代后期藩镇割据局面脱胎发育而来，同时又为打破长期僵持之局面创造着条件；它是‘礼乐崩坏’的时期，同时又是大规模整理旧制度、建设新局面的时期；它是上上下下空前分裂的时期，同时又是走向新层次统一的时期。”[①]尽管五代的地位十分重要，但其在中国历史上却长期处于一种尴尬的境地，北宋王朝建立初期因为政治需要曾给予了这段历史相当的地位，宋廷统治稳固之后，五代史的地位就急剧下降，其正统地位被否定：“昔者，秦祚促而德暴，不入正统，考诸五代之际，亦是类矣。国家诚能下

---

① 邓小南：《祖宗之法：北宋前期政治述略》，生活·读书·新知三联书店2006年版，第79页。

黜五代，绍唐之土德，以继圣祖，亦犹汉之黜秦，兴周之火德以继尧者也。”[①] 宋人甚至用“五季”指代五代十国以表示对这一历史时期的轻视，“五代无道”的观念深深地烙在他们的心中[②]。这种轻视五代的思想流毒颇深，明末严衍云：“于周赧入秦，七雄分据，改称前列国；唐昭陨落，五代迭兴，改称后列国。”[③] 王夫之主张：“称五代者，宋人之辞也。夫何足以称代哉？……然则天祐以后，建隆以前，谓之战国焉允矣，何取于偏据速亡之盗夷，而推崇为共主乎？”[④] 古人对五代的轻视严重影响了学者对这段历史的研究，使得五代史的研究在中国古代史研究中处于极为薄弱的地位。近人虽然摒弃了宋以来轻视五代及五代史的态度，但由于受史料和研究基础等因素的限制，五代史研究薄弱的状况并未彻底改观，在深度和广度上与其前的隋唐史或其后的宋元史研究都无法相提并论。已有的五代史研究又大多将重点放在对五代王朝的研究上，至于南方诸多的偏霸政权，由于受正统观念的影响和史料的限制，研究更加滞后。由此形成了一种五代史附庸于隋唐史，十国史附庸于五代中原王朝史的局面。

十国史是五代史的重要组成部分，就十国政权的政治、经济、军事、文化等诸方面进行研究，对深化五代史研究、改变五代史研究薄弱的状况具有重要作用。近年来学界在这方面做了大量工作，涌现出了一批颇具影响的论著，这无疑是一个良好的开端。

建立于今湖南地区的马楚政权（包括马殷建立的马氏政权和刘言、王逵、周行逢统治下的后马楚政权）是十国政权的重要组成部分，其历史是十国历史不可分割的部分。与同时期的其他诸政权相比，马楚政权的历史具有以下鲜明特点：首先，马楚政权统治集团经历了一个由蔡州集团到马氏家族集团再到朗州土著集团的发展历程，笔者将这一演变过程称为统治集团的本土化，统治集团本土化是马楚政权发展的线索；其次，马楚政权是由潭州、朗州、桂州三大藩镇构成的复合型政权，政治体制上藩镇体制与天策府体制长期并存，王国体制仅短暂存在，天策府体制承担着主

① 《宋史》卷七十《律历三》，中华书局 1979 年版，第 1598、1599 页。

② 有关宋人对五代史历史地位的转变，可参考刘浦江《正统论下的五代史观》，《唐研究》第十一卷，北京大学出版社 2005 年版，第 73—94 页。

③ 严衍：《资治通鉴补》自序，上海古籍出版社 2008 年版。

④ 王夫之：《读通鉴论》卷二十八《五代上》，第 1010—1012 页。

要治理职能，文官在天策府系统中占有主导地位，这是武官政治向文官政治转变的重要标志；再次，马楚以兄终弟及作为基本的权力继承制度，这与长期推行的以嫡长子继承为核心的“父死子继”继承制度明显不同；最后，马楚与中原王朝存在双重关系，事大政策与自大行为糅合在一起。马楚政权统治集团为什么会发生本土化？这一过程是怎样完成的？为什么会形成一种复合型藩镇的政权构建模式？为什么会出现藩镇体制与天策府体制的双轨并存？为什么要舍弃传统的“父死子继”继承制度而实行兄终弟及的继承制度？马楚政权的这些历史特征在十国政权中是否具有代表性？反映了唐宋之际怎样的历史发展趋势？无疑，对马楚政权进行研究，探索其建立、发展、灭亡的过程，解决上述问题对理解五代十国的历史是有帮助的。分析马楚政权在政治、经济、军事以及对外政策方面与其他政权的共性和差异，探求其兴废存亡的历史过程和内在原因，对深化认识五代十国的历史、对研究中国古代中央与地方权力关系（强干弱枝、弱干强枝、轻重相权）的历史变迁，探索古代中国政治体制的发展变化，细化对藩镇类型的研究及藩镇权力传承制度的认识也颇具意义。马楚政权对湖南地区的发展做出过很大贡献，对其进行研究，对深入认识湖南地区的政治、经济、文化的发展历程，深化对湖湘地方史的研究也不无裨益。

为明晰起见，先对本书涉及的相关问题做一个简单的说明和交代。本书之所以将通常被称作为十国之一的“楚国”称为马楚政权，主要基于以下考虑。首先，史书和学界对十国“建国”的时间标准不统一，至少存在三种划分方法：以地方势力首脑被任命为节度使，割据一方算起；以地方势力首脑被册封为王算起；以地方势力首脑摆脱中原王朝的控制，在地方上建国创制，自署僚属算起①。为避免这种标准不一导致的混乱，笔者认为用政权来概括马楚等割据势力的历史更为准确。其次，从政治体制上看，王国体制在马楚历史上存在的时间很短，其政治体制以藩镇体制为基础，以天策府体制为补充，从这个意义上说，用政权称呼马楚似乎更加接近实际。再次，本书讨论的马楚政权既包括马殷父子统治下的楚政权，同时也包括马氏政权灭亡之后王逵、周行逢统治下的后马楚政权。后马楚政权是典型的藩镇，与王国体制毫无关联，正因如此，笔者将马氏政权和

① 参见周流溪《五代十国纪年与史书》，《史学史研究》2001 年第 4 期。

后马楚政权统称为马楚政权而不称马楚国。

本书研究的主要对象是潭州的马氏政权和朗州的后马楚政权，通称为马楚政权。之所以将朗州的王逵、周行逢政权置于马楚政权之下，主要出于以下考虑：潭州马氏政权在后周广顺元年（951）被南唐攻灭，但南唐势力在次年就被湖南余部驱逐出楚地，马氏旧部刘言、周行逢等在今湖南常德建立了朗州政权，统辖原马氏政权下的绝大部分地域。无论从地域范围还是从其将领的来源看，朗州政权与此前的潭州马氏政权是一脉相承的。从朗州政权的制度执行及对外关系来看，同样是马氏政权的延续。更重要的是，马楚政权经历了一个由蔡州集团统治到马氏家族统治再到朗州土著势力统治的过程。以王逵、周行逢为代表的朗州土著力量在马希萼与马希广内争的过程中崛起，并通过发动潭州兵变建立了与马氏政权并立的朗州政权，后马楚政权正是朗州政权驱逐南唐侵楚势力之后建立的，是马楚政权发展线索的反映。正因如此，宋初周羽翀《三楚新录》将潭州马氏政权、朗州后马楚政权及江陵荆南政权并称为“三楚”。从地域上看，周氏将潭州、荆南、朗州并称为三楚不无道理，但从政权的传承关系考虑，朗州政权实质上是马氏政权在湖南的继续，改变的只是统治中心和统治集团，统治基础和方式并无明显变化，故本书将朗州政权置于马楚史之下。马楚史的研究包括朗州政权的研究在内，马楚的历史也下延至宋太祖乾德元年（963）朗州政权周保权纳土归宋止。由于历史本身的前延性和后续性，本书对马楚政权的研究在时间上并不完全局限于五代的年代限定，论述过程中会有适当的上溯下延，但主要时间段限定在唐懿宗咸通元年（860）至周保权纳土归宋的乾德元年（963）之间。

本书虽冠名为马楚政权研究，但在行文过程中并不打算对马楚政权的方方面面都进行详细论述，这主要是出于以下考虑：首先，马楚政权的某些方面（如文化）的史料相当有限、有关材料记载零散，在现有条件下无法进行深入论述；其次，有些问题学界前贤已有较深入的研究，在无新进展的情况下，本书仅对已有研究成果作概括性介绍而不再重复学界已经完成了的工作，若有新见，则论述相对较多。总之，本书的重点是集中力量解决尚未解决或者有待继续深入研究的问题，不求面面俱到。

二　史料及学术史的回顾

（一）基本史料

“五代乱世，文字不完，而史官所记亦有详略”①，史料短缺和不足是五代十国史研究遇到的普遍问题。现存有关五代十国史研究的基本史料，主要有刘昫《旧唐书》，欧阳修、宋祁《新唐书》，薛居正《旧五代史》，欧阳修《新五代史》，脱脱《宋史》，司马光《资治通鉴》，李焘《续资治通鉴长编》，陶岳《五代史补》，路振《九国志》，马令《南唐书》，史温《钓矶立谈》，佚名《江南余载》，郑仁裕《玉堂闲话》，王禹偁《五代史阙文》，王仁裕《王氏闻见录》，何光远《鉴诫录》，居白《幸蜀记》，耿焕《野人闲话》，龙衮《江南野史》，张唐英《蜀梼杌》，钱俨《吴越备史》，周羽翀《三楚新录》，王溥《五代会要》《周世宗实录》，徐松《宋会要辑稿》，陆游《南唐书》，陈霆《唐余纪传》，吴任臣《十国春秋》，毛先舒《南唐拾遗记》，梁廷楠《南汉书》，吴兰修《南汉记》。上述史料是我们研究五代十国历史最主要的基本材料，也是本书重点参考的文献。此外，《册府元龟》《太平御览》《全唐文》《全宋文》《北梦琐言》等类书、文集和笔记也包含了一些马楚政权的史料，参考文献部分将详细列出，此不备述。

（二）马楚政权研究状况

（1）综合性研究和史料整理

迄今为止，对马楚政权研究较全面的著作是罗庆康的《马楚史研究》（湖南人民出版社，2004）。该书分“马楚国的建立”、“马楚国的疆域和人口”、“马楚国的政治”、“马楚国的经济”、“马楚国的军事”、“马楚国的文化”、“马楚国的习俗”、“马楚国的名人”、“马楚灭亡后的周行逢政权”、“马楚国的历史作用和地位”十章，对马楚政权（包括马殷父子的马氏政权及周行逢的后马楚政权）的历史作了较全面的介绍，有助于了解十国马楚的历史。《马楚史研究》侧重于对马楚政权历史的叙述，对马楚的政治制度（如政治体制、继承制度）和内外政策（民族政策、事大政策）虽有涉及，但还存在很大的发掘空间，本书将对这些问题进行分析。此外，与本研究直接相关的研究成果尚有徐仕达的《马楚政权之研

① 《新五代史》卷五十八《司天考二》，第711页。

究》（台湾中国文化大学2011年硕士学位论文）。

日本学者冈田宏二《中国华南民族社会史研究》（民族出版社，2002）第三编“湖南地区”对马楚历史也有介绍和研究。该编分“楚王国的建立过程”、“唐末五代宋初的民族问题”、“宋代溪峒蛮社会和种族系统”三章对马楚历史进行了研究，对马楚政权的建立、发展以及灭亡的历史进行了简明扼要的说明，从民族史的角度对马楚政权的对外关系、内政进行了颇有价值的探讨，重点对马楚政权的民族政策和民族关系进行了剖析，对深入研究马楚史具有重要的借鉴和启发意义。

彭武文《溪州铜柱及其铭文考辨》（岳麓书社，1994）一书对马楚政权民族政策的重要象征与载体——溪州铜柱进行了研究。该书以“溪州铜柱铭文”、“溪州铜柱铭文注释”、“溪州铜柱铭文综合辨正”等十四章对溪州铜柱的内容进行了介绍，对不同典籍的不同记载进行了比较分析，对历代学者研究溪州铜柱所作的贡献及存在的不足进行了总结，提出了自己的一些新见，阐述了溪州铜柱的历史和现实意义。对存世史料不足的十国历史来说，以金石材料来弥补史料的欠缺无疑是十分可贵的。该书对研究马楚政权的民族政策，深化对溪州铜柱的研究有一定的借鉴作用。

伍新福《湖南通史》（古代卷，湖南出版社，1999）第六章“隋唐五代的湖南”对马楚政权的历史作了陈述性介绍，对这一时期湖南历史发展的特点，马楚政权的存亡及政权特点进行了说明，对从整体上把握马楚在湖南历史发展上的地位及作用有相当帮助。

除《马楚史研究》《中国华南民族社会史研究》《溪州铜柱及其铭文考辨》《湖南通史》外，有关五代史研究的综合性著作对马楚政权的历史也有涉及。主要有郑学檬的《五代十国史研究》（上海人民出版社，1991），该书以“五代十国的政治局势”、“五代十国的政治制度研究”、“五代十国的经济制度研究”、“五代十国文化散论”四章对五代十国的历史进行了探讨。其中专辟“十国政局”一节，其中有部分内容对马楚政权的政治、经济制度作了介绍和分析，如作者认为马楚统治者比较重视营田，但营田的实际效果不佳，等等。陶懋炳《五代史略》（人民出版社，1985）是研究五代十国历史的又一重要著作。该书对十国政权的介绍比较详细，有关马楚政权辟有“两湖的马楚与高氏南平”一节，对马楚作了较深入的介绍和剖析。吕思勉《隋唐五代史》（上海古籍出版社，1984）对五代十国的历史也进行了较全面的介绍。有关五代十国部分以

“五代十国始末”上、中、下三章进行了介绍，对南方的割据政权则辟有“南方诸国情势”上、中、下三节。韩国磐《隋唐五代史纲》（人民出版社，1977）第十六章“五代十国的兴亡和契丹的崛起”、第十七章“五代十国的经济”对南方割据政权的政治和经济进行了总括性的介绍。王仲荦《隋唐五代史》（上、下册，上海人民出版社，1988，1990）用一百多万字的篇幅详尽地叙述了这个时期政治经济文化方面的基本历史，对这一时期的文化进行了比较详细具体的介绍，对五代十国各政权的政治和经济进行了简明扼要的分析。白寿彝主编的12卷本《中国通史》隋唐五代部分篇幅颇大，采取了综述、典制、传记的新体例，对分类了解五代十国尤其是十国政权的历史具有重要意义。此外，杨志玖《隋唐五代史纲要》（上海人民出版社，1955）、吴枫《隋唐五代史》（人民出版社，1957）等有关隋唐五代史的著作对五代十国的历史也进行了一些探讨。从历史文化地理角度对马楚进行研究的有张伟然《湖南历史文化地理研究》（复旦大学出版社，1995）。《湖南历史文化地理研究》虽以研究两湖的历史文化地理为主，但对五代马楚时期的历史文化作了介绍，有助于我们从文化和地理的角度去把握马楚的历史。

王永兴、朱玉龙、张兴武、傅璇琮、周阿根等对五代史史料的整理功不可没。王永兴《隋唐五代经济史料汇编校注》（中华书局，1987）为研究这一时期的经济提供了方便。朱玉龙《五代十国方镇年表》（中华书局，1997）是另一部史料汇编性质的著作，记载了五代十国时期各方镇的沿革始末和历任节度使的情况，是了解五代十国时期方镇发展变化，研究藩镇兴废和辖区变迁改易的重要著作，颇有价值。张兴武《五代十国文学编年》（人民文学出版社，2001）以时间为经，以大体同时并立的五代十国为纬，将五代各朝邦的文学人物及其活动分年予以记载，为研究五代十国的文化提供了方便。傅璇琮等主编《五代史书汇编》（杭州出版社，2004）分甲、乙、丙三编对五代十国的史料作了比较系统的搜集整理，甲编为从宋至清关于新旧《五代史》的考证与评议，乙编是有关北方五代史的材料，丙编为有关十国史的记述，共收有关五代十国的史书四十九种。周阿根《五代墓志汇编》（黄山书社，2012）收录了不少有关五代十国政权的墓志资料，为研究这一时期的历史提供了一手材料。

（2）马楚政治史研究

有关马楚政权政治史的研究有不少涉及其统治者，如罗庆康《马殷述评》(《株洲师范高等专科学校学报》1999年第3期)、罗威《马希范主楚述论》(《湖南教育学院学报》1999年第6期)、陈致远《论周行逢及其治楚》(《求索》1998年第6期)、唐启淮《略论马殷和马楚政权的建立》(《湘潭大学社会科学学报》1984年第1期)等。《马殷述评》一文分“马殷乃世族之后”、“马殷建立湖南第一个割据政权”、“马殷崇道信佛”等小节对马殷的事迹进行了介绍，最后以“马殷的失误”对其不足进行了分析。《马希范主楚述论》对马希范开天策府，设立十八学士、平定彭士愁之乱，发展马楚文化，建设长沙园林等政绩进行了介绍，最后以“马希范的过失”对其不足进行了分析。《论周行逢及其治楚》则介绍了周行逢的身世、夺取湖南的过程、治理湖南的措施，最后对其进行了综合评价，并从当时整个历史发展的趋势对周行逢的治理进行了分析，具有一定的深度。邵磊《五代马楚史料的一则重要发现——马光赞墓志考释》(《南方文物》2007年第3期)根据马光赞墓志对马氏族系人物进行了梳理和分析，曾现江《唐后期、五代之淮蔡军人集团研究》(四川大学2002年硕士学位论文)对淮蔡军人集团的形成、发展、消亡的过程进行了详细分析，对由蔡州集团南下建立的楚、前蜀、闽等政权的构成进行了探讨，提出了淮蔡军人集团本土化的概念，但并未就本土化这个问题做更进一步的研究。

民族政策是学者们研究马楚政治的又一重点，研究成果相对较多。如彭武一《五代马楚羁縻政策剖析》(《中央民族学院学报》1991年第2期)、罗庆康《试析马楚政权对五溪“蛮”的统治措施》(《湖南教育学院学报》2000年第3期)、刘复生《五代十国政权与西南少数民族的关系》(《四川大学学报》2001年第2期)、何灿浩《唐末五代湖南地区的蛮族活动及其他》(《宁波大学学报》2000年第3期)、邓敏文《从杨再思的族属看湘黔桂边界的民族关系》(《怀化师专学报》1994年第1期)。上述系列论文对马楚政权的民族政策进行了分析，探讨了马楚统治区域内少数民族的民族分布、民族类型，少数民族对马楚政权的影响以及马楚统治者的统治策略等。何灿浩不仅对马楚境内少数民族的分布、主要活动进行了详细的统计，而且对蛮族给马楚政权带来的影响从政治和军事两方面进行了分析，并对马楚的民族政策进行了动态分析，是对马楚民族政策研究较为深入的论文。罗文则对马楚统治蛮族地区的组织——都誓主进行了探讨，尽管该文对都誓主的解释值得商榷，对都誓主职能的研究和具体的运作过程也有待继续开掘，但为进一步深化对马楚民族政策的研究提供了思路。今后的研究重点应放在以下几个方面：马楚统治下的少数民族对马楚政权的建立、发展、动乱乃至灭亡施加了很大影响，民族活动几乎伴随了马楚政权的始终，因此，研究少数民族在马楚政权中的地位和作用十分必要。其次，尽管对马楚民族政策——民族羁縻安抚政策的研究已经展开，但还需进一步细化，对溪州铜柱铭文的研究也还可以继续深化。

宗室内争是南方诸政权灭亡的重要原因之一，马楚在这方面表现得尤为明显，也是颇受学者青睐的研究课题。这方面主要的研究成果有：何灿浩《试论五代十国时期南方诸国宗室内争的发生原因》（《浙江师范大学学报》2003 年第 1 期）、《五代十国时期马楚内争中的三个集团及内争特征》（《宁波大学学报》2004 年第 2 期）、曾四清《马楚、王闽政权灭亡原因初探》（《湖湘论坛》1991 年第 3 期）。何文认为马楚政权内部存在天策府集团、朗州集团和二朗州集团，马楚内争具有地域性、军事性、长期性的特点。作者还对南方诸国宗室内争的原因从多方面进行了分析。

马楚内争是由多种原因造成的，兄终弟及的继承制度遭到破坏是其中的重要原因之一。兄终弟及的继承方式在南方诸国多有存在，但仅在马楚政权内部形成了一种长期不变的制度。对这种与传统的“父死子继”继承方式明显不同的权力传承方式，由于史料零散或记而语焉不详，学界对此鲜有论及，或者论而有误。实际上，兄终弟及的继承方式在十国大多数政权中都或多或少存在，这与当时各政权所处的历史环境有关。兄终弟及继承制度在客观上具有一定的积极性，在事实上具有一定的需求性，是纷争环境下避免幼年继承的客观要求，其在马楚推行的原因及结果有待重新认识。

马楚内争与马楚政权统治集团的本土化存在密切关系，马楚政权在内争过程中形成的潭州集团和朗州集团的斗争实际上是外来势力和本土势力的斗争。本土化在一定程度上导致了马楚政权内部的分裂和灭亡。马楚政权这种在本土化过程中引发内争并最终导致政权削弱甚至衰亡的现象在南方的外来政权中具有典型代表意义，这是本书要重点探讨的内容之一。

关于马楚政治体制的研究，以《中国华南民族社会史研究》所做的工作最为深入，《马楚史研究》《湖南通史》等也有涉及，由于各自论述的侧重点不同，上述诸书对马楚政治体制的研究并未具体展开，这将是本书的研究重点。任爽主编《十国典制考》（中华书局，2004）对十国的礼仪制度、法律制度、学校制度、科举制度、宰相制度、地方行政制度、赋役制度、货币制度等进行了专题研究，填补了十国典章制度研究的空白，对了解十国政权的政治、经济以及文化制度具有重要参考价值。其主编的《五代典制考》（中华书局，2007）则主要对中原五代王朝的典章制度进行了分析和研究。杜文玉《五代十国制度研究》（人民出版社，2006）对五代十国各政权的贡举制度、选官制度、考课制度、职官制度、殿阁制度、起居制度、史馆制度、俸禄制度、军事制度等进行了较全面的分析研究，是了解五代十国时期各政权制度重要的参考著作。

（3）马楚对外关系（包括与中原王朝及周边政权的关系）及军事制度研究

对外关系研究属于政治史研究的范畴。由于马楚特殊的地理环境和政治地位，对外关系在其生存发展过程中起了至关重要的作用，故单列一节予以专门介绍。马楚的对外关系往往又和军事活动联系在一起，涉及军事制度的问题，所以将马楚对外关系的研究和军事制度研究放在一起介绍。综合性的研究有李治安《唐宋元明清中央与地方关系研究》（南开大学出版社，1996），该书首先简单介绍了唐以前中央与地方关系的变迁，然后以李唐王朝以来中央与地方权力关系的发展变化为线索，揭示了自唐至清由强干弱枝到弱干强枝及至中央与地方轻重相维的历史发展轨迹，对唐宋之际中央与地方权力关系的变化作了深入分析。此外，林英男《唐宋时代地方行政体制和强干弱枝传统的形成》（《深圳大学学报》1988 年第 3 期）也对这一问题进行了探讨。军事上综合性的研究有方积六《五代十国军事史》（军事科学出版社，1998），该书记载了五代十国时期重要的军事制度和军事战役，是研究五代十国军事史的重要著作。一些论文对五代十国时期的军事制度和对外关系也进行了研究，重要的有高学钦《五代时期十国与中原王朝的政治关系研究》（福建师范大学 2004 年硕士学位论文）、赵旭东《五代与十国政治、军事关系研究》（厦门大学 2008 年硕士学位论文）、卞孝萱《五代时期南方诸国与契丹的关系》（《山西师范学院学报》1957 年第 3 期）、易图强《五代朝廷行政上削藩制置》（《益阳师专学报》1996 年第 2 期）、《五代朝廷军事上削藩设置》（《东北师范大学学报》1994 年第 5 期）、何灿浩《唐末五代的水军与水战》（《宁波大学学报》2001 年第 1 期）、何剑明《南唐国伐楚之战及其败因探析》（《湖南师范大学学报》2004 年第 3 期）等。

（4）马楚经济史研究

关于马楚经济史研究的主要成果有杜文玉《五代十国经济史》（学苑出版社，2011）该书从区域经济史的角度对五代十国时期各个地区的经济状况及其特点进行了分析，对五代十国时期在中国古代经济发展史上的地位作了定位，是国内第一部系统全面论述五代十国经济史的学术专著。王永兴《隋唐五代经济史料汇编校注》（中华书局，1987），该书对隋唐五代时期的经济史料搜集颇全，对收集史料甚有帮助。张泽咸《唐五代赋役史草》（中华书局，1986）对唐五代的赋役制度进行了研究，对了解马楚的经济制度有借鉴作用。有关马楚经济的研究成果还有罗庆康的一系列论文，如《马楚政权的经济发展对开发湖南的意义》（《湖南教育学院学报》1998年第6期）、《马楚手工业管窥》（《求索》2001年第6期）、《马楚犁耕农业蠡测》（《益阳师专学报》2001年第1期）、《马楚商业浅释》（《长沙大学学报》2001年第1期）等。此外，重要的论文尚有陈先枢《马楚政权的重商政策》（《经贸导刊》1998年第2期）、吕维新《五代十国时期茶史考略》（《茶叶机械杂志》2000年第1期）、谭勇《湖南长沙发现乾元重宝背“桂”铅钱》（《中国钱币》1997年第1期）、唐启淮《唐五代时期湖南地区社会经济的发展》（《中国社会经济史研究》1985年第4期）、李翔《五代楚国茶叶初析》（《农业考古》2014年第2期）。综合性的研究有郑学檬《五代时期长江流域及江南地区的农业经济》（《历史研究》1985年第4期）、杨际平《唐五代“屯田”与“营田”的关系辨析》（《汕头大学学报》1999年第5期）、杜文玉和高长天《五代人口的数量与分布》（《延安大学学报》1989年第2期）、戴振辉《五代货币制度》（《食货》1935年第2期）。上述论文以论述马楚政权的经济状况为主，综合性的论述则涉及马楚经济。已有研究成果比较全面地介绍了马楚经济发展的状况，探讨了马楚经济发展的原因。在马楚短促的历史中，其经济经历了一个迅速发展、相对鼎盛、急剧衰落的过程，经济的发展、鼎盛与统治者的经济措施密不可分，而经济的急剧衰落又与统治政策的改变及统治者的奢靡腐败息息相关。马楚经济的发展还与当时整个经济重心南移的历史大背景紧密相连，经济重心的南移不仅促进了包括马楚在内的南方经济的发展，对文化的繁荣也起到了促进作用。探索马楚经济迅速发展、相对鼎盛、急剧衰落的原因，探讨马楚统治者的腐政对经济发展的影响是马楚经济研究的重点。

（5）马楚文化研究

五代时期，两湖地区的经济得到了相当发展，经济的发展带来了文化的繁荣。两湖文化在这一时期有了长足进步，加速了由“天荒解”到“惟楚有材，于斯为盛”的转变过程，这一转变无疑与文化重心的南移有不可分割的联系，马楚政权在这一转变过程中起到了重要作用。有关马楚文化的主要论著有张兴武《五代十国文学编年》（人民文学出版社，2001），该书以时间为经，以大体同时并立的五代十国为纬，将各朝各国的文学人物活动分年予以记载，为研究五代十国的文学人物及相关著作提供了方便，有相当的价值。张伟然《湖南历史文化地理研究》，从历史文化地理的角度对马楚文化进行了研究，有助于我们把握马楚文化在两湖历史文化中的地位和作用。此外，朱兆林《五代十国的文学艺术》（《历史教学》1998 年第 7 期）、邓洪波《五代十国时期书院述略》（《湖南大学学报》2002 年第 2 期）、张兴武《马楚政权下的文人群体》（《首都师范大学学报》2001 年第 4 期）、陶敏《试论马楚时期的湖湘文学》（《求索》1996 年第 6 期）、吴宝明《五代十国时期马楚诗人与诗歌研究》（沈阳师范大学 2011 年硕士学位论文）、张雯《马楚文学研究》（四川师范大学 2012 年硕士学位论文）等论文也对五代十国时期的马楚文化进行了有价值的研究。

三 研究思路与方法

本书的研究思路是将马楚政权置于唐宋之际的历史大背景下，首先，对马楚政权兴废存亡的过程作说明，以期使读者对马楚政权的历史能有一个比较直观明晰的了解，在此基础上探讨马楚政权的发展线索。其次，对马楚政权的政治体制进行研究，探讨其政治体制上的特殊性，对天策府体制、王国体制、藩镇体制在马楚政权中的地位和作用进行分析，从而对马楚政权进行准确定位。再次，马楚政权是十国政权中较有代表性的政权，其兴废存亡在一定程度上反映了唐宋之际的历史发展趋势，而马楚政权的兴废存亡既与其内部政治体制有关，同时又受对外政策的影响，因此，对外政策将是本书探讨的又一个重点，尤其是马楚政权对中原王朝的事大政策，与吴、南唐的争夺，与南汉的疆域分合等。最后，马楚政权的内部政策也是研究的重点，主要是马楚政权的民族政策、继承制度、经济政策等。

马楚政权既具有同时期其他政权所具有的共性，同时又具有自己鲜明的特点，对比研究将是本书最主要的研究方法。本书将把马楚政权置于五代十国的历史大背景下，将其政治体制、对外关系制度等与荆南、吴越进行对比，以期获得更加深入和明确的认识。笔者将马楚、荆南、吴越视为十国政权中一个相对特殊的群体，从马楚与荆南、吴越政权的对比中分析马楚历史发展的特点及其反映的问题。

专题研究是本书运用的另一方法。马楚的民族政策主要体现在溪州铜柱铭文里，尽管古往今来对其进行了很多研究，但依然存在开掘的空间。本书将对溪州铜柱进行再研究，具体进行两个工作，一是对溪州铜柱及其铭文进行再研究；二是对已有研究成果进行整合。

由于史料的零散及记载的歧异，考订是必不可少的。本书将对重要的时间、事件、人物等进行比较详细的考订，在考订基础上提出自己的看法。

地方政权的研究自然会有地域性特点，对马楚政权的研究离不开个案研究，因此，本书在论述马楚政权相关问题时，将运用个案研究的方法。如对马楚民族政策的分析，将以五溪地区的彭士愁为例，根据溪州铜柱铭文的内容进行研究。对马楚统治者的分析也不可能全面涉及，只能运用个案研究的方法。

为简明起见，本书将使用统计学的方法，列出一些图表，如天策府十八学士表、马楚进贡表、马楚统治者受封表等。

第一章

唐末局势与马楚政权的建立

第一节　黄巢起义与藩镇割据的普遍化

咸通十四年（873）七月，长期荒淫怠政的唐懿宗病逝，宦官田令孜等拥立懿宗第五子，时年十四岁的李儇继承了皇位，是为僖宗，实际权力则掌握在田令孜手中。年幼的唐僖宗将政事处理权交给宦官田令孜，自己纵情声色犬马："上之为普王也，小马坊使田令孜有宠，及即位，使知枢密，遂擢为中尉。上时年十四，专事游戏，政事一委令孜，呼为'阿父'。令孜颇读书，多巧数，招权纳贿，除官及赐绯紫皆不关白于上。每见，常自备果食两盘，与上相对饮啖，从容良久而退。上与内园小儿狎昵，赏赐乐工、伎儿，所费动以万计，府藏空竭。令孜说上籍两市商旅宝货悉输内库，有陈诉者，付京兆杖杀之；宰相以下，钳口莫敢言。"[①] 在朝廷是僖宗委政宦官，纵情享乐，宦官们趁机肆意挥霍，中饱私囊；在地方则是民生凋敝，流民叛乱不断，"上年少，政在臣下，南牙、北司互相矛楯。自懿宗以来，奢侈日甚，用兵不息，赋敛愈急。关东连年水旱，州县不以实闻，上下相蒙，百姓流殍，无所控诉，相聚为盗，所在蜂起。州县兵少，加以承平日久，人不习战，每与盗遇，官军多败"。[②]

在农民反抗斗争不断增加的同时，唐王朝内部的军乱日益频繁。唐王朝对待军乱的态度也因内部局势的变化而发生改变，这在乾符三年（876）正月的张晏之乱中得到了体现："春，正月，天平军奏遣将士张晏等救沂州，还，至义桥，闻北境复有盗起，留使捍御；晏等不从，喧噪趣

① 《资治通鉴》卷二百五十二，唐僖宗乾符二年二月，第 8176 页。

② 《资治通鉴》卷二百五十二，唐僖宗乾符元年十二月，第 8174 页。

郓州。都将张思泰、李承祐走马出城，裂袖与盟，以俸钱备酒肴慰谕，然后定。诏本军宣慰一切，无得穷诘。"[①] 张晏之乱在军乱频繁的唐后期本身并无多大影响，但唐王朝对叛乱的处理方式却使得这次叛乱具有与以往叛乱不同的特点。与此前唐王朝对泾源兵变等军乱严厉镇压的态度相比，唐廷对乾符三年（876）正月军乱的态度发生了戏剧性的变化，不仅没有纠集力量镇压乱军，严惩叛乱魁首，反而"诏本军宣慰一切，无得穷诘"，对叛乱采取了不予追究，好言劝慰以平息乱军的做法。姑息乱军标志着唐王朝对地方控制力进一步削弱，故胡三省云："唐自中世以来，姑息藩镇，至其末也，姑息乱军，遂陵夷以至于亡。"[②] 唐王朝对军乱的姑息纵容引发了一系列连锁反应，增长了那些不臣将帅的跋扈行径，使得唐王朝内部叛乱接连不断，由此形成了一个叛乱割据潮，这一叛乱潮随着黄巢起义在全国的扩大而进一步加剧。

乾符元年（874），王仙芝率众在长垣发动起义，第二年六月，黄巢率众响应："冤句人黄巢亦聚众数千人应仙芝。巢少时与仙芝皆以贩私盐为事，巢善骑射，喜任侠，粗涉书传，屡举进士不第，遂为盗，与仙芝攻剽州县，横行山东，民之困于重敛者争归之，数月之间，众至数万。"[③] 在唐王朝疲于应付农民起义之际，各地的军乱也掀起了高潮。乾符三年（876）四月，"原州刺史史怀操贪暴；夏，四月，军乱，逐之"。[④] 乾符四年（877）四月，"陕州军乱，逐观察使崔碣；贬碣怀州司马"。[⑤] 同年八月，"盐州军乱，逐刺史王承颜，诏高品牛从珪往慰谕之；贬承颜象州司户。承颜及崔碣素有政声，以严肃为骄卒所逐，朝廷与贪暴致乱者同贬，时人惜之。从珪自盐州还，军中请以大将王宗诚为刺史。诏宗诚诣阙，将士皆释罪，仍加优给"。[⑥] 十月，"河中军乱，逐节度使刘侔，纵兵焚掠。以京兆尹窦璟为河中宣慰制置使"。[⑦] 乾符五年（878）三月，"湖

① 《资治通鉴》卷二百五十二，唐僖宗乾符三年正月，第8182页。

② 《资治通鉴》卷二百五十二，唐僖宗乾符三年正月胡注，第8182页。

③ 《资治通鉴》卷二百五十二，唐僖宗乾符二年六月，第8180页。

④ 《资治通鉴》卷二百五十二，唐僖宗乾符三年四月，第8183页。

⑤ 《资治通鉴》卷二百五十三，唐僖宗乾符四年四月，第8191页。

⑥ 《资治通鉴》卷二百五十三，唐僖宗乾符四年八月，第8192页。

⑦ 《资治通鉴》卷二百五十三，唐僖宗乾符四年十月，第8193页。

南军乱，都将高杰逐观察使崔瑾”。[①] 与乾符三年（876）正月的张晏之乱一样，唐廷对这些军乱并没有采取惩罚措施，而是采用了纵容安抚的策略。如对乾符四年（877）八月盐州军乱的士卒释而不问，反而给予赏赐，对颇有政声的王承颜、崔碣无罪予以贬逐就可证明。胡三省云：“史言唐末赏罚失当，且言主昏政乱，能吏不惟不得展其才，亦不免于罪。”[②] 在农民起义和各地军乱的联合冲击下，李唐王朝名存实亡，占据一方的地方藩镇趁机扩展势力，“振武节度使李国昌之子克用为沙陀副兵马使，戍蔚州。时河南盗贼蠭起，云州沙陀兵马使李尽忠与牙将康君立、薛志勤、程怀信、李存璋等谋曰：‘今天下大乱，朝廷号令不复行于四方，此乃英雄立功名富贵之秋也。吾属虽各拥兵众，然李振武功大官高，名闻天下，其子勇冠诸军，若辅以举事，代北不足平也。’众以为然”。[③] 李尽忠的话形象地描述了当时唐王朝天下大乱、兵乱日频，起义烽火遍及全国各地的局势。所谓“唐末，南海最后乱，僖宗以后，大臣出镇者，天下皆乱，无所之，惟除南海而已”，[④] 说的就是这种的情况。昔日庞大的唐王朝除了岭南暂时没有发生动乱之外，其他农民起义波及的地区都成为了动乱区域。黄巢之乱结束后，整个唐王朝实际上陷入了四分五裂的境地：“时李昌符据凤翔，王重荣据蒲、陕，诸葛爽据河阳、洛阳，孟方立据邢、洺，李克用据太原、上党，朱全忠据汴、滑，秦宗权据许、蔡，时溥据徐、泗，朱瑄据郓、齐、曹、濮，王敬武据淄、青，高骈据淮南八州，秦彦据宣、歙，刘汉宏据浙东，皆自擅兵赋，迭相吞噬，朝廷不能制。江淮转运路绝，两河、江淮赋不上供，但岁时献奉而已。国命所能制者，河西、山南、剑南、岭南西道数十州。大约郡将自擅，常赋殆绝，藩侯废置，不自朝廷，王业于是荡然。”[⑤] 很明显，除了河西、山南、剑南、岭南西道数十州之外，黄巢起义结束后的唐王朝实际上已经陷入了“自国门以外，皆分裂于方镇”[⑥] 的局面。我们通过下面的表格来对黄巢起义之后唐王朝分裂割据的局面进行了解。

① 《资治通鉴》卷二百五十三，唐僖宗乾符五年三月，第 8202 页。

② 《资治通鉴》卷二百五十三，唐僖宗乾符四年八月胡注，第 8192 页。

③ 《资治通鉴》卷二百五十三，唐僖宗乾符五年正月，第 8195、8196 页。

④ 《新五代史》卷六十五《南汉世家》，第 811 页。

⑤ 《旧唐书》卷十九下《僖宗纪》，第 720 页。

⑥ 《新唐书》卷五十《兵志》，第 1330 页。

表1—1 **黄巢起义后唐王朝割据势力分布表**

地区	统治者	统治时间	和唐王朝的关系
京兆（长安地区）	唐中央直接控制		唐中央直接控制
同州	唐中央直接控制		唐中央直接控制
华州	唐中央直接控制		唐中央直接控制
西川	陈敬瑄	880—889年	归唐王朝管辖
东川	高仁厚	884—886年	归唐王朝管辖
陕虢	王重盈	881—887年	归唐王朝管辖
黔中	愷实	885—890年	归唐王朝管辖
桂管	陈环	885—894年	归唐王朝管辖
邕管	崔焯	882—？年	归唐王朝管辖
容管	何鼎	883—？年	归唐王朝管辖
岭南	郑续	879—886年	归唐王朝管辖
安南	谢肇	884—？年	归唐王朝管辖
泾源	张钧	882—894年	割据自立
鄜坊	东方逵	882—886年	割据自立
河中	王重荣	880—887年	割据自立
鄂岳	路审中	884—886年	割据自立
天德	李玽	875—？年	割据自立
振武	王卞	885—888年	割据自立
义武	王处存	879—895年	割据自立
兖海	齐克让	879—886年	割据自立
淮南	高骈	879—887年	割据自立
浙西	周宝	879—887年	割据自立
河阳	诸葛爽	881—886年	割据自立
东畿（洛阳）	李罕之	885—887年	割据自立
宣武	朱温	883—907年	割据自立
山南东	赵德湮	884—893年	割据自立
江西	钟传	882—907年	割据自立
浙东	刘汉宏	880—886年	割据自立
凤翔	李昌符	884—887年	割据自立
邠宁	朱玫	881—886年	割据自立
魏博	乐彦祯	883—888年	割据自立

续表

地区	统治者	统治时间	和唐王朝的关系
义成	安师儒	885—886 年	割据自立
天成	朱瑄	882—897 年	割据自立
平卢	王敬武	882—889 年	割据自立
忠武	鹿宴弘	884—886 年	割据自立
山南西	石君涉	885—886 年	割据自立
武宁	时溥	881—893 年	割据自立
荆南	张环	885—887 年	割据自立
湖南	闵顼	881—886 年	割据自立
淮西（奉国）	秦宗权	882—886 年	割据自立
宣歙	秦彦	882—887 年	割据自立
福建	陈岩	884—891 年	割据自立
夏绥	拓跋思恭	881—890 年	割据自立
卢龙	李可举	876—885 年	割据自立
成德	王镕	883—907 年	割据自立
大同	赫连铎	880—891 年	割据自立
代北	李国昌	883—887 年	割据自立
河东	李克用	883—907 年	割据自立
昭义	李克修	883—890 年	割据自立
南诏			割据自立

说明：1. 本表制作参考了《剑桥中国隋唐史》第十章表 11《黄巢叛乱后的权力分配》。

2. 各割据势力持续的时间长短不一，但起始时间基本上都是在黄巢起义或起义结束之后不久。

从表 1—1 可以看出，在黄巢起义结束后唐王朝版图内的五十个区域中，唐廷直接控制的地区仅有京兆及同州、华州三地；归其管辖的则有西川、东川、岭南、安南、容管、桂管等九个地区。唐廷政令所及者仅上述十二个地方，其余三十八个地区则被各种割据势力控制，割据力量控制的地区占据了唐王朝辖域的近百分之八十。割据力量不仅数量众多，而且分布广泛，从南到北，从东到西都有存在。这正是“唐朝的最后 20 年是一个发生决定性变化的时代，在此期间中国每一个地区都在走向独立割据的道路”[①] 实际的体现。正是在唐末地方独立化的过程中蔡州集团开始形成，这一集团的形成和分裂对五代南方割据政权的形成及发展局势产生了极为深远的影响。

第二节　蔡州集团的形成与分裂

在唐王朝镇压黄巢起义的过程中，以秦宗权为首，以当时的蔡州地区为中心，形成了一个对唐末五代历史影响深远的割据集团，这一集团的成员主要来自蔡州及其邻近地区，我们将其称为蔡州集团[②]。广明元年（880）九月，唐廷为了阻止黄巢北渡淮河威胁其统治中枢长安，纠集力量驻防溵水阻挡义军北上。在调兵驻防溵水的过程中发生了许州军乱："九月，徐州兵三千人赴溵水，途经许。许州节度使薛能前为徐帅，得军民情。徐军吏至，请馆，能以徐军怀惠，令馆于州内。许军惧徐人见袭，许州大将周岌自溵水以其戍卒还，逐薛能，自据其城。徐军已至河阴，闻许军乱，徐将时溥亦以戍兵还徐，逐节度使支详。齐克让惧兵见袭，亦还兖州。溵水诸军皆散。贼闻之，十月，乃悉众渡淮。黄巢自号率土大将军，其众富足，自淮已北整众而行，不剽财货，惟驱丁壮为兵耳。"[③] 许州军乱不仅打乱了唐王朝将农民军阻挡在淮河以南的战略部署，同时也为秦宗权的崛起创造了机会，"秦宗权者，许州人，为郡牙将。广明元年十月，巢贼渡淮而北。十一月，忠武军乱，逐其帅薛能。是月，朝廷授别校周岌为许帅。初军城未变，宗权因调发至蔡州，闻府军乱，乃阅集蔡州之兵，欲赴难。俄闻府主殂，周岌未至，巢贼充斥，日寇郡城，宗权乃督励士众，登城拒守。洎岌至，即令典郡事。天子幸蜀，姑务翦寇，上蔡有劲兵万人，宗权即与监军杨复光同议勤王，出师破贼，以蔡牧授之，仍置节

---

① ［英］崔瑞德：《剑桥中国隋唐史》，中国社会科学出版社 1990 年版，第 793 页。

② 曾现江先生在《唐后期、五代之淮蔡军人集团研究》中首先提出了"淮蔡军人集团"这一概念，并对淮蔡军人集团与南方割据政权的关系及淮蔡军人集团的消亡过程作了探索性研究。此外，何灿浩先生在《王闽三次福州兵变及其原因》《试论王闽政权的权力构成及其变化》等论述中提到了王闽政权的本土化现象。两位学者的成果对本书的研究具有启发和借鉴意义。由于淮蔡军人集团的主要成员大多出自蔡州及其邻近地区，笔者认为将这一集团称之为蔡州集团其指向或许会更为明确具体。

③ 《旧唐书》卷十九下《僖宗纪》，第 708 页。

度之号”。[①] 中和元年（881）八月，“杨复光奏升蔡州为奉国军，以秦宗权为防御使”，[②] 秦宗权由此成为黄巢起义之后近四十余割据统治者中的一员。趁乱而起的秦宗权打出讨伐农民起义军的旗号，大肆扩展自己的势力。作为地方割据统治者，秦宗权此时尚未公开反叛唐王朝，但实际上对唐中央的政令是颇为漠视甚至否定的，“时秦宗权据蔡州，不从岌命，复光将忠武兵三千诣蔡州，说宗权同举兵讨巢。宗权遣其将王淑将兵三千从复光击邓州，逗留不进，复光斩之，并其军”。[③] 一方面是虚与委蛇的参与唐王朝剿灭黄巢起义的军事行动，另一方面则是潜行招募，为争霸扩张积聚力量。后来建立十国楚、前蜀、闽政权的马殷、王建、王审知等人都在这一时期被秦宗权网罗到麾下，成为秦宗权集团的重要力量。“马殷，字霸图，许州鄢陵[④]人也。少为木工，及蔡贼秦宗权作乱，始应募从军。”[⑤] “忠武决胜指挥使孙儒与龙骧指挥使朗山刘建锋戍蔡州，拒黄巢，扶沟马殷隶军中，以材勇闻。及秦宗权叛，儒等皆属焉。”[⑥] “初，秦宗权之据蔡州，招合亡命，（韩）建隶为军士，累转至小校。唐中和初，忠武监军杨复光起兵于蔡，宗权遣其将鹿宴弘赴之，建与里人王建俱隶宴弘军，入援京师。”[⑦] 在不断扩充武装力量的同时，秦宗权控制的地域也由蔡州扩展到邻近州县，先后夺取了蔡州附近的光、申等州，“光州刺史李罕之为秦宗权所攻，弃州奔项城，率余众归诸葛爽，爽以为怀州刺史”。[⑧] 这样，包括申、光、蔡、许等州在内，以蔡州为核心，以秦宗权、马殷、王建、王审知等人为代表的蔡州集团形成。

蔡州集团是在唐王朝镇压农民起义的过程中通过军乱的方式形成的，

---

① 《旧唐书》卷二百下《秦宗权传》，第 5398 页。

② 《资治通鉴》卷二百五十四，唐僖宗中和元年八月，第 8256 页。

③ 《资治通鉴》卷二百五十四，唐僖宗中和元年五月，第 8252 页。

④ 史籍对马殷籍贯的记载并不一致，《旧五代史》卷一百三十三《马殷传》《新五代史》卷六十六《楚世家》、《十国春秋》卷六十七《武穆王世家》均言：马殷“许州鄢陵人也”。《三楚新录》卷一云：“马氏讳殷，上蔡人也。”《资治通鉴》卷二百五十六唐光启二年十二月条云：“扶沟马殷隶军中，以材勇闻。”根据湖南图书馆所藏《楚王马殷纪功碑》拓片的记载：“君讳殷，字霸图，许州鄢陵人也。”笔者认为“鄢陵”说相对可信，故采之。

⑤ 《旧五代史》卷一百三十三《马殷传》，第 1756 页。

⑥ 《资治通鉴》卷二百五十六，唐僖宗光启二年十二月，第 8342 页。

⑦ 《旧五代史》卷十五《韩建传》，第 203 页。

⑧ 《资治通鉴》卷二百五十五，唐僖宗中和三年二月，第 8288 页。

虽然秦宗权曾令王淑、鹿晏弘从监军杨复光攻打黄巢，协助唐王朝围剿农民军，但他并无诚心帮助唐廷彻底击溃农民军的打算。之所以对农民军进行攻击，一方面是由于他趁乱而起，在蔡州的地位还不稳固，需要通过对农民军开展军事行动获得朝廷的承认和认可；另一方面则是借与农民军作战的时机扩充势力和地盘。正因为如此，在与黄巢农民军对峙过程中遭遇失利后，秦宗权对待农民军的态度发生了明显变化。中和三年（883）五月，在以李克用为首的唐廷势力围攻之下的黄巢被迫撤出长安。农民军在撤退过程中击败蔡州秦宗权，秦宗权于是投靠黄巢："黄巢使其骁将孟楷将万人为前锋，击蔡州，节度使秦宗权逆战而败；贼进攻其城，宗权遂称臣于巢，与之连兵。"① 但秦宗权与农民军的连兵貌合神离，实际上还是独自为政，各行其是。尽管黄巢"与秦宗权合兵围陈州，掘堑五重，百道攻之，陈人大恐"。② 但这仅仅是秦宗权表示依附黄巢的一种姿态，实际却在调遣兵力扩展自己的势力范围。中和三年（883）十一月，"秦宗权围许州"。③ 中和四年（884）三月，"秦宗权遣其弟将兵寇庐州，据舒城，杨行密遣其将合肥田頵击走之"。④ 在黄巢集中几乎全部力量竭力围攻陈州，力图一举攻下陈州之际，秦宗权却将主要精力用于扩展个人势力，足可见他与黄巢之间联盟的松散。正因如此，在黄巢围攻陈州失败被迫向山东转移的情况下，秦宗权却凭借长期积累的力量得以继续盘踞在淮蔡地区。黄巢灭亡之后，秦宗权成为唐境内力量最大，对唐王朝危害最烈的势力："时黄巢虽平，秦宗权复炽，命将出兵，寇掠邻道，陈彦侵淮南，秦贤侵江南，秦诰陷襄、唐、邓，孙儒陷东都、孟、陕、虢，张晊陷汝、郑，卢瑭攻汴、宋，所至屠翦焚荡，殆无孑遗。其残暴又甚于巢，军行未始转粮，车载盐尸以从。北至卫、滑，西及关辅，东尽青、齐，南出江、淮，州镇存者仅保一城，极目千里，无复烟火。上将还长安，畏宗权为患"，⑤ "巢死，宗权张甚，啸会逋残，有吞噬四海意。乃遣弟宗言寇荆南；秦诰出山南，攻襄州，陷之，进破东都，围陕州；使秦彦寇淮、肥；秦贤略江南；宗衡乱岳、鄂。贼渠率票惨，所至屠老孺，焚屋庐，城府穷

① 《资治通鉴》卷二百五十五，唐僖宗中和三年五月，第8295页。

② 《资治通鉴》卷二百五十五，唐僖宗中和三年六月，第8296页。

③ 《资治通鉴》卷二百五十五，唐僖宗中和三年十一月，第8300页。

④ 《资治通鉴》卷二百五十五，唐僖宗中和四年三月，第8304页。

⑤ 《资治通鉴》卷二百五十六，唐僖宗中和四年十二月，第8318页。

为荆莱，自关中薄青、齐，南缭荆、郢，北亘卫、滑，皆鏖骇雉伏，至千里无舍烟。惟赵犨保陈，朱全忠保汴，仅自完而已。然无霸王计，惟乱是恃，兵出未始转粮，指乡聚曰：'啖其人，可饱吾众。'官军追蹑，获盐尸数十车"，[①]"黄巢虽殁，而蔡州秦宗权继为巨孽，有众数万，攻陷邻郡，杀掠吏民，屠害之酷，更甚巢贼，帝患之。七月，遂与陈人共攻蔡贼于溵水，杀数千人。九月己未，僖宗就加帝检校司徒、同平章事，封沛郡侯，食邑千户……二年春，蔡贼益炽。时唐室微弱，诸道州兵不为王室所用，故宗权得以纵毒，连陷汝、洛、怀、孟、唐、邓、许、郑，圜幅数千里，殆绝人烟，惟宋、亳、滑、颍仅能闭垒而已"。[②]

秦宗权的争霸与征战对唐王朝产生了很大影响，虽然黄巢早在中和三年（883）四月就被迫撤出了长安，第二年六月又身死山东，唐僖宗却迟迟不敢返回京师。这其中固然有多方面的原因，但与秦宗权掀起争霸战争，严重威胁唐王朝的安危存在密切关系："上将还长安、畏宗权为患。"[③] 光启元年（885）三月，僖宗终于从西川返回至长安，"丁卯，至京师；荆棘满城，狐兔纵横，上凄然不乐。己巳，赦天下，改元。时朝廷号令所行，惟河西、山南、剑南、岭南数十州而已"。[④] 僖宗不乐的原因除了长安城内一片狼藉，无复往日的辉煌之外，更主要的是与唐王朝号令所行仅河西、山南、剑南、岭南数十州，唐王朝政局岌岌可危的现实有关。大体与僖宗回到长安的时间同步，"秦宗权称帝，置百官"，[⑤] 以秦宗权为首的蔡州集团势力达到了顶峰。由于蔡州集团以劫掠四方，祸害惨烈扬名于时，旧史通常将秦宗权、孙儒及其溃败后的残部贬称为蔡贼："凡宗权党散为盗者，皆以酷烈相矜，时通名'蔡贼'云。"[⑥] 蔡贼集团囊括了后来在南方建立割据政权的马楚、王闽、前蜀、荆南等外来政权的统治者及一大批军事将领在内。

以秦宗权为核心的蔡州集团在光启元年（885）达到顶峰之后，不久就走向衰落和分裂。前面已经提到，尽管黄巢起义之后唐王朝形成了无地

① 《新唐书》卷二百二十五下《秦宗权传》，第 6464、6465 页。

② 《旧五代史》卷一《梁太祖纪第一》，第 5 页

③ 《资治通鉴》卷二百五十六，唐僖宗中和四年十二月，第 8318 页。

④ 《资治通鉴》卷二百五十六，唐僖宗光启元年三月，第 8320 页。

⑤ 同上书，第 8321 页。

⑥ 《新唐书》卷一百九十《刘建锋传》，第 5482 页。

不藩，“自国门以外，皆分裂于方镇”的局面，但当时并没有形成足够取代唐王朝的占绝对优势的割据力量。秦宗权虽然强大，但并没有对同存的其他割据力量构成绝对的优势，不具备排除其他割据势力取唐廷而代之的实力。正因如此，他的僭号称帝和劫掠扩张使他成了众矢之的，招致了觊觎唐祚的其他割据势力的强烈不满和联合讨伐，其中尤以宣武节度使朱全忠的反应最为强烈。他利用秦宗权四处劫掠的时机拉拢各地割据者，与天平节度使朱瑄约为兄弟，援助被秦宗权围攻的陈州刺史赵犨，并与其结成姻亲关系，与魏博节度使罗绍威交好，联合淮南节度使杨行密对秦宗权进行南北夹击。这一系列措施加强了朱全忠与秦宗权对抗的力量，而秦宗权则沾染了黄巢农民起义军流动作战的弊病，除了以蔡州作为退缩大本营之外，基本上是四处剽掠，没有形成稳固的根据地和对占领地区进行有效的控制与管理，因而使得其作战成果旋得旋失，更重要的原因则是秦宗权的蔡州集团在实力上根本无法与朱全忠纠集的反秦联盟抗衡，最终在与朱全忠的对峙中逐渐落于不利的境地。在“天下藩帅，多持两端”[①] 的背景下，和藩帅对君主的忠诚度很低一样，部属对镇帅的忠诚度也极为有限，秦宗权招募笼络的大批武人私下的离心倾向很强，所有这些都为秦宗权的衰败埋下了伏笔。

朱全忠通过纠集各种力量逐渐成为秦宗权最主要的对手。陷入了朱全忠罗织的包围网中，秦宗权处境日益困窘。为了摆脱不利的局面，秦宗权决定集中力量对自己两个最主要的竞争对手朱全忠和杨行密发起反击。光启三年（887），秦宗权集中主力进攻汴梁的朱全忠，为了防备朱全忠盟友淮南杨行密趁机夹攻，又遣其弟秦宗衡率副将孙儒及儒属下张佶、刘建锋、马殷等南攻杨行密，“会杨行密得扬州，宗权使弟宗衡争淮南，以儒为副，建锋为前锋”。[②] 朱全忠在朱瑄、朱瑾兄弟的援助下大败秦宗权，斩杀蔡州将士二万余人，秦宗权元气大伤，连弃陕、洛、怀、许、汝等州，仓皇南撤，退缩至蔡州。得势的朱全忠趁机在文德元年（888）向唐王朝索得蔡州四面行营都统，节制邻近诸镇征讨秦宗权的授权。困守蔡州的秦宗权召孙儒回师救援，深知秦宗权大势已去的孙儒不但没有回师救援蔡州，反而趁机发动叛乱：“未几，汴兵攻蔡，宗权召之，儒称疾不往，

① 《旧唐书》卷一百六十四《王铎传》，第4284页。

② 《新唐书》卷一百八十八《孙儒传》，第5466页。

宗衡督之。即大会帐下，酒酣，斩宗衡，并其众。与建锋、许德勋等盟。有骑七千，因略定傍州，不淹旬，兵数万，号‘土团白条军’。”[①] 由于各方力量的联合反蔡及其部属的反叛，秦宗权的力量迅速削弱，“汴帅与兖、郓合势，屡败贼军，凶势日削”。[②] 龙纪元年（889）二月，秦宗权被朱全忠送至京师处死。

秦宗权虽然身死，但由他组建起来的蔡州集团并没有因为他的死亡而消失，蔡州集团的部分力量被朱全忠纳入统治旗下，其余部分则继续以各种方式存在，其中最主要的部分是在秦宗权即将溃败时趁乱而叛的孙儒势力。孙儒于文德元年（888）击败杨行密，攻克扬州，向唐廷邀得了淮南节度使的旌节。随后，孙儒沿袭黄巢、秦宗权的老路，继续流寇式的作战方式，与淮南杨行密展开激烈角逐，“大顺元年，行密取润州，以安仁义守之；常州以李友守之。儒怒，三分其军渡江，建锋复拔常、润，仁义走。全忠遣将庞从等军十万掩至高邮，儒悉师御之，故仁义间取润州，刘威、田頵等败建锋于武进，取常州。杭州钱镠将沈粲自苏州奔儒，行密诸将在润、常者，皆为建锋所逐，仁义、頵弃润州走”。[③] 随后，孙儒与刘建锋进逼京口，杨行密部纷纷退避，“行密诸将屯险者，闻儒至，皆走。頵、威等合兵三万，邀儒黄池。儒遣马殷击走之”。[④] 尽管孙儒在与杨行密的战争中屡屡获胜，但作为蔡贼余部的孙儒同样遭到朱全忠和杨行密的夹攻，大顺二年（891），“朱全忠遣使与杨行密约共攻孙儒。儒恃其兵强，欲先灭行密，后敌全忠，移牒藩镇，数行密、全忠之罪，且曰：‘俟平宣、汴，当引兵入朝，除君侧之恶。’于是悉焚扬州庐舍，尽驱丁壮及妇女渡江，杀老弱以充食”。[⑤] 渡江后的孙儒与杨行密在宣州对峙。由于缺乏稳固的根据地，孙儒所部在后勤保障上经常处于朝不保夕的危险处境，四处剽掠成为筹措粮饷的重要手段。景福元年（892），杨行密击破孙儒广德营，切断孙儒的粮道，孙儒粮尽，“遣其将刘建锋、马殷分兵掠诸县”。[⑥] 由于缺乏固定的根据地作为凭借，又遭到朱全忠和杨行密的夹

① 《新唐书》卷一百八十八《孙儒传》，第 5467 页。

② 《旧唐书》卷二百下《秦宗权传》，第 5399 页。

③ 《新唐书》卷一百八十八《孙儒传》，第 5467 页。

④ 同上。

⑤ 《资治通鉴》卷二百五十八，唐昭宗大顺二年七月，第 8417 页。

⑥ 《资治通鉴》卷二百五十九，唐昭宗景福元年四月，第 8429 页。

攻，孙儒的局势日益危蹙，最终在景福元年（892）六月兵败身亡："行密闻儒疾疟，戊寅，纵兵击之。会大雨、晦冥，儒军大败，安仁义破儒五十余寨，田頵擒儒于阵，斩之，传首京师，儒众多降于行密。"① 胡三省对孙儒失败的原因作了精辟的概括："孙儒以十倍之众攻行密，其智勇亦无以大相过，而卒毙于行密者，儒专务杀掠，人心不附，又后无根本。行密虽为儒所困，分遣张训、李德诚略淮、浙之地以自广，又斥余廪以饲饥民，既得人心，又有根本，所以胜也。"② 孙儒死后，其余众散为三部：主体被杨行密收编，成为后来杨吴黑云都的主干③，"行密既并孙儒，乃招合遗散，与民休息，政事宽简，百姓便之，蒐兵练将，以图霸道。所得孙儒之众，皆淮西之骁果也，选五千人豢养于府第，厚其衣食，驱之即战，靡不争先。甲胄皆以黑缯饰之，命曰'黑云都'"；④ 另一部被钱镠吸收，成为武勇都的主干，"初，孙儒死，其士卒多奔浙西，钱镠爱其骁悍，以为中军，号武勇都"；⑤ 第三部是刘建锋、马殷纠集的孙儒残部七千余人，这是马殷建立马楚政权的军事基础。

秦宗权蔡州集团分裂出来的另一股力量是王建领导的部分势力。早在秦宗权占据蔡州被任命为蔡牧时，秦宗权为扩展个人势力而大肆招募，王建因此进入秦宗权治下的蔡州集团，"秦宗权据蔡州，悬重赏以募之，建始自行间得补军候"，⑥ "初，秦宗权之据蔡州，招合亡命，（韩）建隶为军士，累转至小校。唐中和初，忠武监军杨复光起兵于蔡，宗权遣其将鹿晏弘赴之，建与里人王建俱隶宴弘军，入援京师"。⑦ 王建在主将鹿晏弘的统领下与忠武监军杨复光一同入援京师，但他很快脱离秦宗权的统领转而被杨复光控制，成为杨复光组建的忠武八都之一，"时秦宗权据蔡州，

① 《资治通鉴》卷二百五十九，唐昭宗景福元年六月，第8429、8430页。

② 《资治通鉴》卷二百五十九，唐昭宗景福元年六月胡注，第8430页。

③ 学界一般认为黑云都是杨行密收编孙儒残部后组建的，这可能是不确切的。孙儒失败的残部只是补充了黑云都的兵员，扩大了黑云都的影响，而不是构成黑云都的全部力量。黑云都可能在杨行密收编孙儒残部前就已经存在，《五国故事》卷上《伪吴杨氏》云"伪吴先主吴王行密，庐州合淝人。力举三百斤。微时居常独处，必见黑衣人侍其侧。后既有众，遂令部兵悉以黑缯幂其首，号曰'黑云都'"。

④ 《旧五代史》卷一百三十四《杨行密传》，第1781页。

⑤ 《资治通鉴》卷二百六十三，唐昭宗天复二年八月，第8578页。

⑥ 《旧五代史》卷一百三十六《王建传》，第1815页。

⑦ 《旧五代史》卷十五《韩建传》，第203页。

不从岌命，复光将忠武兵三千诣蔡州，说宗权同举兵讨巢。宗权遣其将王淑将兵三千从复光击邓州，逗留不进，复光斩之，并其军，分忠武八千人为八都，遣牙将鹿晏弘、晋晖、王建、韩建、张造、李师泰、庞从等八人将之。王建，舞阳人；韩建，长社人；晏弘、晖、造、师泰，皆许州人也。复光率八都与朱温战，败之，遂克邓州，逐北至蓝桥而还”。[①] 鹿晏弘、王建等原来均属秦宗权麾下，杨复光建立八都并将其任命为八都首领之后，两人转归杨复光统领。中和三年（883）杨复光死后，鹿晏弘率领八都以西赴行在为名，转战至山南，但鹿晏弘的本意并非真正入蜀护驾，而是试图和秦宗权一样建立自己的势力圈。不久，鹿晏弘逐走兴元节度使，自称留后：“忠武大将鹿晏弘率所部自河中南掠襄、邓、金、洋，所过屠灭，声云西赴行在。十二月，至兴元，逐节度使牛勖，勖奔龙州西山。晏弘据兴元，自称留后。”[②] 中和四年（884），鹿晏弘被唐王朝任命为兴元留后，在政治地位上形成了与秦宗权并立的局面。但他对兴元的控制时间很短，第二年就因王建等人的反叛而被迫放弃兴元：“鹿晏弘之去河中，王建、韩建、张造、晋晖、李师泰各率其众与之俱；及据兴元，以建等为巡内刺史，不遣之官。晏弘猜忌，众心不附，王建、韩建素相亲善，晏弘尤忌之，数引入卧内，待之加厚。二建密相谓曰：‘仆射甘言厚意，疑我也，祸将至矣！’田令孜密遣人以厚利诱之，十一月，二建与张造、晋晖、李师泰率众数千逃奔行在，令孜皆养为假子，赐与巨万，拜诸卫将军，使各将其众，号随驾五都。又遣禁兵讨晏弘，晏弘弃兴元走。”[③] 至此，后来建立前蜀政权的王建脱离秦宗权和鹿晏弘的控制而进入四川地区，蜀史将王建的这一经历称为“许昌振迹，阆苑兴师”[④]，这是蔡州集团中最早分裂出来的一股力量。

在孙儒之前蔡州集团分裂出来的第二支军事力量，并对十国政权具有重要影响的势力是王绪与王潮统领的那部分队伍。在僖宗入蜀，黄巢称帝于长安的背景下，那些既不愿与农民军为伍又不愿效忠唐王朝的势力纷纷据地自立。中和元年（881）八月，王绪在寿州发动叛乱，建立十国王闽

① 《资治通鉴》卷二百五十四，唐僖宗中和元年五月，第 8252 页。

② 《资治通鉴》卷二百五十五，唐僖宗中和三年十一月，第 8300 页。

③ 《资治通鉴》卷二百五十六，唐僖宗中和四年十一月，第 8314、8315 页。

④ 《鉴诫录》卷七《陪臣谏》，第 48 页。

政权的王潮、王审知兄弟以寿州之乱为起点出现于历史舞台，“寿州屠者王绪与妹夫刘行全聚众五百，盗据本州，月余，复陷光州，自称将军，有众万余人；秦宗权表为光州刺史。固始县佐王潮及弟审邽、审知皆以才气知名，绪以潮为军正，使典资粮，阅士卒，信用之”。[①] 秦宗权表绪为光州刺史的记载并不能反映出王绪与秦宗权的真实关系，但《新唐书·王潮传》的记载为我们进一步确定两者的关系提供了线索：“僖宗入蜀，盗兴江、淮，寿春亡命王绪、刘行全合群盗据寿州。未几，众万余，自称将军，复取光州，劫豪杰置军中，潮自县吏署军正，主禀庾，士推其信。绪提二州籍附秦宗权。它日，赋不如期，宗权切责，绪惧，与行全拔众南走，略浔阳、赣水，取汀州，自称刺史，入漳州，皆不能有也。”[②] 从提二州籍附秦宗权及赋不如期遭到秦宗权督责的记载来看，王绪至少在形式上隶属于秦宗权的蔡州集团并无疑问。尽管王绪具有军事上的相对独立性，但基本上听命于秦宗权是可以肯定的，赋税偶不如期就遭到秦宗权的切责证明了这一点。

光启元年（885）正月，王绪因赋税缴纳不及时而遭到秦宗权的督责，遂率众南奔：“秦宗权责租赋于光州刺史王绪，绪不能给；宗权怒，发兵击之。绪惧，悉举光、寿兵五千人，驱吏民渡江，以刘行全为前锋，转掠江、洪、虔州，是月，陷汀、漳二州，然皆不能守也。”[③] 王绪所部被迫离开光州后，进军的方向十分明确——尽快摆脱秦宗权的追击，往南寻求发展。当时中原及以北地区都是拥兵自重、势力强大的地方割据势力的地盘，很难有立足之地，向割据力量薄弱的南方地区发展也就成为了王绪进军的首选。王绪统领下的队伍经过淮南，辗转到江州、洪州一带，打算取道洪州南下。但队伍在洪州遭到节度使钟传的阻拦和威胁，“王绪若得福建，境土相接，必为己患，阴欲诛之”。[④] 王绪不得不绕道洪州继续南下，不久成功占领虔州，在虔州遭到谭全播的攻击无法立足，只得“率众南奔，所至剽掠，自南康入临汀”。[⑤] 攻占汀州标志着王绪正式进入福建并初步站稳了脚跟。根据《新唐书》记载，王绪所部攻克汀州的时

① 《资治通鉴》卷二百五十四，唐僖宗中和元年八月，第 8256、8257 页。

② 《新唐书》卷一百九十《王潮传》，第 5491 页。

③ 《资治通鉴》卷二百五十六，唐僖宗光启元年正月，第 8320 页。

④ 《五代史补》卷二《王氏据福建》，第 2490 页，《五代史书汇编》第五册。

⑤ 《新五代史》卷六十八《闽世家》，第 845 页。

间是在光启元年（885）正月，“光启元年正月庚辰，荆南军将成汭陷归州，是月，王绪陷汀、漳二州”，[①]“王绪之兵自此入闽，为王潮兄弟割据之资”。[②] 由于福建地区割据力量薄弱，王绪在此力量发展颇为迅速，八月“陷漳浦，有众数万”。[③] 随着队伍在福建的扩大和局势的稳定，王绪开始排挤打击其他有功将士，最终引发了王潮等人的兵变，“绪性猜忌，部将有才能者，多因事杀之，潮颇自惧。军次南安，潮说其前锋将曰：‘吾属弃坟墓、妻子而为盗者，为绪所胁尔，岂其本心哉！今绪雄猜，将吏之才能者必死，吾属不自保朝夕，况欲图成事哉！’前锋将大悟，与潮相持而泣。乃选壮士数十人，伏篁竹间，伺绪至，跃出擒之，囚之军中。绪后自杀”。[④] 王绪被废后，王潮被众将推立为主帅，掌握了这一支队伍的领导权。此后，王潮、王审知兄弟二人在福建扎根并建立了闽政权。据前所述，我们可以将蔡州集团的发展过程用下图展示出来。

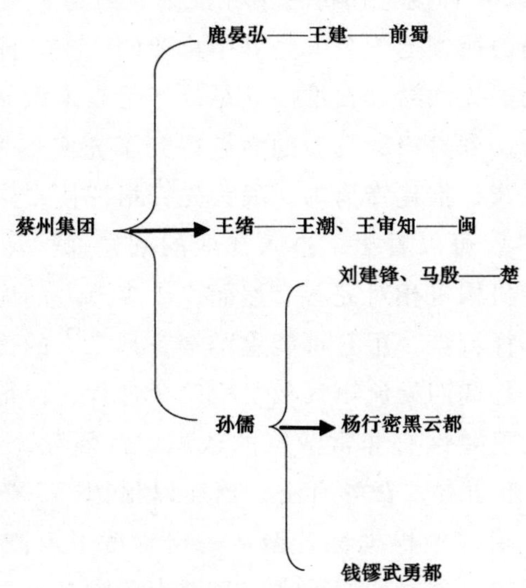

① 《新唐书》卷九《僖宗纪》，第276页。

② 《资治通鉴》卷二百五十六，唐僖宗光启元年正月胡注，第8320页。

③ 《新五代史》卷六十八《闽世家》，第845页。

④ 同上。

第三节　蔡州集团南下与马楚政权的建立

从前文可以看出，形成于僖宗中和年间的蔡州集团在其发展过程中至少分裂为三股。从地域上考察，这些分裂出来的蔡州势力存在一个共同点，即他们在脱离蔡州集团之后都是往南方地区发展。这种悉众南迁局面的形成与当时中原地区割据势力强大且争夺激烈，新的分裂势力在中原地区难以立足有关。相比较而言，南方地区虽然同样处于分裂状态，但他们的割据力量相对较弱，而且存在一些统治的空白地带，这为蔡州集团的南下提供了条件。从蔡州集团中分离出来的各种力量南下后辗转流徙，最终在南方落脚并建立了政权。马殷就是在这样一种背景下建立楚政权的。

景福元年（892）孙儒与杨行密争夺淮南兵败身亡之后，所部分裂为三股，刘建锋、马殷所领七千余人是其中重要的一支。面对强敌杨行密的逼迫，刘建锋、马殷无法继续在淮南立足，于是南走洪州，进驻江西。在进驻江西的过程中，刘建锋、马殷的力量得到了充实："刘建锋、马殷收余众七千，南走洪州，推建锋为帅，殷为先锋指挥使，张佶为谋主，比至江西，众十余万。"① 可以看出，进入江西的刘建锋、马殷力量已经比较强大，统治和领导机构也相对完善。然而，十多万人的庞大队伍如果继续如秦宗权、孙儒那样流徙，很有可能重蹈秦、孙二人的覆辙，正是由于亲身经历了秦宗权、孙儒四处流窜兵败身亡的全过程，使得刘建锋、马殷对建立稳固根据地的重要性有非常清醒的认识。孙儒死，"建锋、殷哭之，相语曰：'公常有志庙食，吾等有土，当庙以报德。'"② 虽然二人所说的有土并不全指建立稳固的根据地，但从一定程度上反映了他们建立根据地，据土立庙的愿望，这对他们后来选择湖南落脚具有重要影响。

刘建锋、马殷进入江西后，虽然队伍已发展到十余万，但在江西却并无立足的可能。时任江西节度使的钟传颇有惠政，先是收服了企图叛乱的抚州刺史危全讽，继而牢牢掌握了江西局势。对刘建锋、马殷在辖地内的

---

① 《资治通鉴》卷二百五十九，唐昭宗景福元年六月，第 8430 页。

② 《新唐书》卷一百八十八《孙儒传》，第 5468 页。

攻掠行为，钟传进行了反击，"传以匡时为袁州刺史，击马殷"。[①] 由于钟传力量强大，从淮南辗转而来的刘建锋、马殷势力不足以与之对抗，他们无法在江西立足，只能继续寻找合适的落脚点。此时，东面杨行密、钱镠的势力都比较强大，北面是野心勃勃的朱全忠，军事力量无人可及，刘建锋、马殷显然不可能向这两方面发展。剩下的途径有两条：要么向南发展，挺进福建或广东；要么向西发展，进驻湖南。但福建的王潮兵锋甚盛，他轻取福州，自署为留后，对福建的有力控制不容他人染指。广东"险而贫"，而且被刘隐兄弟控制，无疑不是拥有十余万大军的刘建锋、马殷进驻的理想之地。这样，仅剩下西面的湖南可以考虑，那么，湖南是否是刘、马二人的中意之选呢？回答是肯定的。

刘建锋、马殷之所以最终选择进驻湖南，与湖南当时的局势有关。安史之乱爆发后，湖南的地位日趋重要，至德二年（757），唐廷于湖南衡州置防御使。广德二年（764），又于衡州置湖南都团练守捉观察处置使，简称为湖南观察使，领衡、潭、邵、永、道五州。随后，湖南观察使于大历五年（769）徙治潭州，中和三年（883），湖南观察使升为钦化军节度使，光启元年（885），改钦化军节度使为武安节度使。由上可以看出，"安史之乱"爆发之后，湖南的政治地位日益提升，这种政治地位的提升反映了湖南在唐政权中的重要作用。事实的确如此，安史之乱后的湖南是唐王朝财政收入的主要来源地之一，为唐王朝在藩镇割据局面下继续维持统治提供了财政支持，是典型的东南财源型藩镇。尽管湖南同样受到了藩镇割据的冲击，但总体上依然处于唐王朝的实际控制之下。

唐王朝对湖南的控制在黄巢起义之后遭到实质性的削弱。乾符六年（879）九月，黄巢领导的农民军攻克广州，但随即就因遭遇瘴疫而北返："黄巢在岭南，士卒罹瘴疫死者什三四，其徒劝之北还以图大事，巢从之。"[②] 十月，起义军沿湘江北上，取道衡州、永州，进逼潭州。唐王朝对农民军的北上有所防备，早在这年五月就在湖南进行了部署："泰宁节度使李系，晟之曾孙也，有口才而实无勇略，王铎以其家世良将，奏为行营副都统兼湖南观察使，使将精兵五万并土团屯潭州，以塞岭北之路，拒

① 《新唐书》卷一百九十《钟传传》，第5487页。

② 《资治通鉴》卷二百五十三，唐僖宗乾符六年十月，第8217页。

黄巢。”① 但唐政府的军事安排未能阻挡住黄巢的北进，黄巢猛攻潭州并克之，守将李系逃奔朗州。唐王朝在潭州的势力被清扫一空，“巢尽杀戍兵，流尸蔽江而下”。②

农民军的军事行动给唐王朝在湖南的统治以致命的打击，使唐王朝在湖南的统治崩溃，湖南陷入更加混乱的境地，这主要表现在两个方面：首先，农民军在湖南的军事行动引发了新的农民起义，新旧农民军的混合和斗争进一步瓦解了唐王朝在湖南的统治；其次，农民军对湖南产生巨大冲击的同时，湖南的土著势力纷纷崛起，积极发展个人势力并彼此争斗，从而使湖南变得更加混乱。刘建锋、马殷进入湖南之前，湖南境内正进行着激烈的内部纷争，形成了诸多力量：

> 邓处讷字冲韫，邵州龙潭人。少从江西人闵项防秋安南，中和元年还，道潭州，逐观察使李裕，召诸州戍校徇曰：“天下未定，今与君等安护州邑，以待天子命，若何？”众称善。乃推项为留后，请诸朝。僖宗方在蜀，遣使者抚慰。当是时，抚州刺史钟传据洪州，议者欲二盗相噬，即复置镇南军，擢项节度使。项悟，不受命。更为检校尚书右仆射、钦化军节度使，以处讷为邵州刺史。
>
> 朗州武陵人雷满者，本渔师，有勇力。时武陵诸蛮数叛，荆南节度使高骈擢满为裨将，将镇蛮军从骈淮南。逃归，与里人区景思猎大泽中，啸亡命少年千人，署伍长，自号“朗团军”。推满为帅，景思为司马，袭州，杀刺史崔翥。诏授朗州兵马留后。岁略江陵，焚庐落，劫居人。俄进武贞军节度使。先是，陬溪人周岳与满狎，因猎，宰肉不平而斗，欲杀满，不克。见满已据州，悉众趋衡州，逐刺史徐颢，诏授衡州刺史。石门峒酋向瑰闻满得志，亦集夷獠数千屠牛劳众，操长刀柘弩寇州县，自称“朗北团”。陷澧州，杀刺史吕自牧，自称刺史。
>
> 项既强大，且治人有恩，哀徐颢穷，率兵纳之。向瑰召梅山十峒獠断邵州道，项掩其营。周岳羸军诱战，项堕伏中，故大败。淮西将黄皓杀项。岳闻乱，以轻兵入潭州，自称钦化军节度使。处讷闻之

① 《资治通鉴》卷二百五十三，唐僖宗乾符六年五月，第8214页。

② 《资治通鉴》卷二百五十三，唐僖宗乾符六年十月，第8217页。

哭，诸将入吊。处讷曰："与君等荷仆射恩，若合一州之兵问周岳罪，奈何？"众曰："善。"于是砺甲训兵，积八年，结雷满为援，攻岳斩之，自称留后。昭宗诏拜武安军节度使。[①]

上述势力不断整合，在刘建锋、马殷进入潭州之前在今湖南地区形成了两支比较大的土著势力：一是武安军节度使邓处讷，一是武贞节度使雷满。此外，湖南其他地区还存在大大小小的诸多势力，如衡州杨师远、永州唐世旻、道州蔡结、郴州陈彦谦、连州鲁景仁、岳州邓进忠等。这些势力割据一方，彼此争夺，湖南总体上处于一种混乱、割据的状态。这种势力分散和群龙无首的局面为刘建锋、马殷进驻湖南并迅速稳固统治提供了条件。

乾宁元年（894）五月，从江西辗转而来的刘建锋、马殷等十余万大军抵达湖南醴陵。为了对付刘、马大军，武安节度使邓处讷命邵州蒋勋、邓继崇率兵三千扼守龙回关[②]，据险阻击马殷向潭州进发。邓处讷尽管在湖南"历八年"才爬上武安军节度使的位置，但由于内耗过度，实际力量并不强，根本无法与屡经战阵的刘建锋、马殷抗衡，于是"遣勋以牛酒犒师"，企图借此阻止刘、马二人的进攻。马殷却趁机劝降蒋勋，兵不血刃地取下龙回关：

刘建锋、马殷引兵至澧陵，邓处讷遣邵州指挥使蒋勋、邓继崇将步骑三千守龙回关。殷先至关下，遣使诣勋，勋等以牛酒犒师。殷使说勋曰："刘骧智勇兼人，术家言当兴翼、轸间。今将十万众，精锐无敌，而君以乡兵数千拒之，难矣。不如先下之，取富贵，还乡里，不亦善乎！"勋等然之，谓众曰："东军许吾属还。"士卒皆欢呼，弃旗帜铠仗遁去。[③]

① 《新唐书》卷一百八十六《邓处讷、雷满传》，第5420、5421页。

② 《大清一统志》卷二百七十七《长沙府二》云："龙回关，在善化县东四十五里关山。两关相连，中仅一路。"《新五代史》卷六十六《楚世家》曰："乾宁元年，（刘建锋等）入湖南，次醴陵。潭州刺史邓处讷发邵州兵戍龙回关。"《九国志·邓处讷传》载："乾宁元年，刘建锋领众自豫章至，处讷遣其乡豪蒋勋等领步卒三千断龙回关。"今长沙东北有关山，属连云山脉，刘建锋、马殷在江西受钟传攻击后，可能自今江西南昌东进，经新余、萍乡进入湖南，进驻醴陵。故下文蒋勋将刘、马进攻龙回关的军队称为"东军"，胡三省注曰："刘建锋等兵从东来，故蒋勋等谓之东兵。"

③ 《资治通鉴》卷二百五十九，唐昭宗乾宁元年五月，第8454页。

龙回关的陷落预示着邓处讷的失败不可避免。随后，刘建锋率军进驻龙回关，尽取蒋勋将士铠甲被己兵为先锋，张其旗帜杀奔潭州。守城将士不加分辨，误认为是戍守龙回关的士兵，竟开门迎纳。刘建锋顺利进入潭州，诛杀邓处讷，自称留后。随即，“奉表京师，诏即拜检校尚书左仆射、武安军节度使”。[①] 乾宁二年（895）四月，唐王朝“以刘建锋为武安节度使。建锋以马殷为内外马步军都指挥使”。[②] 至此，经过近三年的辗转，孙儒之败后的蔡州残部刘建锋、马殷终于在湖南占据了一席之地，奠定了建立马楚政权的地域基础。但刘建锋、马殷在湖南的地位很不稳固，倒戈有功的蒋勋因不满刘建锋的封赏而蓄谋叛乱。刘建锋取得武安军节度使的位置后，居功自傲的蒋勋要求刘建锋履行倒戈时允诺的封赏，但刘建锋对蒋勋心怀戒备，对他的封赏要求虚与委蛇。乾宁二年（895）十一月，蒋勋发动叛乱：“蒋勋求为邵州刺史，刘建锋不许，勋乃与邓继崇起兵，连飞山、梅山蛮寇湘潭，据邵州，使其将申德昌屯定胜镇以扼潭人。”[③] 乾宁三年（896）初，刘建锋遣马殷率诸将攻讨蒋勋：

> 建锋使殷督诸将击之，殷大败，走江浒。乡人夏侯陟教殷以奇兵出迪田，踰涧山，据江为壁，伏兵于莽，诱勋度江。勋见士未阵，争出斗，殷分兵袭其壁，麾濒江军夹击，勋大败，拔定胜一壁，进围邵州。[④]

马殷与蒋勋在邵州对峙之际，潭州发生内乱，刘建锋被杀，颇具声望的马殷随即被推上武安节度使的宝座，成为继刘建锋之后潭州的最高统治者。

马殷率诸将讨伐蒋勋，尽力巩固湖南根据地的同时，武安节度使刘建锋却因纵情享乐，放纵荒淫而招致杀身之祸：“武安节度使刘建锋既得

① 《新唐书》卷一百九十《刘建锋传》，第 5481 页。刘建锋被唐朝廷授予武安军节度使当在唐昭宗时期，然《新五代史》卷六十六《楚世家》云：“僖宗授建锋湖南节度使，殷为马步军都指挥使。”将刘建锋任武安节度使的时间上溯至僖宗时期，误。

② 《资治通鉴》卷二百六十，唐昭宗乾宁二年四月，第 8468 页。

③ 《资治通鉴》卷二百六十，唐昭宇乾宁二年十一月，第 8479 页。

④ 《新唐书》卷一百八十六《邓处讷传》，第 5422 页。

志，嗜酒，不亲政事。长直兵陈赡妻美，建锋私之。赡袖铁挝击杀建锋。"[①] 刘建锋死后，潭州守将中以行军司马张佶威信最高，因而被推举为帅。张佶在入府处理政事时马受惊伤髀，遂有退缩之意，加之自认为声望才能不及马殷，于是要求众将改推马殷为帅："马公勇而有谋，宽厚乐善，吾所不及，真乃主也。"[②] 并遣姚彦章至邵州召马殷回潭州就职。

正在邵州与蒋勋对峙的马殷对张佶的召命犹豫不决，马殷虽然是仅次于刘建锋的蔡州集团的重要军事将领，但他担心将士不服而招致不测。姚彦章进行规劝："公与刘龙骧、张司马，一体之人也，今龙骧遇祸，司马伤髀，天命人望，舍公尚谁属哉!"[③] 权衡再三，马殷决定留亲从都副指挥使李琼继续攻邵州，自己赴潭州就职。五月，马殷至长沙，张佶等将其推上了武安留后的位置："马殷至长沙，张佶肩舆入府，坐受殷拜谒，已，乃命殷升听事，以留后让之，即趋下，帅将吏拜贺，复为行军司马，代殷将兵攻邵州。"[④] 马殷就任武安留后标志着他初步掌握了潭州政权，马楚政权的实际开创时间可以追溯至此。

---

① 《资治通鉴》卷二百六十，唐乾宁三年四月，第 8485 页。

② 同上。

③ 同上。

④ 《资治通鉴》卷二百六十，唐乾宁三年五月，第 8486 页。

第二章

马楚历史概述

第一节　马殷拓土建国

一　开疆拓土

马殷虽然爬上了武安留后的宝座，但控制的地域仅有潭州一地，邵州被叛将蒋勋掌握，湖南其他地区则大都被湖湘土著势力控制，如何巩固统治和扩张地盘发展势力成为马殷首先要考虑的问题。

前面我们已经提到，农民军扫荡湖南之后，唐王朝对湖南的控制实际上已经名存实亡，对潭州军政根本无法施加实质性的影响。尽管如此，对潭州统治者来说，中央王朝的承认和任命对自己依然具有重要意义，它可以使统治者获得政治上的资格，可以有效防止内部反对势力的反叛和动乱，一定程度上阻止外部敌对力量的觊觎与进攻。马殷深谙此道，虽然史籍没有明确记载他被推举为武安留后后“奉表京师”，但实际情况应该和刘建锋占据潭州之后奏请唐政府一样。任潭州留后四个月后，唐王朝就命马殷为潭州刺史、判湖南军府事。光化元年（898）三月，“以潭州刺史、判湖南军府事马殷知武安留后”。[①] 政治地位的稳固解除了马殷的后顾之忧和内部觊觎势力对自己的威胁，得以集中力量开展拓土工作。

拓土的第一步是彻底平定蒋勋叛乱。乾宁三年（896），马殷在讨伐蒋勋的过程中回潭州任职，行军司马张佶替代马殷讨伐蒋勋。光化元年（898）二月，蒋勋战败被杀，马殷取得邵州。尽管如此，此时马殷控制的地域依然十分有限，与其军事力量很不相称：“时湖南管内七州，贼帅杨师远据衡州，唐世旻据永州，蔡结据道州，陈彦谦据郴州，鲁景仁据连

① 《资治通鉴》卷二百六十一，唐光化元年三月，第8515页。

州，殷所得惟潭、邵而已。”[1] 这种兵多地少的局面对马殷统治十分不利，他在张佶、高郁等人的协助下，开始收拾湖南境内的其他势力，同时还将拳头伸出了湖南。

马殷出击的首要动作是铲除湖南其他诸州的势力，统一湖南。光化元年（898）五月，干将姚彦章建议马殷以李琼为将，攻取衡、永、道、连、郴五州，实现湖南统一。这一建议得到了马殷支持：“殷以琼及秦彦晖为岭北七州游弈使，张图英、李唐副之，将兵攻衡州，斩杨师远，引兵趣永州，围之月余，唐世旻走死。殷以李唐为永州刺史。”[2] 衡州和永州自此归马殷管辖。光化二年（899）七月，马殷遣永州刺史李唐攻打道州，道州首领蔡结啸聚群蛮于险隘处伏击，李唐大败。但败亦有得，他悟到了道州之败的症结：“蛮所恃者山林耳，若战平地，安能败我！”[3] 蔡结当然不会自废武功和李唐来战平地，但李唐因风纵火，将蔡结等蛮兵逼出山林。蛮兵优势尽失，蔡结被擒，道州落入马殷之手。至此，湖南七州已有五州归属马殷，仅剩下郴州和连州游离其控制之外。马殷继续推行既定政策，十一月，“马殷遣其将李琼攻郴州，执陈彦谦，斩之；进攻连州，鲁景仁自杀，湖南皆平”。[4] 至此，湖南基本被马殷控制。

马殷获得湖南七州之后，湖南西部、北部还存在一些异己势力，但马殷却未能立即对这两个地方的势力进行讨伐，而是被迫将目标转向了力量相对较强的岭南。光化二年（899），马殷成功攻取了岭北七州之地，湖南大部实现统一，岭南静江节度使（治桂州，今广西桂林）刘士政担心马殷继续南进威胁自己的统治，遂令副使陈可璠屯全义岭（地在今广西兴安）以拒马殷。马殷此时并无南进之意，但刘士政的举动使马殷担心岭南势力与湖南北部、西部势力联合对自己构成夹击之势，于是遣使结交刘士政，以求集中力量对付西部、北部的异己势力，彻底完成湖南统一。刘士政对马殷的通好并不领情，反而使陈可璠拒纳使者，马殷不得已改变既定策略，决定先攻取岭南，然后再扫平湘西、湘北。

光化三年（900）十月，马殷遣心腹秦彦晖、李琼等率兵七千攻打刘

① 《资治通鉴》卷二百六十一，唐光化元年三月，第 8515 页。
② 《资治通鉴》卷二百六十一，唐光化元年五月，第 8516 页。
③ 《资治通鉴》卷二百六十一，唐光化二年七月，第 8526 页。
④ 《资治通鉴》卷二百六十一，唐光化二年十一月，第 8528 页。

士政。刘士政一方面令陈可璠与秦彦晖、李琼在全义岭对峙，阻止马殷南进，另一方面又遣指挥使王建武驻屯秦城（今广西兴安县西南），以牵制马殷军。刘士政的战略安排无疑是合理的，但陈可璠领军无方，不恤民力，纵容部下劫掠当地民众，抢劫居民耕牛犒军，以致引起民怨，当地民众纷纷倒戈，成为李琼向导。李琼在民众的引导下奇袭秦城，擒获王建武。王建武的被擒打击了陈可璠的抵抗意志，众人惊恐不已，军心大乱，李琼等趁机发起猛攻，一举攻克全义岭，擒获陈可璠：

> 彦晖遣李琼将骑六十、步兵三百袭秦城，中宵，踰垣而入，擒王建武，比明，复还，练以练，造可璠壁下示之，可璠犹未之信。斩其首，投壁中，桂人震恐。琼因勒兵击之，擒可璠，降其将士二千，皆杀之。①

秦彦晖、李琼乘机越过全义岭，直扑桂州，接连攻克秦城以南二十余据点，直接围困桂州。刚刚由桂管经略使晋升为静江军节度使的刘士政面对秦、李二人的围困，无计可施，不得不开城投降。静江节度使辖下的桂州、宜州、岩州、柳州、象州全部归于马殷。马殷以李琼为桂州刺史，不久又奏署为静江节度使。原有湖南七州加上新得的岭南五州，马殷辖地发展到十二州之地。

取得岭南五州之后，马殷的势力已经较为强大，但北面和东北面毗邻的荆南成汭和淮南杨行密力量都相当强大，要稳固在潭州的统治，必须处理好与荆南、淮南的关系。早在乾宁三年（896）九月实际控制潭州政务时，马殷就对如何处理与淮南杨行密、荆南成汭的关系进行了考虑："殷畏杨行密、成汭之强，议以金帛结之。"② 马殷当时仅占有潭州一地，邵州则由张佶与蒋勋鏖战，胜败未定。北面江陵的成汭力量强大且急于扩展，对潭州而言是一个潜在的威胁。而东面淮南的杨行密势力居南方诸政权之首，对外表现出扩张态势。在势力不足、地域狭小的被动局面下，马殷试图与杨行密、成汭结好是可以理解的。但高郁认为以金帛结交杨行密、成汭的措施不可行，他向马殷提出了自己的主张："成汭地狭兵寡，

① 《资治通鉴》卷二百六十二，唐光化三年十月，第8535页。

② 《资治通鉴》卷二百六十，唐乾宁三年九月，第8493页。

不足为吾患，而刘龚志在五管而已，杨行密，孙儒之仇，虽以万金交之，不能得其欢心。然尊王仗顺，霸者之业也，今宜内奉朝廷以求封爵而外夸邻敌，然后退修兵农，畜（蓄）力而有待尔。”[①] 高郁所说确是事实，刘建锋、马殷在孙儒旗下和杨行密争战多年，数败杨行密，孙儒兵败身死后，刘、马二人又因杨行密之逼辗转江西而至湖南，彼此间积怨很深。（此点后文将做进一步说明）从地域上看，马殷辖地与淮南相接，地域争端和冲突同样不可避免。马殷采纳高郁的建议，放弃了以金帛结交杨行密、成汭的宿谋而厚结朱全忠以自固，这实际上是马楚政权事大政策的开端。马殷的事大政策很快就发挥了作用，天复二年（902）三月，唐王朝加马殷同平章事，不久又准许马殷“淮南、宣歙、湖南等道立功将士，听用都统牒承制迁补，然后表闻”[②]。由于得到了掌握朝政的朱全忠的支持，马殷的政治地位不断提高，力量不断扩充，他开始解决湖南北部和东北部的问题。

天复三年（903）正月，杨行密令升州刺史李神福为淮南行军司马、鄂岳行营招讨使，舒州团练使刘存为副使，率兵攻鄂州节度使杜洪。杜洪势单力薄，面对强敌不久就兵食俱尽，只得向朱全忠求援。朱全忠担心杨行密夺取鄂州后威胁自己，于是派大将韩劲领万人屯滠口牵制杨行密的行动，以缓解杜洪的压力。当时朱全忠的主力正与河东李氏鏖战，无法分兵，同时又因大江阻隔，直接赴援无法实现，于是要求荆南节度使成汭、武安节度使马殷、武贞节度使雷彦威共同出兵援救杜洪。三节度使虽然听命出兵，却各怀打算，将救援演变成了彼此间的争夺。

“汭畏全忠之强，且欲侵江、淮之地以自广，发舟师十万，沿江东下。”[③] 他倾巢南下，企图夺取江淮之地，扩充势力和地盘。武安、武贞节度使却另有打算，伺机准备铲除对自己存在威胁的荆南。掌书记李珽觉察到了武安、武贞的用心和成汭的危险处境，他告诫成汭：“今每舰载甲士千人，稻米倍之，缓急不可动也。吴兵剽轻，难与角逐；武陵、长沙，皆吾仇也；岂得不为反顾之虑乎！不若遣骁将屯巴陵，大军与之对岸，坚

---

① 《新五代史》卷六十六《楚世家》，第 824 页。

② 《资治通鉴》卷二百六十三，唐天复二年三月，第 8573 页。

③ 《资治通鉴》卷二百六十四，唐天复三年四月，第 8607 页。

壁勿战，不过一月，吴兵食尽自遁，鄂围解矣。”① 尽管李珽的建议十分切合实际，但成汭拒不采纳，继续沿江东下。马殷、雷彦威乘虚而入，一举攻克成汭的基地江陵：“成汭行未至鄂州，马殷遣大将许德勋将舟师万余人，雷彦威遣其将欧阳思将舟师三千余人会于荆江口，乘虚袭江陵，庚戌，陷之，尽掠其人及货财而去。将士亡其家，皆无斗志。”② 成汭由于被雷彦威、马殷突袭而后方失守，以致财货尽失，军心不稳，失败不可避免。五月十二日，淮南将秦裴、杨戎率众数千与成汭大战于君山，淮南趁风纵火焚烧成汭战舰，荆南大败，成汭投水溺死。驻屯滠口的韩劲因成汭战败，朗州、潭州各怀打算，无法对杨行密进行攻击，也被迫撤兵。至此，朱全忠派遣的各路援军均已瓦解，粮尽力困、失去外援的杜洪失败在所难免：“汭兵败之后，武昌以重围经年，粮尽力困，救援不至，讫为淮寇所陷，载洪以送淮，杨遂杀之。”③

马殷借出师救援杜洪之际解除了荆南成汭对自己的威胁，随即对潭州北面的门户岳州进行经营。夺取岳州不仅可以打通与中原的通商朝贡之道，而且使自己占据了一个重要的军事据点，对巩固潭州有重要意义。许德勋自荆南率舟师南返，途经岳州，岳州刺史邓进忠开门犒军，许德勋趁机劝降了邓进忠。邓氏举族迁至长沙，邓进忠被任命为衡州刺史，许德勋留任岳州刺史，扼守潭州北大门。岳州处于衡州、淮南、荆南的交界地带，乃湘北重镇，两湖咽喉，地理位置十分重要，淮南对马殷据有岳州耿耿于怀，双方围绕岳州展开了长期争夺。

马殷的这次出兵取得了明显战果，不仅掠夺了大量财物，更重要的是瓦解了荆南成汭强大水师的威胁，同时还取得了岳州，使自己的势力发展到十三州之地。但岳州的地位并不稳固，淮南与湖南在此展开了数次争夺。天祐三年（906），杨行密之子杨渥派先锋指挥使陈知新攻湖南，目标直指许德勋控制下的岳州。三月十二日，陈知新攻拔岳州，逐走刺史许德勋，自任岳州刺史，岳州落到淮南杨渥手里。马殷并没有就此放弃对岳州的争夺，第二年六月，在攻拔岭南五州过程中大显身手的秦彦晖打败淮南岳州刺史陈知新，重新取得岳州。

---

① 《资治通鉴》卷二百六十四，唐天复三年四月，第 8607 页。

② 《资治通鉴》卷二百六十四，唐天复三年五月，第 8608 页。

③ 《册府元龟》卷二百一十《闰位部·旌表》，第 2522 页。

马殷与淮南在北面争得不可开交的同时，双方在东面也展开了争夺，主要是对吉州彭玕势力的争取。彭玕乃吉州庐陵人，唐末“以门籍为胥吏，有大志，常怏怏不乐于吏事，同曹多心厌之”①。为摆脱这种局面，他返回家乡另谋出路：

> 既归，乡里有山名王岭，遂破家鬻产，冶铁为兵，宰牛练楮为甲胄，与兄弟倡召义师，以自卫乡党为名，得勇力无赖五百余人。玕乃建立偏裨，与约号令，闻于郡县，守宰不能禁。未几，会群盗数千攻剽抚州，虽钟传都督江西八郡不能制御，时南城人危全讽兄弟亦起义师，结连玕，并力攻之，斩其贼帅，贼众奔溃，传闻其勇敢，不获制之，遂表全讽为抚州刺史，玕为吉州刺史，玕归本郡，乃广城池，务农训兵，禁约赌博。②

可见，彭玕通过起兵和剿灭其他混战势力，获得了镇南节度使钟传的赏识：“玕，健将也，传倚以为重。”③ 在钟传等的扶助下，爬上了吉州刺史的位置。天祐三年（906）钟传死后，其子匡时与匡范争立，淮南趁机收编江州匡范，攻陷洪州擒获匡时。钟传之死和其子的纷争使彭玕失去了依靠，所据吉州无法与势力强大的淮南杨渥抗衡，于是遣使至潭州窥探虚实，准备向湖南发展：“彭玕既失援，厚结马殷，且观虚实，使者还曰：‘殷将校辑睦，未可图也。’遂归款。”④ 鉴于马殷势力强大，彭玕自觉攻取湖南无望，遂改变策略于天祐三年（906）十二月请降于湖南。马殷获得对吉州的控制。

上面所述基本上是对马殷在唐末史事的回顾，从在秦宗权、孙儒手下与杨行密争夺扬州，至孙儒失败后与刘建锋辗转江西到湖南落脚，至爬上武安节度使的位置，完全拥有湖南七州，攻克岭南五州，铲除荆南成汭水师的威胁，与淮南在岳州和江西的较量，马殷进入五代之前已经正式拥有或基本控制了包括潭州在内的十三州之地。但马殷势力的扩展并没有就此

① 《十国春秋》卷七十三《彭玕传》，第1005页。

② 《江南野史》卷六《彭玕传》，第97、98页，《文渊阁四库全书》第464册。

③ 《新唐书》卷一百九十《钟传传》，第5487页。

④ 同上。

终止，进入五代后，马殷的军事、经济实力迅速增强，政治地位逐渐提高，随之而来的是疆域的再度扩大和马楚王国的建立。

二 建国创制

马殷的势力在唐末达到了一个相当雄厚的程度，与淮南杨氏、吴越钱氏、福建王氏、南汉刘氏等构成了唐末南方几大割据藩镇势力的主体。进入五代之后，马殷在唐末原有辖域的基础上继续扩展并逐渐巩固统治，最终建立了马楚王国。

在藩镇势力的兼并战争中，依靠农民起义发家的朱全忠占据了以汴梁为中心的中原地区，在割据混战的过程中逐渐吞并了中原及河北的一些藩镇，发展成为唐末最强大的藩镇势力。天祐四年（907），羽翼已丰的朱全忠为防止唐王朝势力的再起及其他藩镇的争夺，于是年四月废掉唐哀帝自立，建立后梁，定都汴梁（河南开封）。后梁王朝控制了宣武、宣义、天平、护国、天雄、河阳、昭义、忠武、镇国、荆南等二十一镇。河北地区的义武、成德、魏博等镇也在一定程度上听命于朱梁。但是，河东李克用的势力相当强大，两者在中国北部构成了对峙之势，朱全忠因受其牵制而无法全力南进以扑灭势力日强的淮南。面对北部河东势力的威逼和南面淮南势力的觊觎，朱温（即朱全忠，称帝后改名为朱温）在全力对付河东的同时，竭力拉拢南方其他势力牵制淮南，有劝进之功的马殷因而地位一路飙升。开平元年（907）四月，朱温“以武安节度使马殷为楚王”。①

开平元年（907）五月，“弘农王以鄂岳观察使刘存为西南面都招讨使，岳州刺史陈知新为岳州团练使，庐州观察使刘威为应援使，别将许玄应为监军，将水军三万以击楚”②。杨渥集中如此强大的兵力攻楚，其目的是想消灭马殷的势力，剪除朱温安置在自己周边的敌对力量，然后集中力量与朱温抗争。面对强敌，马殷进行了周密的安排：“殷命在城都指挥使秦彦晖将水军三万浮江而下，水军副指挥使黄璠帅战舰三百屯浏阳口。”③ 双方在浏阳口一带展开角逐。六月，淮南刘存等因霖雨被迫撤退，

---

① 《资治通鉴》卷二百六十六，后梁开平元年四月，第 8674 页。

② 《资治通鉴》卷二百六十六，后梁开平元年五月，第 8681 页。

③ 同上书，第 8682 页。

秦彦晖紧追不舍。刘存败退的同时，湖南将黄璠自浏阳率兵截断了淮南兵的退路，刘存等陷入秦彦晖与黄璠的夹击之中，淮南兵因之大败："黄璠自浏阳引兵绝江，与彦晖合击，大破之，执存及知新，裨将死者百余人，士卒死者以万数，获战舰八百艘。威以余众遁归，彦晖遂拔岳州。"① 马殷取得了对吴战争的重大胜利，这一胜利为马楚政权赢得了一个良好的发展时机，为马殷取得朗州，扩大疆域并建立楚王国奠定了基础。

马殷重创杨渥水军，重新收复岳州之后，淮南对马殷的压力暂时缓解，于是得以腾出手来对付勾结淮南，威胁潭州的朗州势力。朗州为武贞节度使治所，其节帅雷彦恭贪婪残暴，依附淮南侵扰荆南和马楚："彦恭附于杨行密，亦尝攻劫为荆、湖患。"② 雷彦恭勾结淮南危害荆南与马楚的行径不仅为马殷所痛恨，同时也为控制荆南的后梁政权所切齿。开平元年（907）九月，梁王朝"诏削彦恭官爵，命季昌与楚王殷讨之"③。十月，高季昌遣其将倪可福会楚将秦彦晖攻朗州。雷彦恭无法抵挡荆南和马楚的南北夹击，于是向淮南求救。淮南出于战略利益考虑，毅然出兵援助朗州，马楚与淮南再次交锋：

> 弘农王遣将泠业将水军屯平江，李饶将步骑屯浏阳以救之，楚王殷遣岳州刺史许德勋将兵拒之。泠业进屯朗口，德勋使善游者五十人，以木枝叶覆其首，持长刀浮江而下，夜犯其营，且举火，业军中惊扰。德勋以大军进击，大破之，追至鹿角镇，擒业；又破浏阳寨，擒李饶；掠上高、唐年而归。斩业、饶于长沙市。④

朗州之战的胜利切断了朗州武贞军与淮南在军事上的联系，使淮南不再轻易出兵援助朗州，这为马殷后来轻取朗州准备了条件。

开平二年（908）五月，马殷遣秦彦晖进围朗州，失去外援的雷彦恭引沅水环朗州城以守。秦彦晖围而不攻，持续月余，朗州守备渐渐松懈。秦彦晖趁机遣曹德昌率勇士自水洞潜入朗州城内，与城外军队内外夹击朗

① 《资治通鉴》卷二百六十六，后梁开平元年六月，第 8682 页。

② 《新五代史》卷四十一《雷满传》，第 445 页。

③ 《资治通鉴》卷二百六十六，后梁开平元年九月，第 8685 页。

④ 《资治通鉴》卷二百六十六，后梁开平元年十月，第 8686 页。

州，朗州军大乱，秦彦晖杀进朗州，雷彦恭仓皇逃奔广陵，其弟雷彦雄被俘送至大梁。朗州惨败的同时，与雷彦恭勾结的澧州刺史向环见势不妙，亦投降马殷，马殷取得朗、澧二州。

通过两次打败淮南，确定对岳州的占有，击败朗州雷彦恭，收降澧州向环，马楚政权北面的威胁得以全面解除，这一方向的势力扩张也达到了限度，在这种情况下，马殷再一次将目光转向岭南，与南汉刘氏展开争夺战。攻打岭南的主帅是弃吴奔楚的吕师周。吕师周本淮南杨氏将领，因遭杨渥疑忌而投奔马楚："黑云都指挥使吕师周与副指挥使綦章将兵屯上高，师周与湖南战，屡有功，渥忌之。师周惧，谋于綦章曰：'马公宽厚，吾欲逃死焉，可乎？'章曰：'兹事君自图之，吾舌可断，不敢泄！'师周遂奔湖南，章纵其孥使逸去。"① 马殷对吕师周的来奔十分高兴："殷闻师周至，大喜曰：'吾方南图岭表，而得此人足矣。'以为马步军都指挥使，率兵攻岭南。"② 开平二年（908）九月，马殷攻讨岭南的行动再次展开："殷又遣步军都指挥使吕师周将兵击岭南，与清海节度使刘隐十余战，取昭、贺、梧、蒙、龚、富六州。殷土宇既广，乃养士息民，湖南遂安。"③ 至此，今湖南地区除湘西溪峒诸蛮占据的辰州、溆州之外，湖南已大部落入马殷的控制之下。开平四年（910）十二月，马殷遣兵讨伐不附的辰州、溆州："辰州蛮酋宋邺，溆州蛮酋潘金盛，恃其所居深险，数扰楚边。至是，邺寇湘乡，金盛寇武冈，楚王殷遣昭州刺史吕师周将衡山兵五千讨之。"④ 乾化元年（911）正月，"吕师周攀藤缘崖入飞山洞袭潘金盛，擒送武冈，斩之"⑤。溆州由此纳入马殷控制之下。明年二月，"辰州蛮酋宋邺、昌师益皆率众降于楚，楚王殷以邺为辰州刺史，师益为溆州

---

① 《资治通鉴》卷二百六十六，后梁开平元年正月，第 8667 页。路振《九国志》卷十一《吕师周传》载："师周性豪率，颇通纬候及兵书，自言世将家子，不可保富贵，每恣为杯酌，狎客常十余。醉必起舞，或击节狂歌，慷慨泣下，行密闻而疑之，密遣人侦其动静"云云。欧阳修《新五代史》记载与《九国志》略同，马令《南唐书》亦说吕师周为杨行密将，似乎疑忌吕师周者乃杨行密。但杨行密雄才大略，笔者认为应该不及此。清人吴任臣《十国春秋》亦采信《资治通鉴》的观点。另，吕师周弃吴投楚除了因遭杨渥的疑忌之外，应该与所在的黑云都和马殷领导的潭州武安军同出自蔡州集团有关。

② 《新五代史》卷六十六《楚世家》，第 823 页。

③ 《资治通鉴》卷二百六十七，后梁开平二年九月，第 8704 页。

④ 《资治通鉴》卷二百六十七，后梁开平四年十二月，第 8733 页。

⑤ 《资治通鉴》卷二百六十七，后梁乾化元年正月，第 8737 页。

刺史"[①]。自此之后，马殷在湖南内外的军事活动基本停止，马楚政权的辖域达到了其历史的全盛，[②] 辖有包括今湖南全省、广西大部及贵州和广东一部分的广大区域。

地域的扩大、经济力量的增强、军事实力的提升等因素使马楚政权的整体实力迅速攀升，马殷对政治权力的欲求也与日俱增："由是地大力完，数邀封爵。"[③] 开平四年（910），马殷要求后梁王朝仿唐太宗李世民之例封己为天策上将，天策上将地位尊崇，自太宗以来终唐一代未再授人，"天策上将，唐官也。初，太宗破王世充、窦建德，高祖以其功大，其官号不足称，乃加是名，位三公上，开府，终唐世未尝更命人"[④]。朱梁北有河东李克用集团的强大攻势，南有淮南劲旅杨渥的进逼，为了笼络地方力量，对藩镇"所求皆允"，遂加马殷为天策上将军。马楚政权中占有重要地位的天策府体制开始形成："殷始开天策府，以弟賨为左相，存为右相。"[⑤] 天策府的建立是马楚政权地位提高和权力扩张的标志："既封楚王，仍请依唐诸王行台故事，署置天官幕府，有文苑学士之号，知诏令之名，总制二十余州，自署官吏，征赋不供。"[⑥] 不仅如此，从其主要职务都由马氏家族成员掌握的事实看，天策府实际上已经成为马氏家族统治的机构。因而，天策府的建立同时也是马氏家族取代蔡州军将集体统治的标志。马楚实际上同王国已无多大差别，但真正建国是在后唐明宗时期。

后梁在与河东李存勖的斗争中接连失利，一败于夹寨之役，再败于杨刘之役，三败于胡柳坡之役，四败于德胜之役，梁军一败再败，国力大削，灭亡之势日益明显。马殷审时度势，在李存勖势力扩大之际主动与之修好，贞明二年（916）十二月，"楚王殷闻晋王平河北，遣使通好；晋王亦遣使报之"[⑦]。龙德三年（923）十月，李存勖率兵南下，直捣后梁都城开封，灭梁，建立后唐政权。后唐政权消灭了唐中期以来长期割据的河

① 《资治通鉴》卷二百六十八，后梁乾化二年二月，第8752页。

② 开平四年十二月，宁远节度使庞巨昭、高州防御使刘昌鲁因岭南刘隐之逼而投靠马殷，容、高二州暂时归属马楚。乾化元年十二月，南汉刘岩重新攻取容州和高州，故马殷并未实际掌握上述二州。

③ 《新五代史》卷六十六《楚世家》，第824页。

④ 《石林燕语》卷六，第91—92页。

⑤ 《资治通鉴》卷二百六十七，后梁开平四年六月，第8724页。

⑥ 《旧五代史》卷一百三十三《马殷传》，第1757页。

⑦ 《资治通鉴》卷二百六十九，后梁贞明二年十二月，第8808页。

北三镇，将河东与朱梁控制下的中原二十余州合为一国，使黄河流域获得了进一步统一，实力较后梁大增。后唐建立之后，后梁王朝除授的五十余节度使纷纷上表入贡，马殷乃其中之一："楚王殷遣其子牙内马步都指挥使希范入见，纳洪、鄂行营都统印，上本道将吏籍。"① 不仅如此，马殷还"首修职贡"②。马殷的举动得到了后唐王朝的赏识，同光二年（924）四月，庄宗"加楚王殷兼尚书令"。天成元年（926）九月，明宗"加楚王殷守尚书令"。天成二年（927）六月，明宗"封楚王殷为楚国王"。八月，册礼使至长沙行册封之礼，马殷正式建国：

> 册礼使至长沙，楚王殷始建国，立宫殿，置百官，皆如天子，或微更其名：翰林学士曰文苑学士，知制诰曰知辞制，枢密院曰左右机要司，群下称之曰殿下，令曰教。以姚彦章为左丞相，许德勋为右丞相，李铎为司徒，崔颖为司空，拓跋恒为仆射，张彦瑶、张迎判机要司。然管内官属皆称摄，惟朗、桂节度使先除后请命。③

至此，马楚王国政权正式建立，各项相关的政治制度也随之完善，与"国"名实相符的马楚国史开始了其短暂的历程。

第二节　马希声、马希范治楚

一　高郁之死与马希声治楚

天成二年（927），马殷建国时已年逾七旬，无力处理诸多繁杂的事务，于是将部分政事处理权交给诸子处理："子希振武顺军节度使，次子希声判内外诸军事。"④ 天成四年（929）四月，久病的马殷将主要权力移交给次子马希声："楚王殷命其子武安节度副使、判长沙府希声知政事，总录内外诸军事，自是国政先历希声，乃闻于殷。"⑤ 马殷实际上已经退居二线，马楚政权进入马希声治理时期。

① 《资治通鉴》卷二百七十二，后唐同光元年十月，第 8902 页。
② 《旧五代史》卷一百三十三《马殷传》，第 1757 页。
③ 《资治通鉴》卷二百七十六，后唐天成二年八月，第 9008 页。
④ 《新五代史》卷六十六《楚世家》，第 825 页。
⑤ 《资治通鉴》卷二百七十六，后唐天成四年三月，第 9028 页。

马希声掌握实权后的第一件事就是谮杀马楚重臣高郁。[①] 高郁是马殷开创马楚基业建立马楚王国的重要干将，他为马殷制定了奉事中原，外抗邻国，内扩经济的政策，使得马楚国富民强："楚王殷用都军判官高郁为谋主，国赖以富强，邻国皆疾之。"[②] 马楚的发展引起了周边政权及中原后唐的担心，他们急欲铲除高郁以打乱马楚的发展进程，后唐庄宗和荆南高季兴在这一事件中发挥了关键作用。"有吞天下之志"的唐庄宗为削弱楚政权的力量，打断其上升的发展势头，早在同光元年（923）十月趁马希范入贡之机就开始离间马氏父子与高郁的关系：

> 及至，庄宗谓曰："朕闻卿部内有洞庭湖，其波无际，有之乎？"对曰："有之，陛下一旦南巡狩，则此湖不足以饮马耳。"庄宗大悦，既而曰："比闻马氏之国必为高郁所图，今有子如此，高郁何能可得耶？"高郁，殷之谋臣也，庄宗将去其爪牙，故以是言离间之，而希范不察，及归，果使人构其罪，郁竟至弃市，自是识者知其不克霸焉。[③]

---

① 关于诛杀高郁的主谋，史籍记载存在不同。《五代史补》卷三《马希范杀高郁》云："高郁为武穆王谋臣，庄宗素闻其名，及有天下，且欲离间之。会武穆王使其子希范入觐，庄宗以希范年少易激发，因其敷奏敏速，乃抚其背曰：'国人皆言马家社稷必为高郁所取，今有子如此，高郁安得取之耶！'希范居常嫉郁，忽闻庄宗言，深以为然。及归，告武穆请诛之，武穆笑曰：'主上战争得天下，能用机数，以郁资吾霸业，故欲间之耳！若梁朝罢王彦章兵权也。盖遭此计，必至破灭，今汝诛郁，正落其彀中，慎勿言也。'希范以武穆不决，祸在朝夕，因使诬告郁谋反而族灭之。自是军中之政，往往失序，识者痛之。初，郁与武穆俱起行阵，郁贪且僭，常以所居之井不甚清澈，思所以澄汰之，乃用银叶护其四方，自内至外皆然，谓之'拓里'，其奉养过差，皆此类也，故庄宗得以媒蘖。自后阴晦中见郁，后竟为患。"同书卷四《马希范见高郁为祟》又云："先是，希范常嫉高郁之为人，因庄宗言而杀之，至是方临江观竞渡，置酒未及饮，而希范忽惊起，顾弟而曰：'高郁来！'希广亦惊曰：'高郁死久矣，大王勿妄言。'而希范血自鼻出，是夜遂卒。"据此，高郁之死似乎是马希范所为。但高郁深得马殷信任，且身为都军判官控制兵权，马希范当时根本没有能力诛杀高郁，杀高郁者应该不是马希范。但马希范受庄宗离间后，力主马殷和马希声杀高郁，对高郁之死起了推波助澜的作用则无疑问。《资治通鉴》较后唐庄宗、后周世宗之贤能，论及庄宗离间马氏杀高郁一事云："郁，马氏之良佐也。希范兄希声闻庄宗言，卒矫其父命而杀之，此乃市道商贾之所为，岂帝王之体哉！"肯定了马希声诛杀高郁的事实。《新五代史》、《十国春秋》也认为高郁乃马希声所杀，唯《三楚新录》、《五代史补》认为诛高郁者是马希范。笔者采信《资治通鉴》的观点。

② 《资治通鉴》卷二百七十六，后唐天成四年八月，第9031页。

③ 《三楚新录》卷一，第2页。

庄宗的离间虽然未能立即发挥作用，却导致了马氏兄弟对高郁的疑忌，故而在马殷建国置官时对其进行排挤："马殷所恃以为国者高郁也，建国置官，郁不与焉，何也？岂殷诸子已有忌郁之心欤？"① 高季兴的离间进一步加剧了马氏兄弟与高郁的紧张关系："高季兴亦以流言间郁于殷，殷不听，乃遣使遗节度副使、知政事希声书，盛称郁功名，愿为兄弟。使者言于希声曰：'高公常云"马氏政事皆出高郁"，此子孙之忧也。'希声信之。"② 在外部极力离间的情况下，内部势力对高郁的诬谮也随之发生："行军司马杨昭遂，希声之妻族也，谋代郁任，日谮之于希声。"③ 昏庸的马希声在内外离间之下，遂有杀高郁之念："希声屡言于殷，称郁奢僭，且外交邻藩，请诛之。"④ 遭到马殷拒绝，马希声退而求其次要求罢高郁兵权，"政非已出"、"尸居而矣，不复能制其子"⑤ 的马殷被迫罢高郁为行军司马。高郁外失依托，内丧兵权，这决定了他最终必然败亡。天成四年（929）八月，马希声"矫以殷命杀郁于府舍，牓谕中外，诬郁谋叛，并诛其族党"⑥。高郁被诛打断了马楚政权的发展历程，给马楚政权带来了严重后果。马希声诛杀高郁是马楚内争开始的标志，在本质上是马殷父子间的权力之争，是马氏家族式统治过程中马氏家族成员对异姓势力的排挤与斗争。

长兴元年（930）十月，"楚王殷寝疾，遣使诣阙，请传位于其子希声"⑦。十一月十日，马殷薨，"遗命诸子，兄弟相继；置剑于祠堂，曰：'违吾命者戮之！'"⑧ 二十七日，马希声承袭马殷之位，继位后的马希声主动将政治地位降格，"称遗命去建国之制度，复藩镇之旧"⑨。自此之后，马楚王国政治体制结束，恢复到藩镇体制之下。当然，这只是形式上的降格，马楚政治体制虽然名义上去"建国之制"，实际上却绝非真正的

① 《资治通鉴》卷二百七十六，后唐天成二年八月胡三省注，第9008页。

② 《资治通鉴》卷二百七十六，后唐天成四年八月，第9031页。

③ 同上。

④ 同上。

⑤ 《资治通鉴》卷二百七十六，后唐天成四年八月胡注，第9032页。

⑥ 《资治通鉴》卷二百七十六，后唐天成四年八月，第9031页。

⑦ 《资治通鉴》卷二百七十七，后唐长兴元年十月，第9048页。

⑧ 《资治通鉴》卷二百七十七，后唐长兴元年十一月，第9049页。《五代春秋》卷上《明宗仁德皇帝》条载"十二月，楚王殷薨"。

⑨ 《资治通鉴》卷二百七十七，后唐长兴元年十一月，第9052页。

藩镇之旧。(此点在马楚政治体制一节将进行专门论述）十二月，后唐王朝“以武安节度使马希声为武安、静江节度使，加兼中书令”。[①] 马希声无论是在形式上还是事实上都已经完全控制了楚政权。

马希声作为马楚历史上的第二任统治者为政十分昏庸，在位时期几无政绩可言，相反却留下了斑斑劣迹，《资治通鉴》对此有详细记载：“武安、静江节度使马希声闻梁太祖嗜食鸡，慕之，既袭位，日杀五十鸡为膳；居丧无戚容。庚申，葬武穆王于衡阳，将发引，顿食鸡数盘，前吏部侍郎潘起讥之曰：‘昔阮籍居丧食蒸豚；何代无贤！’”[②] 尽管马希声生活奢靡，政治无所作为，但由于他统治马楚的时间较短，且基本上沿袭了马殷时期的政策，故马楚在总体上依然保持平稳。长兴三年（932）七月，马希声卒，湖南将士迎镇南节度使马希范于朗州而立之，马楚进入马希范治理时期。

二　马希范治楚

长兴三年（932）八月，马希范自朗州抵潭州继位。长兴四年（933）二月，后唐王朝“以马希范为武安、武平节度使，兼中书令”[③]。认可了马希范对马楚的统治权，马希范正式统治马楚的历史开始。

清泰元年（934）正月，马希范被后唐王朝册封为楚王。与此同时，后唐王朝的历史走到了尽头，天福元年（936），其北京（今太原）留守、太原节度使石敬瑭以割地、称臣、纳贡等屈辱条件为代价，取得契丹援助，在太原起兵反唐。同年闰十月，石敬瑭与契丹援军先后攻抵后唐都城洛阳，后唐末帝李从珂自杀，后唐政权灭亡。石敬瑭在大梁（河南开封）即帝位，年号天福，史称后晋。后晋外有辽朝[④]统治者的盘剥，内有诸将的叛乱，根本无力经营南方政权，“时晋新得天下，藩镇多未服从；或虽服从，反仄不安。兵火之余，府库殚竭，民间困穷，而契丹征求无厌。维翰劝帝推诚弃怨以抚藩镇，卑辞厚礼以奉契丹，训卒缮兵以修武备，务农桑以实仓廪，通商贾以丰货财。数年之间，中国稍安”[⑤]。正是在中原王

---

① 《资治通鉴》卷二百七十七，后唐长兴元年十二月，第 9053 页。

② 《资治通鉴》卷二百七十七，后唐长兴二年十二月，第 9063 页。

③ 《资治通鉴》卷二百七十八，后唐长兴四年二月，第 9082 页。

④ 后晋天福二年（937），契丹改国号为辽。

⑤ 《资治通鉴》卷二百八十一，后晋天福二年正月，第 9168 页。

朝自顾不暇的背景下，马楚等南方诸国获得了进一步发展。

马希范的地位很快得到后晋王朝认可，天福二年（937）十二月，晋“加马希范江南诸道都统，制置武平、静江等军事”[①]。天福四年（939）四月，“加楚王希范天策上将军，赐印，听开府置官属”[②]。在马殷当政时期，马殷不仅身为天策上将军，开设天策府，而且建国立制，紧随其后的马希声虽然实际上继承了马殷的职权，却未能获得如马殷一样的政治地位。后晋王朝允许马希范重开天策府，署置官职，说明马希范的政治地位较马希声时期有所提高。天福四年（939）十一月，马希范正式开设天策府：“楚王希范始开天策府，置护军中尉、领军司马等官，以诸弟及将校为之。又以幕僚拓跋恒、李弘皋、廖匡图、徐仲雅等十八人为学士。”[③]

马希范在马楚历史上因成功平定溪州刺史彭士愁的叛乱，成功处理了与溪州各民族的关系而在历史上留下了浓墨重彩的一笔。天福四年（939）八月，溪州刺史彭士愁起兵犯楚：“黔南巡内溪州刺史彭士愁引奖、锦州蛮万余人寇辰、澧州，焚掠镇戍，遣使乞师于蜀；蜀主以道远，不许。”[④] 对彭士愁的侵犯，马希范迅速采取了应对措施，九月，马希范命左静江指挥使刘勍、决胜指挥使廖匡齐率衡山兵五千讨伐彭士愁。刘勍等率军猛攻溪州，刺史彭士愁战败，逃出溪州治所进入四面悬绝的山寨负隅顽抗，刘勍作梯栈而上，围攻彭士愁。天福五年（940）正月，刘勍利用大风的有利时机，纵火焚烧彭士愁营寨，彭士愁被迫逃至奖、锦深山之中。同月二十九日（溪州铜柱铭文记为正月十九日，详见溪州铜柱铭文），无路可逃的彭士愁遣其子彭师暠率诸酋长纳溪、锦、奖三州印请降于楚，溪州之战结束。

溪州之战结束后，马希范采取了一系列措施处理与溪州诸蛮的关系，首先，将溪州徙于便地，仍用彭士愁为刺史。其次，以刘勍为锦州刺史，对溪州进行监控，使溪峒诸蛮处于马氏势力的监控之下。最后，设立盟誓，推行羁縻安抚政策。上述措施使马希范取得了“自是群蛮服于楚”的效果。为了将马楚与溪州之间的良好关系长期确定下来，马希范自称马

① 《资治通鉴》卷二百八十一，后晋天福二年十二月，第 9185 页。
② 《资治通鉴》卷二百八十二，后晋天福四年四月，第 9202 页。
③ 《资治通鉴》卷二百八十二，后晋天福四年十一月，第 9208、9209 页。
④ 《资治通鉴》卷二百八十二，后晋天福四年八月，第 9207 页。

援之后，仿马援征交趾立铜柱之例在溪州设立柱，将双方的誓词刻于铜柱之上："希范自谓伏波之后，以铜五千斤铸柱，高丈二尺，入地六尺，铭誓状于上，立之溪州。"① 自此之后，溪州彭氏与马楚的关系更加紧密，成为了马楚政权核心集团的重要成员。马希范的这种民族羁縻安抚政策取得了良好效果，随后，"南宁州酋长莫彦殊率其本部十八州、都云酋长尹怀昌率其昆明等十二部、牂柯张万濬率其夷、播等七州皆附于希范"②。"及希范袭位，溪洞酋长，多求款附。"③ 需要说明的是，这些归顺的地方与马楚直接控制下的辖域存在明显差别，马楚统治者对他们仅仅具有形式上的协调控制权："其州无官府，唯立牌于冈阜，略以恩威羁縻而已。"④

三　政权之衰落

马楚政权在马希范统治后期开始走向衰落，这与马希范排斥异己、生活奢靡等因素有关。当政之初，马希范就开始排斥异己，将斗争矛头指向自己的兄弟，首先逼死马希旺："初，马希声、希范同日生，希声母曰袁德妃，希范母曰陈氏。希范怨希声先立不让，及嗣位，不礼于袁德妃。希声母弟希旺为亲从都指挥使，希范多谴责之；袁德妃请纳希旺官为道士，不许，解其军职，使居竹屋草门，不得预兄弟燕集。德妃卒，希旺忧愤而卒。"⑤ 马希声长于马希范，按照马殷兄弟相继的遗命，尽管马希声由于马殷的刻意安排而排挤了居长的马希振，但对马希范而言，马希声的先己而立并没有违反兄弟相继的长幼之序原则，故胡三省云："楚王殷有子十余人，嫡子希振长而贤，其次希声与希范同日生，希声以母袁夫人有色而宠盛得立，而希振弃官为道士。希声以长幼之序当让希振，未当让希范也。"⑥ 那么，马希范为什么要将马希声的同胞弟弟置于死地呢？表面的原因可以理解为是马希范对马希声先己而立的怨愤，更深层次的原因则是担心马希旺的存在对自己构成威胁，这可以从马希范直接毒杀马希杲的行为得到证明。马希杲乃马希范之弟，身兼静江节度使、同平章事，在桂州

① 《资治通鉴》卷二百八十二，后晋天福五年二月，第 9210 页。

② 《新五代史》卷六十六《楚世家》，第 826 页。

③ 《九国志》卷十一《刘言传》，第 117 页。

④ 《资治通鉴》卷二百八十三，后晋天福八年十二月，第 9257 页。

⑤ 《资治通鉴》卷二百七十八，后唐长兴四年十二月，第 9098、9099 页。

⑥ 《资治通鉴》卷二百七十八，后唐长兴四年十二月胡注，第 9098 页。

颇有政绩，马希范遂对马希杲起了疑心。天福元年（936）四月，南汉将孙德威等进攻楚之蒙、桂二州，马希范趁机命其弟武安节度副使马希广代理军府事，自己亲率五千将士前往桂州，以迎击南汉入侵为名，行监视马希杲之实。马希杲恐惧，其母出面为其开脱："希杲惧，其母华夫人逆希范于全义岭，谢曰：'希杲为治无状，致寇戎入境，烦殿下亲涉险阻，皆妾之罪也。愿削封邑，洒扫掖庭，以赎希杲罪。'希范曰：'吾久不见希杲，闻其治行尤异，故来省之，无他也。'"① 马希杲虽然暂时逃过一劫，却仍被马希范调至朗州，尽管仍带静江节度使衔，实际职权却被架空。即便如此，马希杲最终还是难逃一死，开运二年（945），"楚王希范疑静江节度使兼侍中、知朗州希杲得人心，遣人伺之。希杲惧，称疾求归，不许；遣医往视疾，因毒杀之"②。马希范对兄弟的大肆诛杀不仅导致了马楚政权内部政治的动荡，而且将掌握实权能够控制地方的宗族铲除，这虽然暂时稳固了马希范的个人统治，却从根本上削弱了马楚政权对下属藩镇的控制，严重削弱了马楚政权的集中控制力量，导致后来诸马争槽时马楚政权内部缺乏一支能够驾驭全局的绝对力量，最终导致了马楚政权的分崩离析。

马希范的统治还给马楚政权带来了经济上的危机，马殷时期马楚政权地大力完，经济富裕的局面此时走到了尽头，这严重危及了马楚政权的生存。经济上的危机乃至崩溃既与马希范个人的生活作风有关，同时也与马楚政权长期的军事行动有关。在马希范当政初期，由于受顺贤夫人彭氏的约束，奢靡腐化之风表现得不是十分明显，史称"彭夫人貌陋而治家有法，楚王希范惮之"③。虽然彭氏的约束并不能从根本上阻止马希范的奢侈腐化，但还是在一定程度上限制了马希范放纵的程度。天福三年（938）十月，顺贤夫人彭氏病逝，失去约束的马希范由此纵情声色："希范始纵声色，为长夜之饮，内外无别。有商人妻美，希范杀其夫而夺之，妻誓不辱，自经死。"④"王好学，善诗，颇优礼文士，然性刚愎，且奢靡而喜淫，先王妾媵，多加无礼；又令尼僧潜搜士庶家女，有容色者，强委

① 《资治通鉴》卷二百八十，后晋天福元年四月，第 9141 页。

② 《资治通鉴》卷二百八十四，后晋开运二年七月，第 9294 页。

③ 《资治通鉴》卷二百八十一，后晋天福三年十月，第 9193 页。

④ 同上。

禽焉，前后数百人，犹有不足之色，曰：‘吾闻轩辕御五百女以升天，吾其庶几乎？’”①

除了纵情声色外，马希范还大兴土木，大肆挥霍，这首先表现在天策府府舍建设的规模和奢侈豪华上：“王大兴土木功，建天策府于长沙城西北，作天策、光政等一十六楼，天策、勤政等五堂，极栋宇之盛，栏槛皆饰以金玉，涂壁率用丹砂，凡数十万斤；地衣，春夏以角簟，秋冬以木棉为之。先是，主者以丹砂非卒致之物，有忧色，未几东境山崩，涌丹砂如丘陵，于是收用之颇足。僚吏升殿者，但觉丹砂之气蔼然袭人。”② 规模巨大的工程对马楚政权已经受损的财政来说无疑是寅吃卯粮，工程耗费了大量的人力、物力和财力，严重超出了马楚的经济承受能力，削弱了马楚的经济力量。除此之外，马希范还表现出明显的自大倾向，这同样导致了马楚经济的破坏：“王置银枪都八千人。楚地多产金银茶谷，比年财货丰殖，王奢欲无厌，遂自夸大，为长枪大槊，鋈以白金，募富民年少者充之。是岁作九龙殿，刻沉香为八龙，饰以金宝，各长百尺，抱柱相向，作趋捧之势，己居其中，自言身一龙也。制幞头脚长丈许，以象龙角。向晨将御殿，先焚香龙腹中，烟气郁然而出，若口吐焉。又建会春园、嘉宴堂、金华殿，其费巨万，间携子弟僚属于会春园游宴，学士徐仲雅等赋诗上觞，昼夜无节。”③ 马希范的奢靡腐化一方面打断了马楚社会经济的发展，另一方面又使得原本丰裕的经济基础遭到严重破坏，最终导致了马楚经济的崩溃。荆南谋士孙光宪对此早有预见：“楚王希范好奢靡，游谈者共夸其盛。（高）从诲谓僚佐曰：‘如马王可谓大丈夫矣。’孙光宪对曰：‘天子诸侯，礼有等差。彼乳臭子骄侈僭忲，取快一时，不为远虑，危亡无日，又足慕乎！’”④ 事实的确如此，马希范统治后期，马楚经济已经出现了严重的危机：

> 用度不足，重为赋敛。每遣使者行田，专以增顷亩为功，民不胜租赋而逃。王曰：“但令田在，何忧无谷！”命营田使邓懿文籍逃田，

① 《十国春秋》卷六十八《文昭王世家》，第958页。

② 同上书，第955页。

③ 同上书，第955、956页。

④ 《资治通鉴》卷二百七十九，后唐清泰二年十月，第9135页。

募民耕艺出租。民舍故从新，仅能自存，自西徂东，各失其业。又听人入财拜官，以财多少为官高卑之差。富商大贾，布在列位。外官还者，必责贡献。民有罪，则富者输财，强者为兵，惟贫弱受刑。又置函，使人投匿名书相告讦，至有灭族者。

是岁，用孔目官周陟议，令常税之外，大县贡米二千斛，中千斛，小七百斛；无米者输布帛。天策学士拓跋恒上书曰："殿下长深宫之中，藉已成之业，身不知稼穑之劳，耳不闻鼓鼙之音，驰骋遨游，雕墙玉食。府库尽矣，而浮费益甚；百姓困矣，而厚敛不息。今淮南为仇雠之国，番禺怀吞噬之志，荆渚日图窥伺，溪洞待我姑息。谚曰：'足寒伤心，民怨伤国。'愿罢输米之令，诛周陟以谢郡县，去不急之务，减兴作之役。无令一旦祸败，为四方所笑。"王大怒。他日，恒请见，辞以昼寝。恒谓客将区弘练曰："王逞欲而愎谏，吾见其千口飘零无日矣。"王益怒，遂终身不复见之。①

第三节　马希萼、马希广内争乱楚

马希范在位时穷极奢侈，导致了马楚经济的崩溃，这动摇了马楚政权存在的经济基础。不仅如此，马希范在诛杀骨肉兄弟的同时，再次将兄终弟及继承制度的长幼原则打乱，以致引发了马希广、马希萼兄弟的争权和战争，使得经济上摇摇欲坠的马楚政权又出现了严重的政治危机，最终导致了马楚政权的分裂和灭亡。

依马殷遗训，统治权以兄弟相继的方式进行传承，按照这种继承方式，权力的传递必须遵循两个基本原则：一是权力在兄弟间平行传承的原则；二是兄弟间的传承遵循长幼相继的原则。但兄弟相继的继承制度在马楚政权内部未能得到真正的贯彻，马殷在世时就在实际上打乱了兄弟长幼相继的原则，使得居次的马希声具备了越长而立的条件。马希声和马希范之间的传承虽然完全遵从了兄弟相继的原则，但在马希范时期长幼原则再次遭到破坏。马希范诸弟以马希萼年纪最长，按照兄弟继承的长幼原则，马希范死后继位的应该是马希萼。但马希范并没有将马希萼作为继承人培养，给予其作为继承人必要的权力和地位，相反却将马希萼派到朗州任武

① 《资治通鉴》卷二百八十三，后晋天福八年十二月，第 9259、9260 页。

平节度使，远离统治中心潭州。马希范的同母弟弟马希广则被任命为武安节度副使、天策府都尉、领镇南节度使，判内外诸司，在实际地位上高于马希萼，这直接导致了马希广对马希萼继承人地位的威胁。马希广和马希萼之间由此形成了非常尖锐的矛盾，尽管这种矛盾因马希范的掩盖而未爆发，但在马希范逝世之后迅速升级。

天福十二年（947）五月，马希范卒，马希广与马希萼的矛盾迅速激化，两者围绕继承权展开了激烈争夺。马楚政权内部形成了支持马希广和马希萼的两派，这两派势力为了各自的利益就继承人的人选进行了争论：

> 都指挥使张少敌、都押牙袁友恭，以武平节度使知永州事希萼，于希范诸弟为最长，请立之；长直都指挥使刘彦瑫、天策府学士李弘皋、邓懿文、小门使杨涤皆欲立希广。张少敌曰："永州齿长而性刚，必不为都尉之下明矣。必立都尉，当思长策以制永州，使帖然不动则可；不然，社稷危矣。"彦瑫等不从。天策府学士拓跋恒曰："三十五郎虽判军府之政，然三十郎居长，请遣使以礼让之；不然，必起争端。"彦瑫等皆曰："今日军政在手，天与不取，使他人得之，异日吾辈安所自容乎！"①

无疑，就兄终弟及的继承法统而言，马希萼长于马希广，是继马希范之后名正言顺的法理继承人。但由于马希范对马希广的偏爱与扶持，居次的马希广实际上掌握了对继承权的控制，所谓"判军府之政"、"军政在手"指的就是这一事实。刘彦瑫、李弘皋、邓懿文、杨涤等人正是基于马希广已经掌握马楚军政大权的事实才不顾违背长幼原则力主马希广继承统治权。张少敌、拓跋恒等人则根据兄终弟及的长幼继承原则主张由马希萼执掌马楚政权。两派的分歧并不局限于长幼之争，马希广能力有限，马希萼准备充足、力量强大，为夺取统治权作了长期准备也是双方关注或者说争执的另一原因。

---

① 《资治通鉴》卷二百八十七，后汉天福十二年五月，第9360页。材料中的永州当是朗州之误。胡三省音注曰："欧史曰：希萼自朗州来奔丧。《通鉴》于是年正月楚王希范之卒，将佐议所立，亦言希萼知永州事。但希萼为武平节度使，武平军置于朗州。下文言希萼求还朗州，又希广欲分潭、朗而治。则朗州为是，前此作永州误也。"音注中的"正月"应是"五月"之误，马希范天福十二年五月逝世。

马希范卒，判官李（弘）皋以希范同母弟希广为天策府都尉，抚御尤非所长，大校张少敌忧之，建议请立希广庶兄武陵帅希萼，且曰："希萼处长负气，观其所为，必不为都尉之下，加之在武陵，九溪蛮通好，往来甚欢，若不得立，必引蛮军为乱，幸为思之。"李（弘）皋忽怒曰："汝辈何知，且先大王为都尉，俱为嫡嗣，不立之，却用老婢儿可乎？"少敌曰："国家大事，不可拘以一途，变而能通，所以国长久也，何嫡庶之云乎。若明公必立都尉，当妙设方略以制武陵，使帖然不动乃可，不然，则社稷去矣。"皋愈怒，竟不从少敌之谋，少敌度无可奈何，遂辞不出。①

对马希萼的逼迫之势马希广深有体会，正因为如此，他对继承人的纷争表现得犹豫不决，"希广懦弱，不能自决"。② 企图趁此机会建立功勋的刘彦瑫等假称马希范遗命，于五月十一日将马希广推上了马楚最高统治者的宝座，马楚兄终弟及继承制度的长幼原则再次被打乱。马希广和马希萼随之展开了长期的军事角逐。

马楚政权是中原王朝形式上的臣属，因此，中原王朝对继承者人选的认定及地位的肯定对马楚统治者具有十分重要的政治意义。此时中原正处于后汉王朝统治时期，刘知远利用晋出帝北迁之际，依靠中原人民反契丹暴行的有利时机在大梁建立了后汉政权。但后汉"投机"政权的力量十分有限，是五代王朝中最为孱弱的一个朝代，始终处于内忧外患的状态，内部叛乱尚不能有效控制和解决，对孤悬江南的马楚政权内部的权位之争自然更无力施加实质性的影响，更遑论进行有效的介入。正是基于这样的原因，自顾不暇的后汉王朝对马楚政权内部的权位之争采取了以事实为准绳的标准，于天福十二年（947）七月册封实际控制马楚军政的马希广为"天策上将军、武安节度使、江南诸道都统，兼中书令，封楚王"③。马希广的统治地位得到了中原王朝确认。

潭州内部将士对继承人的选择存在分歧，形成了朗州派和潭州派两股

① 《五代史补》卷四《张少敌抗议嫡庶》，第 669 页，《文渊阁四库全书》第 407 册。

② 《资治通鉴》卷二百八十七，后汉天福十二年五月，第 9360 页。

③ 《资治通鉴》卷二百八十七，后汉天福十二年七月，第 9368 页。

主要势力。马希广在刘彦瑫、李弘皋等人的支持下继承王位后，以马希崇为代表的朗州派勾结马希萼，共同对付马希广："楚王希广庶弟天策左司马希崇，性狡险，阴遗兄希萼书，言刘彦瑫违先王之命，废长立少，以激怒之。"① 尽管马希广已经正式继承了马楚统治权，尽管中原王朝对这一事实予以了确认，但马希萼并没有就此放弃对统治权的争夺。他以奔丧为名，自朗州率军进逼潭州。马希广采纳刘彦瑫的建议，命令侍从都指挥使周廷诲带领水军迎击，把马希萼及前来吊丧的朗州将士阻隔在砆石，命令朗州将士释甲而入，随后又把马希萼囚禁在碧湘宫，不准其与马希广相见。马希萼本想借奔丧之机逼马希广让位，却因刘彦瑫等人的阻拦未能奏效，于是要求返回朗州，准备纠集朗州辖部和溪峒势力与马希广进行争夺。对于马希萼回朗州的请求，刘彦瑫等人认为是纵虎归山，有害无利，周廷诲等甚至要求杀马希萼以绝后患。但马希广懦弱无断，没有杀马希萼，并且说"吾何忍杀兄，宁分潭、朗而治之"②。随即"厚赠希萼，遣还朗州"。马希广犹豫不决，坐失时机，终于导致了马希萼的再度进攻和自己的失败。而觊觎继承权的马希崇更加紧了与朗州的勾结："希崇常为希萼诇希广，语言动作，悉以告之，约为内应。"③ 在这样一种背景下，马希广的失败已成定局。

自潭州脱险返回朗州后，马希萼首先准备自立于朗州，与马希广分治湖南。虽然在事实上朗州与潭州已经处于分治状态，但朗州要想获得与潭州同等的政治地位，真正实现分湖南而治的目的，还需获得中原后汉王朝的认可和册封。为了达到这一目的，马希萼于乾祐元年（948）上书后汉王廷，请求与楚王马希广各修职贡，求朝廷另授官爵。马希萼的计划遭到了马希广的破坏："希广用天策府内都押牙欧弘练、进奏官张仲荀谋，厚赂执政，使拒其请。"④ 后汉王朝对马希广行动给予配合："九月，壬子，赐希萼及楚王希广诏书，谕以：'兄弟宜相辑睦，凡希萼所贡，当附希广以闻。'"⑤ 马希萼拒不听命，继续从事分湖南而治的活动。同年十二月，马希萼"献银器千五百两"，企图借此获得后汉王朝的封爵，实现分湖南而

① 《资治通鉴》卷二百八十七，后汉天福十二年八月，第 9374 页。

② 同上。

③ 同上。

④ 《资治通鉴》卷二百八十八，后汉乾祐元年八月，第 9399 页。

⑤ 《资治通鉴》卷二百八十八，后汉乾祐元年九月，第 9399 页。

治的目的，但后汉王朝依然不允："朗州节度马希萼献银器千五百两，降诏奖饰，仍谕之云：所修职贡，旧有规程，念航深梯险之劳，重违卿意；在诱善劝忠之道，本实朕心。今后凡有进献，可与希广商量，庶叶雍和，不爽体制。"[①] 马希萼与马希广分湖南而治的计划落空。乾祐二年（949），马希萼纠集各方力量，武力进攻潭州，准备取马希广而代之："马希萼悉调朗州丁壮为乡兵，造号静江军，作战舰七百艘，将攻潭州。"[②]

在马希萼积极谋划分湖湘[③]而治，马氏兄弟为权力纷争不休之际，与马楚素有辖域争端的南汉趁潭州无暇外顾的时机发起进攻，使得马楚边疆吃紧："南汉主遣知制诰宣化钟允章求婚于楚，楚王希广不许。南汉主怒，问允章：'马公复能经略南土乎？'对曰：'马氏兄弟，方争亡于不暇，安能害我！'南汉主曰：'然。希广懦而吝啬，其士卒忘战日久，此乃吾进取之秋也。'"[④] 乾祐元年（948）十二月，南汉以内常侍吴怀恩为开府仪同三司、西北面招讨使，将兵进击楚，攻贺州。马希广遣决胜指挥使徐知新等将兵五千前往援助，但徐知新所部尚未到达，贺州已被南汉兵攻陷。南汉据守贺州，又"凿大阱于城外，覆以竹箔，加土，下施机轴，自堑中穿穴通阱中"[⑤]。做好了迎战徐知新等的准备。马楚军抵达贺州城下，遂进攻贺州，南汉"遣人自穴中发机，楚兵悉陷，南汉出兵从而击之"[⑥]。结果马楚大败，南汉乘机攻陷昭州。

---

① 《册府元龟》卷一百六十九《帝王部·纳贡献》，第 2042 页。

② 《资治通鉴》卷二百八十八，后汉乾祐二年八月，第 9413 页。

③ 罗庆康认为湖南称之为湖湘始于周行逢，其《马楚史研究》云："其实，最早称湖南为'湖湘'者是马楚余部周行逢。他建立割据政权后，对徐仲雅说：'吾奄有湖湘，兵强俗厚，四邻其惧我乎！'"笔者不赞同这种说法。湖湘作为今湖南地区的代称至少可以上溯至后周广顺三年，《五代会要》卷十九《都督府》云："周广顺三年正月四日敕：'顷者淮海陆梁，举干戈而入寇，湖湘覆没，致黎庶之倒悬。惟彼武陵，素称雄镇，连营比屋，皆怀勇烈之心，戮力协谋，尽复江山之境，宜降褒崇之命，以升忠义之邦。俾列大藩，永率南夏。其朗州宜升为大都督府，在潭、桂之上。'"湖南被称为湖湘更早则可追溯至唐僖宗广明元年，《旧唐书》卷十九下《僖宗纪》曰："广明元年春正月乙卯朔，上御宣政殿，制曰：'朕祗膺宝祚，嗣守宗祧，夙夜一心，勤劳八载，实欲驱黎元于仁寿，致华夏之升平。而国步犹艰，群生寡遂，灾沴荐起，寇孽仍臻。窃弄干戈，连攻郡邑，虽输降款，未息狂谋。江右、海南，疮痍既甚，湖湘荆汉，耕织屡空……'"诏书将湖湘与荆汉并举，湖湘指当时的湖南地区确定无疑。

④ 《资治通鉴》卷二百八十八，后汉乾祐元年八月，第 9398、9399 页。

⑤ 《资治通鉴》卷二百八十八，后汉乾祐元年十二月，第 9404 页。

⑥ 同上。

面对马希萼的进攻，马希广提出了妥协退让的策略：“朗州，吾兄也，不可与争，当以国让之而已。”[①] 但刘彦瑫、李弘皋等深恐马希萼当政追究当日立马希广之咎，坚决反对马希广以王位相让，并积极部署军队迎战马希萼：“以岳州刺史王赟为都部署战棹指挥使，以彦瑫监其军。”[②] 乾祐二年（949）八月十八日，双方在仆射洲发生遭遇战，马希萼大败，损失战舰三百余艘，狼狈逃归朗州。

仆射洲之败后，马希萼认为单靠自己的力量不足以打败潭州，于是纠合辰、溆诸蛮在乾祐三年（950）六月再次对潭州发起进攻：“马希萼既败归，乃以书诱辰、溆州及梅山蛮，欲与共击湖南。蛮素闻长沙帑藏之富，大喜，争出兵赴之，遂攻益阳。”[③] 马希广遣指挥使陈璠领兵抵御，双方在淹溪展开激战，陈璠战死。七月，马希萼又遣蛮兵进攻迪田。八月，马希萼攻拔迪田，杀镇将张延嗣。马希广遣指挥使黄处超率兵救援，同样不敌，黄处超败死。朗州兵锋直逼潭州，马希广命牙内指挥使崔洪琏将兵七千屯玉潭以阻止朗州兵东进。马希萼在取得军事胜利的同时，再一次向后汉王朝提出了分湖南而治的要求：“表请别置进奏务于京师。”[④] 九月，后汉王朝以湖南已有进奏务为由拒绝了马希萼的请求。马希萼对后汉王朝心怀怨恨，遂称藩于南唐：“马希萼以朝廷意佑楚王希广，怒，遣使称藩于唐，乞师攻楚。”[⑤] 处于对外扩张阶段的南唐统治者接受了马希萼的投靠：“唐加希萼同平章事，以鄂州今年租税赐之，命楚州刺史何敬洙将兵助希萼。”[⑥] 马希萼弃汉投唐及唐的出兵使马楚内争规模进一步扩大。马希广陷入十分困难的境地，同时面对来自朗州、诸蛮以及南唐的势力。

为了应对马希萼和南唐兵的攻击，乾祐三年（950）十月，马希广遣使向后汉王朝告急：“荆南、岭南、江南连谋，欲分湖南之地，乞发兵屯澧州，以扼江南、荆南援朗州之路。”[⑦] 后汉王朝自建立之初就政局不稳，

① 《资治通鉴》卷二百八十八，后汉乾祐二年八月，第 9414 页。

② 同上。

③ 《资治通鉴》卷二百八十九，后汉乾祐三年六月，第 9425 页。

④ 《资治通鉴》卷二百八十九，后汉乾祐三年八月，第 9426 页。

⑤ 《资治通鉴》卷二百八十九，后汉乾祐三年九月，第 9426 页。《江南野史》对此有更为具体的记载“鼎州节度使马希萼奉使来乞师。希萼，乃楚武穆王之子，其家法兄弟传国，兄希范违命越次，立同母弟希广……既然构隙，欲诛希萼，故来乞师为援”。

⑥ 《资治通鉴》卷二百八十九，后汉乾祐三年九月，第 9426 页。

⑦ 《资治通鉴》卷二百八十九，后汉乾祐三年十月，第 9426、9427 页。

诸将反叛不断，自顾不暇的后汉政权对江南事务基本上持听之任之的态度。对马希广的请兵，刘氏统治者虽然决定发兵援助，但兵未行而郭威之难作，后汉政权易主，救援未能实现："朝廷议发兵，以安远节度使王令温为都部署，以救潭州，会内难作，不果。"[①] 当初拥立马希广的刘彦瑫心知除了打败马希萼之外别无退路，自请率将士万余人，战舰一百五十余艘逼朗州攻打马希萼。"以朗州与山蛮入寇，诸将屡败，忧形于色"[②] 的马希广大喜，立即任命刘彦瑫为战棹都指挥使、朗州行营都统，率军进逼朗州。马希广进逼朗州的行动实际上是要变被动为主动，比固守潭州是一种进步。但马希广主动出击朗州的战略接连遭到失败，首先是刘彦瑫在朗州遭遇湄州之败："彦瑫入朗州境，父老争以牛酒犒军，曰：'百姓不愿从乱，望都府之兵久矣！'彦瑫厚赏之；战舰过，则运竹木以断其后。是日，马希萼遣朗兵及蛮兵六千、战舰百艘逆战于湄州，彦瑫乘风纵火以焚其舰，顷之，风回，反自焚。彦瑫还走，江路已断，士卒战及溺死者数千人。"[③] 湄州之败使马希广惊慌失措，一向吝啬，"罕颁赐"的马希广"大出金帛以取悦于士卒"，[④] 以图在马希萼攻打潭州时能有效地组织抵抗。但他对勾结马希萼，觊觎己位的马希崇却不加处罚，反而继续将这一致命威胁留在身边。潭州将士以马希崇流言惑众，谋反的意图十分明显，要求马希广杀马希崇以安军心，但马希广以"吾自害其弟，何以见先王于地下！"[⑤] 为辞拒绝。马希广的犹豫不决使其为此付出了惨重的代价，胡三省讥曰："当断不断，反受其乱，希广之亡宜矣。"[⑥]

刘彦瑫进击朗州之际，马希广同时遣马军指挥使张晖自他道进攻朗州，与刘彦瑫共同形成对朗州的夹击之势。张晖进军至朗州之龙阳县，闻悉刘彦瑫遭遇湄洲之败，夹击之势无法形成，于是退军屯驻益阳。马希萼乘湄州之捷加紧反击，遣指挥使朱进忠等将兵三千攻打退屯益阳的张晖。张晖无心抵抗，竟带领部分人马以出城袭击朗军为名，出益阳逃归潭州："张晖给其众曰：'我以麾下出贼后，汝辈留城中待我，相与合势击之。'

① 《资治通鉴》卷二百八十九，后汉乾祐三年十一月，第 9429 页。
② 《资治通鉴》卷二百八十九，后汉乾祐三年十月，第 9427 页。
③ 同上。
④ 同上。
⑤ 同上。
⑥ 《资治通鉴》卷二百八十九，后汉乾祐三年十月胡注，第 9427 页。

既出，遂自竹头市遁归长沙。”[①] 益阳城内失去主帅，处境更加不利，朱进忠等猛攻益阳，城内军民九千余人战死。为了挽救危局，马希广遣使往朗州劝马希萼罢兵：“楚王希广遣其僚属孟骈说马希萼曰：‘公忘父兄之仇，北面事唐，何异袁谭求救于曹公邪！’希萼将斩之，骈曰：‘古者兵交，使在其间，骈若爱死，安肯此来！骈之言非私于潭人，实为公谋也。’乃释之，使还报曰：‘大义绝矣，非地下不相见也！’”[②] 劝说失败后，马希广无计可施，只能坐以待毙。马希萼则加快了攻打潭州的步伐，乾祐三年（950）十一月，马希萼命其子马光赞留守朗州，自称顺天王，悉发朗州之兵攻讨长沙。马希广、马希萼兄弟的权位争夺进入最后斗争阶段。

乾祐三年（950）十一月二十八日，马希萼军抵达湘阴，大肆焚掠后，进逼潭州。与此同时，朱进忠在玉潭打败崔洪琏，进军潭州，与马希萼共同形成了对潭州的夹攻之势。马希广在军事防御失败，遣使讲和无效的被动局面下，面对朗州多路围攻潭州的危急形势，不得不再次组织抵抗：“马希广遣刘彦瑫召水军指挥使许可琼帅战舰五百艘屯城北津，属于南津，以马希崇为监军；又遣马军指挥使李彦温将骑兵屯驼口，扼湘阴路，步军指挥使韩礼将二千人屯杨柳桥，扼栅路。”[③] 从上述军事部署来看，马希广对朗州兵的防御是切合实际的，但他用人不当，马希崇觊觎权位已久，反叛之迹甚明，马希广却使之充任监军，最终因马希崇、许可琼的倒戈而迅速失败：

> 初，蛮酋彭师暠降于楚，楚人恶其犷直；楚王希广独怜之，以为强弩指挥使，领辰州刺史，师暠常欲为希广死。及朱进忠与蛮兵合七千余人至长沙，营于江西，师暠登城望之，言于希广曰：“朗人骤胜而骄，杂以蛮兵，攻之易破也。愿假臣步卒三千，自巴溪渡江，出岳麓之后，至水西，令许可琼以战舰渡江，腹背合击，必破之。前军败，则其大军自不敢轻进矣。”希广将从之。时马希萼已遣间使以厚利啖许可琼，许分湖南而治，可琼有贰心，乃谓希广曰：“师暠与梅

① 《资治通鉴》卷二百八十九，后汉乾祐三年十月，第9428页。

② 《资治通鉴》卷二百八十九，后汉乾祐三年十一月，第9428页。

③ 同上书，第9442、9443页。

山诸蛮皆族类，安可信也！可琼世为楚将，必不负大王，希萼竟何能为！"希广乃止。

希萼寻以战舰四百余艘泊江西。希广命诸将皆受可琼节度，日赐可琼银五百两，希广屡造其营计事。可琼常闭垒，不使士卒知朗军进退。希广叹曰："真将军也，吾何忧哉！"可琼或夜乘单舸诈称巡江，与希萼会水西，约为内应。一旦，彭师暠见可琼，瞋目叱之，拂衣入见希广曰："可琼将叛国，人皆知之，请速除之，无贻后患。"希广曰："可琼，许侍中之子，岂有是邪！"师暠退，叹曰："王仁而不断，败亡可翘足俟也！"①

除了用人不当，指挥不力之外，马希广将主要精力放在昵佛却兵等虚妄之事上也是导致其失败的重要原因："潭州大雪，平地四尺，潭、朗两军久不得战。希广信巫觋及僧语，塑鬼于江上，举手以却朗兵，又作大像于高楼，手指水西，怒目视之，命众僧日夜诵经，希广自衣僧服膜拜求福。"② 乾祐三年（950）十二月，马希萼对潭州发起了最后进攻：

朗州步军指挥使武陵何敬真等以蛮兵三千陈于杨柳桥，敬真望韩礼营旌旗纷错，曰："彼众已惧，击之易破也。"朗人雷晖衣潭卒之服潜入礼寨，手剑击礼，不中，军中惊扰。敬真等乘其乱击之，礼军大溃，礼被创走，至家而卒。于是朗兵水陆急攻长沙，步军指挥使吴宏、小门使杨涤相谓曰："以死报国，此其时矣！"各引兵出战。宏出清泰门，战不利；涤出长乐，战自辰至午，朗兵小却；许可琼、刘彦瑫按兵不救。涤士卒饥疲，退就食；彭师暠战于城东北隅。蛮兵自城东纵火，城上人招许可琼军使救城，可琼举全军降希萼，长沙遂陷。③

长沙陷落之后，马希萼的朗州兵将及利诱而至的蛮兵进行了疯狂的抢掠，长沙被洗劫一空，马殷以来积累的财富落入朗州和蛮兵之手，马楚经

① 《资治通鉴》卷二百八十九，后汉乾祐三年十二月，第 9444、9445 页。

② 同上书，第 9445 页。

③ 同上。

济遭到自马希范以来更加严重的破坏："朗兵及蛮兵大掠三日，杀吏民，焚庐舍，自武穆王以来所营宫室，皆为灰烬，所积宝货，皆入蛮落。"[①]在朗州兵攻克长沙之际，李彦温、刘彦瑫等率两千余人护送马希范与马希广诸子奔袁州，投靠南唐。潭州城内的其余马希广诸将，张晖等投降，吴宏、彭师暠等力尽被俘。马希广、李弘皋、杨涤等人被囚禁。十四日，马希萼夺取了马希广的一切政治权力："希萼自称天策上将军，武安、武平、静江、宁远等军节度使，楚王。"[②]一直在潭州作内应的马希崇被任命为节度副使，判官府事。李弘皋、李弘节、唐昭胤、杨涤、邓懿文等马希广心腹被处死。十五日，马希广被赐死。至此，马希广、马希萼兄弟对继承权的争夺以马希萼的胜利而结束。这场争夺使马楚政权元气大伤，军事实力严重削弱，经济遭到严重破坏。南汉、南唐乃至荆南乘机对湖南发动进攻，马氏政权实际上已经走到尽头。

第四节　马希崇亡楚入唐

马希萼主持湖南军政后，任命马希崇为武安节度副使，总判湖南军府事，马希崇掌握了湖南军政实权。对起家的朗州基地，马希萼任用其子马光赞为武平留后，命何敬真为朗州牙内都指挥使，领兵戍守朗州。对外，马希萼中断了马楚政权长期推行的对中原王朝的事大政策，转而臣附南唐。广顺元年（951）二月，马希萼遣掌书记刘光辅至南唐入贡，对马楚早有窥图之心的南唐趁机打探马楚虚实："刘光辅之入贡于唐也，唐主待之厚，光辅密言：'湖南民疲主骄，可取也。'唐主乃以营屯都虞候边镐为信州刺史，将兵屯袁州，潜谋进取。"[③]为了麻痹马希萼，三月，唐主李璟又以右仆射孙忌、客省使姚凤为册礼使，至潭州册封马希萼："唐以楚王希萼为天策上将军，武安、武平、静江、宁远节度使兼中书令，楚王。"[④]总之，马希萼接管湖南军政之后，内部大权旁落，外部强邻虎视，处于十分危险的境地。

---

① 《资治通鉴》卷二百八十九，后汉乾祐三年十二月，第 9445 页。

② 同上书，第 9446 页。

③ 《资治通鉴》卷二百九十，后周广顺元年三月，第 9458 页。

④ 同上。

尽管内外危机潜伏，马希萼却浑然不知，依然纵情享乐，掠取民财以赏士卒，委政马希崇，昵近小人，刑政十分混乱：“楚王希萼既得志，多思旧怨，杀戮无度，昼夜纵酒荒淫，悉以军府事委马希崇。希崇复多私曲，政刑紊乱。府库既尽于乱兵，籍民财以赏赍士卒，或封其门而取之，士卒犹以不均怨望；虽朗州旧将佐从希萼来者，亦皆不悦，有离心……小门使谢彦颙，本希萼家奴，以首面有宠于希萼，至与妻妾杂坐，恃恩专横。常肩随希崇，或拊其背；希崇衔之。故事，府宴，小门使执兵在门外；希萼使彦颙预坐，或居诸将之上，诸将皆耻之。”① 马希萼的骄纵荒淫和刑政紊乱导致了部下离心和民心不附，为朗州土著势力趁机发动兵变脱离马楚控制提供了机会。

马希萼攻陷潭州后，由于蛮兵的劫掠焚毁，潭州被洗劫一空。主政潭州之后，马希萼命朗州静江指挥使王逵、副使周行逢等出身朗州的将领率部下千余人修治府舍。马希萼纵情声色不恤下情，对王、周及所率朗州兵督促甚急，由于工役繁重，又无犒劳安抚，朗州将士怨恨不已：“囚免死则役作之。我辈从大王出万死取湖南，何罪而囚役之！且大王终日酣歌，岂知我辈之劳苦乎！”② 王逵、周行逢闻悉士卒怨愤，遂谋兵变：“众怨深矣，不早为计，祸及吾曹。”③ 广顺元年（951）三月十一日夜，王逵、周行逢等率部下执长柯斧、白梃等工具发动兵变，连夜逃回朗州。马希萼遣湖南指挥使唐师翥率领千余人追击兵变将士，但未能追及王逵、周行逢及所领逃卒，遂直接进逼朗州。王逵、周行逢趁唐师翥追兵疲乏的有利时机伏兵袭之，大败唐师翥，追兵死伤殆尽，唐师翥狼狈逃回潭州。王逵等废掉马希萼留守朗州的武平留后马光赞，另立马希振之子马光惠为留后，旋又奉马光惠为武平节度使，王逵、何敬真、张倣等掌握实际权力。至此，在马氏兄弟内争过程中崛起的朗州土著势力终于摆脱了潭州政权的控制，建立了与之并立的朗州政权。马希萼“具以状言于唐”，试图依靠南唐的力量压制朗州，唐主虽然“遣使以厚赏招谕之”，但王逵等“纳其赏，纵其使，不答其诏”④。潭州与南唐对朗州的压制未能奏效，朗州完全脱离

① 《资治通鉴》卷二百九十，后周广顺元年三月，第 9458 页。

② 同上书，第 9459 页。

③ 同上。

④ 同上。

潭州的控制而自立，这是马希萼当政时期马楚的第一次分裂。

第一次潭州兵变之后，马希萼依旧为政无信，不体恤安抚士卒，由此使得“将卒皆怨怒，谋作乱”①。纵酒荒淫的马希萼对此一无所知。实际处理军政事务的马希崇虽然知晓将士“谋作乱”的事实，却故意对马希萼隐瞒实情，终于酿成了马希萼就任以来的第二次潭州兵变：“戊寅，希萼宴将吏，徐威等不预，希崇亦辞疾不至。威等使人先驱踶啮马十余入府，自帅其徒执斧斤、白梃，声言縶马，奄至座上，纵横击人，颠踣满地。希萼踰垣走，威等执囚之；执谢彦颙，自顶及踵剉之。立希崇为武安留后，纵兵大掠。幽希萼于衡山县。”② 马希崇成为马楚政权的继承者。不久，被马希崇放逐到衡山的马希萼在彭师暠等人的扶助下建立了衡山政权，湖南境内于是形成了朗州、潭州、衡山三大势力并立的局面：

> 初，马希萼入长沙，彭师暠虽免死，犹杖背黜为民；希崇以为师暠必怨之，使送希萼于衡山，实欲师暠杀之，师暠曰：“欲使我为弑君之人乎！”奉事逾谨。丙戌，至衡山，衡山指挥使廖偃，匡图之子也，与其季父节度巡官匡凝谋曰：“吾家世受马氏恩，今希萼长而被黜，必不免祸，盍相与辅之！”于是帅庄户及乡人悉为兵，与帅暠共立希萼为衡山王，以县为行府，断江为栅，编竹为战舰，以师暠为武清节度使，召募徒众，数日，至万余人，州县多应之。遣判官刘虚己求援于唐。③

马希萼衡山政权建立后，马楚辖域内衡山、朗州、潭州三足鼎立，这三大势力或投靠南唐，或倚仗中原，彼此争夺不休。以刘言、④ 王逵、周

① 《资治通鉴》卷二百九十，后周广顺元年九月，第9464页。

② 同上。

③ 同上书，第9465页。

④ 刘言是此时朗州土著集团名义上的首领，实际权力掌握在王逵、周行逢手中。广顺元年三月，王逵、周行逢等在潭州发动兵变，率朗州籍将士逃回武平节度府，拥立马希振之子马光惠为朗州节度使，实际权力控制在王逵、周行逢、张仿等人手里。随后，王逵等又将“愚懦嗜酒，不能服诸将”的马光惠废黜，迎立“骁勇得蛮夷心”的辰州刺史刘言为武平留后。但实际权力依然掌握在王逵等人手中，刘言就任前云：“不往，将攻我。”说明他出任朗州是迫于无奈。后来边镐部属奉节都孙朗等叛归朗州，王逵问孙朗曰：“吾昔从武穆王与淮南战屡捷，淮南兵易与耳。今欲以朗州之众复取湖南，可乎？”也说明刘言并未掌握实际权力。

行逢等为代表的朗州土著集团趁潭州内部混乱之际，打出声讨马希崇篡夺之罪的旗号，发兵进攻长沙。广顺元年（951）九月二十三日，朗军抵达益阳西部，马希崇一方面遣兵拒守，另一方面则遣使至朗州求和，请与朗州以邻藩相处。但朗州土著集团的目的是占有整个湖南，夺回马氏集团的控制权，故而对马希崇的求和不予理睬，深谙此点的朗州将士劝其继续攻打马希崇："掌书记桂林李观象说言曰：'希萼旧将佐犹在长沙，此必不欲与公为邻；不若先檄希崇取其首，然后图湖南，可兼有也。'言从之。"① 马希崇尽管控制了潭州军政，但潭州经过长期内争和战火焚荡力量已损耗殆尽，马希萼时期又从中分出新的朗州和衡州势力，潭州的力量实际上遭到严重削弱，军事上的优势已不复存在。面对刘言的进逼，马希崇再度采取妥协退让的政策："希崇畏言，即断都军判官杨仲敏、掌书记刘光辅、牙内指挥使魏师进、都押牙黄勍等十余人首，遣前辰阳县令李翊赍送朗州；至则腐败，言与王逵等皆以为非仲敏等首，怒责翊，翊惶恐自杀。"② 马希崇夺位以来在内政对外关系上的荒淫无能，潭州局势的日益危蹙等导致了部下将士的离心。在马希崇夺位过程中出力甚多的马步都指挥使徐威等因马希崇杀杨仲敏等送刘言，深恐自己及祸，遂密谋杀马希崇以自救："徐威等见希崇所为，知必无成，又畏朗州、衡山之逼，恐一朝丧败，俱及祸，欲杀希崇以自解。"③ 外有朗州、衡山之逼，内有徐威反叛之虞，马希崇无法应对来自这三个方面的进攻，于是"密遣客将范守牧奉表请兵于唐"④。由此导致了南唐的入湘灭楚。

广顺元年（951）十月，唐主李璟命边镐自袁州将兵万人西趣长沙，武昌节度使刘仁赡率兵攻岳州，对潭州形成东西夹击之势。边镐率军自江西进入湖南，挺进醴陵，进逼长沙。十月初五，马希崇遣使至边镐营犒军，十月二十四日，马希崇被迫遣天策府学士拓跋恒奉笺诣边镐请降。二十五日，马希崇率领弟侄等亲自迎接边镐，"望尘而拜"。二十六日，边镐率军进入潭州城，舍于浏阳门楼，对潭州将士进行赏赐。在边镐顺利进军的同时，刘仁赡率水军攻取了岳州。潭州所控制的地区全部被南唐占

① 《资治通鉴》卷二百九十，后周广顺元年九月，第 9464 页。

② 同上。

③ 同上书，第 9465 页。

④ 同上。

领，边镐任武安节度使。马希崇引寇入境导致马氏政权败亡，却仍想居留潭州，边镐不允，于十一月将其举族迁至南唐："唐边镐趣马希崇帅其族入朝，马氏聚族相泣，欲重赂镐，奏乞留居长沙。镐微哂曰：'国家与公家世为仇敌，殆六十年，然未尝敢有意窥公之国。今公兄弟斗阋，困穷自归，若复二三，恐有不测之忧。'希崇无以应，十一月，辛酉，与宗族及将佐千余人号恸登舟，送者皆哭，响振川谷。"①

在马希崇率众入朝之际，边镐又遣先锋都指挥使李承戬将兵如衡山，督促马希萼入朝。衡山的势力本来就比较弱小，在南唐的军事逼迫之下，马希萼于十一月率领将士万余人自潭州东下入朝南唐，马氏家族在湖南的统治宣告结束。

附：《资治通鉴》卷二百九十后周广顺元年十一月。胡三省注云："唐昭宗光启三年，马殷从孙儒攻杨行密，乾宁三年，得湖南，自此与江淮为敌国。自光启三年至是年，适六十年。"胡三省此注有两误：其一，懿宗以来唐末诸帝行带"光"字年号的唯僖宗光启和昭宗光化两例，光启为僖宗李儇所行年号，胡注称"昭宗光启"无疑是不正确的。其二，自僖宗光启三年（887）至边镐胁迫马希崇率族入朝的后周广顺元年凡六十五个春秋，胡注称"自光启三年至是年，适六十年"，年数统计明显有误。无论是胡注的"适六十年"还是边镐的"殆六十年"，两种说法的时间下限是相同的，都是马氏政权灭亡的后周广顺元年十月。自后晋天福二年（937）李昪代吴建唐至后周广顺元年李璟出兵灭楚仅十五年，这与胡注的"适六十年"及边镐的"殆六十年"在时间数量上均相距甚远。据此可知，无论是"适六十年"还是"殆六十年"所言的时间都包括南唐的前身吴在内，边镐所言的"国家与公家世为仇敌，殆六十年"指的就是吴、南唐与楚敌对关系持续的时间。因此，吴政权与楚建立者马殷敌对关系形成的起点就是两者"适六十年"或"殆六十年"敌对关系的上限。

根据边镐"国家与公家世为仇敌"一语的含义，可知两者之间敌对关系的确立应同时具备以下条件：其一，两者之间存在敌对行为；其二，敌对关系确立时杨行密的吴政权已经建立，或者至少在事实上控制了该政权所在的核心区域并获得了统治该地区的合法身份，具有相当于国家的地盘和权力，唯有如此，才符合国（吴、南唐）家与公（马希崇）家对立

① 《资治通鉴》卷二百九十，后周广顺元年十一月，第9467页。

的标准。光启三年十月，“秦宗权遣其弟宗衡将兵万人渡淮，与杨行密争扬州，以孙儒为副，张佶、刘建锋、马殷及宗权族弟彦晖皆从”。此时杨行密与马殷之间虽然存在敌对行为，但敌对关系确立的第二个标准即吴政权已经建立这一条件并未满足。光启三年十月杨行密始“帅诸军合万五千人入城……自称淮南留后”，“自称淮南留后”说明杨行密未能获得唐王朝的正式任命，对淮南的控制在身份上是不合法的，更重要的是他在地域上未能实现对扬州等淮南中心城市的控制，文德元年（888）四月就因“广陵饥弊已甚，蔡贼复来，民必重困”等原因而退出扬州。正因为初入扬州的杨行密未能控制淮南，也未能获得唐廷的正式任命，因而光启三年十月并不能作为杨吴政权建立的起始时间，发生在是年的杨行密与马殷的敌对行为不符合国家与公家对立的标准，将僖宗光启三年定为吴、南唐与楚敌对关系的起点是不合适的。

吴政权建立的起点应该以杨行密再入扬州实际控制淮南并被任命为淮南节度使从而获得统治淮南的合法身份算起。对杨行密再入扬州并被任命为淮南节度使的时间，《旧唐书》、《旧五代史》、《九国志》、《新五代史》徐无党注均有记载，但所记年份不一。《旧唐书》云：“（大顺二年三月）孙儒亦病，为帐下所执，降行密。行密乃并孙儒之众，复据广陵。”《旧五代史》载：“晋天福二年，（杨）溥不得已逊位于（李）昪……自唐大顺二年，行密始有淮南之地，至溥逊位，凡四十七年而亡。”《九国志》云：“景福元年七月，再入扬州，唐以为淮南节度使。”《新五代史》徐无党注曰：“据《吴录》《运历图》《九国志》皆云行密以唐景福元年，再入扬州，至晋天福二年，为李昪所簒，实四十六年。而《旧唐书》《旧五代史》皆云：大顺二年入扬州，至被簒，四十七年。《吴录》徐铉等撰，《运历图》龚颖撰，二人皆江南故臣，所记宜得实。而唐末丧乱，中朝文字多差失，故今以铉、颖所记为定。”《旧唐书》、《旧五代史》、《九国志》、《新五代史》徐无党注提供了两种关于杨行密再入扬州被任命为淮南节度使的时间：一是大顺二年（891），一是景福元年（892）。对比两种记载可以发现，徐铉、龚颖的景福元年说是当时人记当时事、本国人记本国事，比刘昫、欧阳修根据史料追记的大顺二年说更具可信度。正因如此，《资治通鉴》也持杨行密景福元年再入扬州任淮南节度使的观点：“（景福元年）秋，七月，丙辰，至广陵……八月，以杨行密为淮南节度使，同平章事。”《十国春秋》亦采信景福元年杨行密再入扬州说：“太祖以唐景福元年再入扬州，至天祚三年为南唐所簒，盖晋天福二年也。历传四主，凡四十六年。”综上所述，可知杨行密再入扬州被唐廷任命为淮南节度使是在景福元年而非大顺二年。景福元年八月杨行密已稳固了对扬州的控制并获得了唐廷淮南节度使的旌节，标志着杨行密的吴政权已经在事实上建立，而杨行密与马殷之间的敌对行动此前早已发生，因此，景福元年八月杨行密被任命为淮南节度使这个时间点符合边镐所说的“国家与公家世为仇敌，殆六十年”的现实，以此作为两者敌对关系的起点当无问题。

自吴政权与马殷敌对关系确立的景福元年八月至马希崇被迫率族入朝的后周广顺元年十月，双方对峙的时间就概数而言恰六十年，就实数而言则五十九年有余而六十年稍欠，对峙的实际时间颇符合边镐“殆六十年”之说。边镐是攻灭湖南马氏政权的主帅，灭楚前曾以信州刺史兼湖南安抚使身份长期窥视湖南，对吴、南唐与楚敌对关系的历史十分清楚，而且边镐的目的是强调吴、南唐与楚敌对时间之长，嫌怨之深，借此敦促以马希崇为首的马氏家族顺应情势迅速入朝以免遭杀身之祸，故其所言之“殆六十年”指的是两者敌对关系的实际时间当无疑问。

第五节　后马楚政权与纳土归宋

一　后马楚政权

广顺元年（951）征服马氏政权之后，由于将帅安置失当和统治政策出现失误，南唐很快失去所占湖湘之地，侵楚兵力被迫撤回，马氏旧部王逵、周行逢等朗州籍将士相继统治原马氏政权部分故地，一直持续至乾德元年（962）纳土入宋。我们将马氏政权之后王逵、周行逢等建立的政权称为后马楚政权。后马楚政权实际上是马氏政权的延续，这可以从以下几个方面得到证明：就统治地域而言，后马楚政权控制了岭南以北除郴州、连州以外的马氏旧地，即马氏政权时期的潭州藩镇和朗州藩镇；从后马楚政权的领导成员来看，刘言、周行逢等均是原马氏政权的旧部和将领；从所执行的政策来看，后马楚政权继续推行马氏政权的诸如事大政策、发展经济等措施，这都是马氏政权的延续；更重要的是，以王逵、周行逢为代表的朗州土著集团在湖湘的统治是马楚政权发展进程上的最后一环，是马楚政权发展线索的集中体现。总之，后马楚政权与马氏政权有紧密的关系，可以看作是马楚政权的一部分。

马希萼、马希崇兄弟及其族人迁往南唐之后，湖南马氏政权暂时落入南唐的统治之下，但南唐未能完全控制原马氏政权下的全部疆域。首先，朗州土著集团并没有听命于南唐，成为独据一方的势力；其次，在南唐觊觎马楚政权的同时，南汉趁机对马楚岭南诸州进行攻掠，并占领了原马楚岭南各州。广顺元年（951）十一月，“南汉主遗希隐书，言：‘武穆王奄有全楚，富强安靖五十余年。正由三十五舅、三十舅兄弟寻戈，自相鱼肉，举先人基业，北面仇雠。今闻唐兵已据长沙，窃计桂林继为所取。当朝世为与国，重以婚姻，睹兹倾危，忍不赴救！已发大军水陆俱进，当令相公舅永拥节旄，常居方面。’希隐得书，与僚佐议降之，支使潘玄珪以为不可。丙寅，吴怀恩引兵奄至城下，希隐、可琼帅其众，夜斩关奔全州，桂州遂溃。怀恩因以兵略定宜、连、梧、严、富、昭、柳、龚、象等州，南汉始尽有岭南之地。”[①] 马楚自此失去长期控制的静江节度使辖地，势力局限于武安、武平二镇。不仅如此，夺取了岭外诸州的南汉趁南唐进攻马楚之际，也想在分割马楚的过程中获得更多的利益，于是继续向岭北扩展，将目光投向原马氏控制下的岭北旧地，与控制马氏旧地的南唐势力接触，两者之间发生了对峙：“南汉主遣内侍省丞潘崇彻、将军谢贯将兵攻郴州，唐边镐发兵救之；崇彻败唐兵于义章，遂取郴州。”[②] 南汉随即将目标指向道州、全州等地。

在朗州势力拒不降服，南汉兵趁唐兵在湖南立足不稳之际大肆北扩，南唐连丧马氏旧地的同时，南唐在马楚辖域内的统治策略也发生了变化。刚刚进入湖南之际，南唐将领十分注意收揽马氏政权的民心，边镐攻克潭州，逢湖南饥馑，“镐大发马氏仓粟赈之，楚人大悦”[③]。刘仁赡攻克岳州后，“抚纳降附，人忘其亡”[④]。正因为南唐将士注意收揽民心，所以马氏政权内部民众对南唐的入侵并无明显抵触，这从潭州将士舍马希萼而请边镐为帅一事得到证明：“马希萼望唐人立己为潭帅，而潭人恶希萼，共请边镐为帅，唐主乃以镐为武安节度使。”[⑤] 但南唐在湖南施行的惠民政策没有坚持多久，很快就被暴掠政策取代。

① 《资治通鉴》卷二百九十，后周广顺元年十一月，第9468、9469页。

② 《资治通鉴》卷二百九十，后周广顺元年十二月，第9471页。

③ 《资治通鉴》卷二百九十，后周广顺元年十月，第9466页。

④ 同上。

⑤ 同上书，第9467页。

“图闽吊楚，几致治平”[①] 的胜利滋长了南唐统治者的自大情绪，中主李璟统一天下的心情更加迫切，司马光等对此作了描述：“唐主自即位以来，未尝亲祠郊庙，礼官以为请，唐主曰：‘俟天下一家，然后告谢。’及一举取楚，谓诸国指麾可定。魏岑侍宴言：‘臣少游元城，乐其风土，俟陛下定中原，乞魏博节度使。’唐主许之，岑趋下拜谢。其主骄臣佞如此。”[②] 当然，南唐并不缺乏贤明之士，他们对马楚灭亡之后的湖南局势看得非常清楚，也深谙占领湖南与稳固湖南的差异，在“唐百官共贺湖南平”的情况下，南唐起居郎高远却向李璟提出他的担忧：“我乘楚乱，取之甚易。观诸将之才，但恐守之难耳！”[③] 司徒李建勋也预见到了得楚而不能守楚的危险后果：“祸其始于此乎！”[④]

事实上，南唐对马楚旧地的控制情势已经发生逆转，武安节度使边镐在潭州统治不力，无法有效地控制湖南军政：“唐武安节度使边镐，昏懦无断，在湖南，政出多门，不合众心。”[⑤]“政无纲纪，惟日设斋供，盛修佛事，潭人失望。”[⑥] 欧阳广上言：“镐非将帅才，必丧湖南，宜别择良帅，益兵以救其败。”[⑦] 不仅如此，南唐还一改初入湖南时的恤民作风，大肆掠夺湖南财富，将原马氏政权下的积累运往南唐：“唐悉收湖南金帛、珍玩、仓粟乃至舟舰、亭馆、花果之美者，皆徙于金陵。”[⑧] 在掠夺财货的同时，南唐又在湖南横征租赋：“遣都官郎中杨继勋等收湖南租赋以赡戍兵。继勋等务为苛刻，湖南人失望。”[⑨] 此外，与南汉争夺马氏旧地的战争也加重了原马氏政权下民众的负担，中主李璟对此亦有认识：“唐主既克湖南，遣其将李建期屯益阳以图朗州，以知全州张峦兼桂州招讨使以图桂州，久之，未有功。唐主谓冯延巳、孙晟曰：‘楚人求息肩于我，我未有抚其疮痍而虐用其力，非所以副来苏之望。吾欲罢桂林之役，

① 《南唐近事》，第10页。
② 《资治通鉴》卷二百九十，后周广顺元年十月，第9466、9467页。
③ 同上书，第9466页。
④ 同上。
⑤ 《资治通鉴》卷二百九十一，后周广顺二年九月，第9483页。
⑥ 《资治通鉴》卷二百九十一，后周广顺二年十月，第9486页。
⑦ 《资治通鉴》卷二百九十一，后周广顺二年九月，第9483页
⑧ 《资治通鉴》卷二百九十，后周广顺元年十二月，第9472页。
⑨ 同上。

敛益阳之戍，以旌节授刘言，何如？’”[①] 尽管李璟罢桂林之役，敛益阳之戍，以旌节授刘言的计划得到了孙晟的支持，却因冯延已“吾出偏将举湖南，远近震惊；一旦三分丧二，人将轻我。请委边将察其形势”[②] 的反对而放弃，罢兵息民的计划落空。正是在这种背景下，南唐在湖南的统治集团内部发生了奉节都的叛乱。

乾祐二年（949）二月，蒙城镇将咸师朗率部下投降南唐，唐主将咸部编为奉节都。南唐征楚，奉节都随边镐出征。攻克潭州之后，边镐为收揽湖南将士，对投降的马氏旧将大加封赏：“镐舍于浏阳门楼，湖南将吏毕贺，镐皆厚赐之。”[③] 在攻克湖南过程中出力甚多的奉节都将士不仅未能获得封赏，反而被克扣粮饷，这导致了奉节都将士的强烈不满，遂密谋兵变：“行营粮料使王绍颜减士卒粮赐，奉节指挥使孙朗、曹进怒曰：‘昔吾从咸公降唐，唐待我岂如今日湖南将士之厚哉！今有功不增禄赐，又减之，不如杀绍颜及镐，据湖南，归中原，富贵可图也！’”[④] 广顺二年（952）正月初三夜，奉节都将士在孙朗、曹进的领导下，“束藁潜烧府门”，但“火不然”，边镐随之率兵镇压，并且假鸣鼓角打乱奉节都的部署，奉节都“据湖南，归中原”的计划落空，遂逃离潭州，奔朗州投王逵。孙朗积极鼓动王逵进攻潭州：“朗在金陵数年，备见其政事，朝无贤臣，军无良将，忠佞无别，赏罚不当，如此，得国存幸矣，何暇兼人！朗请为公前驱，取湖南如拾芥耳！”[⑤] 目睹南唐在潭州统治的混乱及与南汉争夺的屡屡失利，朗州王逵伺机准备进攻潭州。

边镐控制下的湖南实际上已经处在风雨飘摇之中，但他对此并无警觉。南唐虽有人上奏言边镐“非将帅才，必丧湖南，宜别择良帅，益兵以救其败”[⑥]。李璟却依旧使边镐在控制潭州的同时继续经略朗州。不仅如此，边镐还听信刘言忠顺的传言，对朗州可能的进攻未进行真正的军事准备。刘言却在王逵“武陵负江湖之险，带甲数万，安能拱手受制于人！

① 《资治通鉴》卷二百九十，后周广顺二年四月，第 9477 页。

② 同上。

③ 《资治通鉴》卷二百九十，后周广顺元年十月，第 9466 页。

④ 《资治通鉴》卷二百九十，后周广顺元年十二月，第 9472 页。

⑤ 《资治通鉴》卷二百九十，后周广顺二年正月，第 9472 页。

⑥ 《资治通鉴》卷二百九十一，后周广顺二年九月，第 9483 页。

边镐抚驭无方，士民不附，可一战擒也”。[①] 周行逢“机事贵速，缓则彼为之备，不可图也”[②] 的怂恿下，积极准备讨伐潭州，重新恢复湖南政权。

广顺二年（952）十月，刘言遣指挥使王逵、周行逢、何敬真、张倣、蒲公益、朱全琇等人分道进攻长沙，边镐遣指挥使郭再诚等领兵驻屯益阳，阻遏朗州的进攻。但南唐在湖南的统治非常薄弱，在朗州的强大攻势下，边镐所率诸部节节败退，最终被迫撤出湖南，马楚岭北旧地全被刘言占据，南唐对湖南的统治结束：

> 冬，十月，逵等将兵分道趣长沙，以孙朗、曹进为先锋使，边镐遣指挥使郭再诚等将兵屯益阳以拒之。戊子，逵等克沅江，执都监刘承遇，裨将李师德帅众五百降之。壬辰，逵等命军士举小舟自蔽，直造益阳，四面斧寨而入，遂克之，杀戍兵二千人。边镐告急于唐。甲午，逵等克桥口及湘阴，乙未，至潭州。边镐婴城自守；救兵未至，城中兵少。丙申夜，镐弃城走，吏民俱溃。醴陵门桥折，死者万余人，道州刺史廖偃为乱兵所杀。丁酉旦，王逵入城，自称武平节度副使、权知军府事，以何敬真为行军司马。遣敬真等追镐，不及，斩首五百级。蒲公益攻岳州，唐岳州刺史宋德权走，刘言以公益权知岳州。唐将守湖南诸州者，闻长沙陷，相继遁去。刘言尽复马氏岭北故地，惟郴、连入于南汉。[③]

刘言等收复马氏湖南旧地，将边镐逐出湖南后，恢复了对中原的事大政策：“湖南世事朝廷，不幸为邻寇所陷，臣虽不奉诏，辄纠合义兵，削平旧国。”[④] 随后，“刘言表称潭州残破，乞移使府治朗州，且请贡献、卖茶，悉如马氏故事”[⑤]。后周王朝应允刘言的请求，于次年正月确认了刘言等人的地位：“春，正月，丙辰，以武平留后刘言为武平节度使，制置武安、静江等军事，同平章事；以王逵为武安节度使，何敬真为静江节度

① 《资治通鉴》卷二百九十一，后周广顺二年九月，第 9483 页。

② 同上。

③ 《资治通鉴》卷二百九十一，后周广顺二年十月，第 9484 页。

④ 同上书，第 9485 页。

⑤ 《资治通鉴》卷二百九十一，后周广顺二年十二月，第 9487 页。

使，周行逢为武安行军司马。”[①] 至此，湖南重新臣附于中原王朝，一度中断的事大政策在后马楚政权时期重新继续。在对外关系基本稳定的同时，后马楚政权内部的争夺却更加激烈。

刘言至朗州任武平节度使是由于王逵、周行逢等的胁迫，“不往，将攻我”，他本人并没有真正控制朗州军政。正因如此，奉节都首领孙朗、曹进帅等率潭州叛将逃至朗州时，王逵问孙朗：“今欲以朗州之众复取湖南，可乎?”[②] 同样的原因，尽管刘言是朗州名义上的最高统治者，但真正领众攻打潭州的却是手握实权的王逵，攻克潭州之后，王逵“自称武平节度副使、权知军府事，以何敬真为行军司马”[③]。随后，又“以指挥使何敬真为静江节度副使，朱全琇为武安节度副使，张文表为武平节度副使，周行逢为武安行军司马”[④]。王逵及其同党控制了潭州军政。刘言身为武平节度使，名义上具有“制置武安、静江等军事”的权力，实际上并不能对潭州的王逵施加真正的影响，潭州武安军与朗州武平军实际上处于并立状态，由此可见，刘言夺取的岭北马楚旧地未能形成真正统一的集团。不仅如此，在潭州内部，王逵与何敬真、朱全琇之间也矛盾重重，互不相让，造成了潭州内部势力的对峙：“敬真、全琇各置牙兵，与逵分厅视事，吏民莫知所从。每宴集，诸将使酒，纷拏如市，无复上下之分。”[⑤] 面对何敬真、朱全琇等人的逼迫，王逵联合张文表、周行逢等应对。何敬真、朱全琇虽然都是节度副使，但真正的军事权力掌握在王逵、周行逢等人手里，何、朱二人无法与王逵集团的张文表、周行逢抗争，于是二人逃归朗州投奔刘言。但何敬真、朱全琇对刘言的投奔只是权宜之计，他们对刘言心怀不轨，暗中策划发动叛乱，驱逐刘言夺取朗州政权，这激化了刘言与王逵之间本来就存在的矛盾，导致了潭、朗之间的冲突：

> 敬真与逵不协，辞归朗州，又不能事刘言，与全琇谋作乱。言素忌逵之强，疑逵使敬真伺己，将讨之，逵闻之，甚惧。行逢曰：“刘言素不与吾辈同心，何敬真、朱全琇耻在公下，公宜早图之。”逵喜

① 《资治通鉴》卷二百九十一，后周广顺三年正月，第 9488 页。

② 《资治通鉴》卷二百九十，后周广顺二年正月，第 9472 页。

③ 《资治通鉴》卷二百九十一，后周广顺二年十月，第 9484 页。

④ 《资治通鉴》卷二百九十一，后周广顺三年正月，第 9490 页。

⑤ 同上。

> 曰："与公共除凶党，同治潭、朗，夫复何忧！"会南汉寇全、道、永州，行逢请："身至朗州说言，遣敬真、全琇南讨，俟至长沙，以计取之，如掌中物耳。"逵从之。行逢至朗州，言以敬真为南面行营招讨使，全琇为先锋使，将牙兵百余人会潭州兵以御南汉。二人至长沙，逵出郊迎，相见甚欢，宴饮连日，多以美妓饵之，敬真因淹留不进。朗州指挥使李仲迁部兵三千人久戍潭州，敬真使之先发，趣岭北，都头符会等因士卒思归，劫仲迁擅还朗州。逵乘敬真醉，使人诈为言使者，责敬真以"南寇深侵，不亟捍御而专务荒宴，太师命械公归西府"，因收系狱。全琇逃去，遣兵追捕之。二月，辛亥朔，斩敬真以徇。未几，获全琇及其党十余人，皆斩之。①

通过这次斗争，王逵与周行逢成功铲除了何敬真、朱全琇等人的势力，削弱了刘言的地位。但王逵的目标远没有实现，他筹划进攻朗州，首先是借潭州戍卒擅还朗州一事削弱刘言控制的力量："王逵遣使以斩何敬真告刘言，言不得已，庚申，斩符会等数人。"② 在削弱刘言的同时，王逵又将武平节度副使张倣杀害，潭州完全被王逵、周行逢控制。在牢牢掌握潭州政局之后，王逵对朗州发动进攻，最终控制了湖南政局。

广顺三年（953）六月，"王逵以周行逢知潭州，自将兵袭朗州，克之，杀指挥使郑珓，执武安节度使、同平章事刘言，幽于别馆"③。王逵虽然击败了刘言，实际控制了马楚政局，但没有中原王朝的封授，他的地位并不稳固。他沿袭刘言时期的事大政策，遣使向后周王朝请命："王逵遣使上表，诬'刘言谋以朗州降唐，又欲攻潭州，其众不从，废而囚之，臣已至朗州抚安军府讫'。且请复移使府治潭州。"④ 后周王朝"遣通事舍人翟光裔诣湖南宣抚，从其所请"⑤。至此，湖南进入王逵统治时期。王逵得到后周王朝的认可之后，回潭州治理湖南，同谋周行逢被调至朗州处理军政事务，为绝后患，又遣潘叔嗣杀刘言于朗州。朗州自马希萼以来一直是叛乱的发源地，与潭州长期处于对立状态，故而王逵对朗州的周行逢

① 《资治通鉴》卷二百九十一，后周广顺三年正月，第9490、9491页。
② 《资治通鉴》卷二百九十一，后周广顺三年二月，第9492页。
③ 《资治通鉴》卷二百九十一，后周广顺三年六月，第9495页。
④ 《资治通鉴》卷二百九十一，后周广顺三年八月，第9496页。
⑤ 同上。

并不放心，时时加以防范。移治潭州之后不久，出于经济和军事原因，王逵“表请复徙使府治朗州”。这一请求得到了后周王朝的允许，显德元年（954）五月，王逵将使府重新移到朗州，原来在朗州处理事务的周行逢被移到潭州，潘叔嗣则被任命为岳州团练使。

显德二年（955）正月，周世宗亲征南唐，为了对淮南构成夹击之势，周世宗令王逵进攻南唐鄂州。王逵依令出兵，但在北上进攻鄂州的过程中与岳州团练使潘叔嗣发生矛盾：“诏以武平节度使兼中书令王逵为南面行营都统，使攻唐之鄂州。逵引兵过岳州，岳州团练使潘叔嗣厚具燕犒，奉事甚谨。逵左右求取无厌，不满望者谮叔嗣于逵，云其谋叛，逵怒形于词色，叔嗣由是惧不自安。”① 潘叔嗣的疑惧和反叛导致了王逵的败亡。

潘叔嗣曾受王逵之命处死刘言，无疑是王逵的心腹。故而王逵对身怀怨愤并伺机反叛的潘叔嗣并未防范，而是继续配合后周攻打淮南，并“拔鄂州长山寨，执其将陈泽等，献之”②。就在王逵积极进攻南唐之际，潘叔嗣对王逵的根本朗州发起进攻，使王逵后方大乱：“潘叔嗣属将士而告之曰：‘吾事令公至矣，今乃信谗疑怒，军还，必击我，吾不能坐而待死，汝辈能与吾俱西乎？’众愤怒，请行，叔嗣帅之西袭朗州。”③ 王逵闻岳州将士攻打朗州，遂回兵救援，但潘叔嗣等已占据武陵，王逵攻打无果，兵败而死。王逵在湖南的统治结束。

潘叔嗣攻下朗州袭杀王逵之后，由于力量和声望无法与周行逢相比，加之周行逢与王逵关系十分密切，为了免遭周行逢讨伐，潘叔嗣在占领朗州之后并没有占据朗州，而是将其拱手让给了周行逢：“或劝叔嗣遂据朗州，叔嗣曰：‘吾救死耳，安敢自尊，宜以督府归潭州太尉，岂不以武安见处乎！’乃归岳州，使团练判官李简帅朗州将吏迎武安节度使周行逢。”④ 尽管潘叔嗣主动放弃了朗州，并把周行逢推到湖南最高统治者的位置，但周行逢对先杀刘言后弑王逵的潘叔嗣很不放心，没有将潭州统治权交给他，仅授予其行军司马之职：“（周）行逢曰：‘叔嗣贼杀主帅，罪

① 《资治通鉴》卷二百九十二，后周显德三年正月，第9537页。

② 《资治通鉴》卷二百九十二，后周显德三年二月，第9541页。

③ 同上书，第9542页。

④ 同上书，第9543页。

当族。所可恕者，得武陵而不有，以授吾耳。若遽用为节度使，天下谓我与之同谋，何以自明！宜且以为行军司马，俟踰年，授以节钺可也。’乃以衡州刺史莫弘万权知潭州，帅众入朗州，自称武平、武安留后，告于朝廷，以叔嗣为行军司马。”① 潘叔嗣获取潭州“以武安见处”的计划落空，对周行逢十分不满，遂以患病为借口拒不从命，由此导致了潘叔嗣与周行逢之间的冲突：“或说行逢：‘授叔嗣武安节钺以诱之，令至都府受命，此乃机上肉耳！’行逢从之。叔嗣将行，其所亲止之。叔嗣自恃素以兄事行逢，相亲善，遂行不疑。行逢遣使迎候，道路相望，既至，自出郊劳，相见甚欢。叔嗣入谒，未至听事，遣人执之，立于庭下，责之曰：‘汝为小校无大功，王逵用汝为团练使，一旦反杀主帅。吾以畴昔之情，未忍斩汝，以为行军司马，乃敢违拒吾命而不受乎！’叔嗣知不免，以宗族为请。遂斩之。”② 潘叔嗣被杀，湖南军政落入周行逢之手。由于周行逢本人很有手段，治理比较得力，周行逢当政时期的后马楚政权因而比较平稳，但这种平静与周行逢的个人能力及铁腕政策有关，内部矛盾依然存在。周行逢死后，在其压力掩盖下的矛盾迅速显露出来，张文表掀起反叛，北宋王朝趁机出兵，周保权被迫纳土归宋。

二　纳土归宋

周行逢杀潘叔嗣之后，正式掌握了湖南军政。与此前的统治者一样，周行逢对中原王朝同样推行事大政策，依靠后周王朝的支持统治湖南。显德三年（956）七月，周行逢在湖南的统治获得了后周王朝的认可：“以周行逢为武平节度使，制置武安、静江等军事。”③ 外部的依靠因而得以解决。作为湖湘最大威胁的南唐此时由于内耗增加和后周王朝的进攻而自顾不暇，极大地减弱了后马楚政权的压力。在外部压力减弱的同时，鉴于马希范以来的混乱和政治腐败，周行逢悉心纠正长期以来的弊政：“行逢既兼总湖、湘，乃矫前人之弊，留心民事，悉除马氏横赋，贪吏猾民为民害者皆去之，择廉平吏为刺史、县令。”④ 周行逢还以铁腕手段对朗州进

① 《资治通鉴》卷二百九十二，后周显德三年二月，第9543页。

② 同上书，第9543、9544页。

③ 《资治通鉴》卷二百九十三，后周显德三年七月，第9555页。

④ 同上。

行了整顿："朗州民夷杂居，刘言、王逵旧将多骄横，行逢壹以法治之，无所宽假，众怨怼且惧。有大将与其党十余人谋作乱，行逢知之，大会诸将，于座中擒之。数曰：'吾恶衣粝食，充实府库，正为汝曹，何负而反！今日之会，与汝决也！'立挝杀之，座上股栗。行逢曰：'诸君无罪，皆宜自安。'乐饮而罢。"① 当然，周行逢铲除的对象并不局限于朗州王逵、刘言旧部，其他异己势力同样被清除："行逢多计数，善发隐伏，将卒有谋乱及叛亡者，行逢必先觉，擒杀之，所部凛然。"② 在铲除敌对与威胁势力的同时，周行逢还对吏治进行了整顿，注意官吏的选拔和任用，尤其重视为官者的才能："行逢婿唐德求补吏，行逢曰：'汝才不堪为吏，吾今私汝则可矣；汝居官无状，吾不敢以法贷汝，则亲戚之恩绝矣。'与之耕牛、农具而遣之。"③ 经过上述措施，后马楚政权在周行逢时期出现了相对稳定的局面，这既与湖南外部压力的减轻有关，同时更是周行逢措施推行得力的结果。

后马楚政权作为马氏政权的延续，马氏政权时期形成的许多痼疾并不能在短时期内消除，尽管周行逢注意吏治，重视官员的选拔，但马氏政权时期就已形成的官员繁多的弊病更加严重。马氏家族统治时期，至迟在马希范时期，湖湘地区的官员就相当烦冗，溪州铜柱铭文里众多的官衔题记证明了此点。随着马氏政权的覆亡及随之而来的长期争夺，为抚慰各种势力而安置的官员数量更多："自刘言、王逵以来，屡举兵，将吏积功及所羁縻蛮夷，检校官至三公者以千数。"④ 官员数量的烦冗导致了财政上的困难和办事效率的低下，周行逢虽心知其弊，却无法从根本上对其进行变革。原天策府学士徐仲雅对周行逢"自吾兼镇三府，四邻亦畏我乎？"答之以"侍中境内，弥天太保，遍地司空，四邻那得不畏！"⑤ 可谓一语中的。除了官员繁多之外，周行逢政权内部的争夺也没有止息。周行逢对王、刘旧党及异己势力进行诛杀，虽然暂时解除了内部动荡的危险，但同时蕴含着新的动乱因素："（周行逢）常散遣人密诇诸州事，其之邵州者，无事可复命，但言刺史刘光委多宴饮。行逢曰：'光委数聚饮，欲谋我

---

① 《资治通鉴》卷二百九十三，后周显德三年七月，第9556页。

② 同上。

③ 同上书，第9557页。

④ 同上。

⑤ 同上。

邪！'即召还，杀之。亲卫指挥使、衡州刺史张文表恐获罪，求归治所，行逢许之。文表岁时馈献甚厚，及谨事左右，由是得免。"①张文表虽然迫于周行逢的严酷而韬光养晦，却伺机反叛。这为赵宋王朝进入湖南，结束自唐末以来湖南地区的割据局面创造了条件。

周行逢攻杀潘叔嗣，取得湖南军政大权之后，继续执行马氏政权时期长期推行的事大政策，臣事后周王朝。后周王朝是继后唐王朝之后五代中原王朝中较为强大的政权，经过周世宗改革，后周王朝的力量进一步增强，开始进行局部统一工作。作为十国政权中力量最为强大的南唐此时已日薄西山，被后周王朝夺取了长江以北诸州，势力局限于江南地区。赵宋王朝承后周之业，实力更加强大，统一全国的决心更加坚定，五代十国的分裂局面随着赵宋王朝的强大和十国势力的衰微而呈现出结束趋势，中央集权的趋势更加明显，周行逢政权正是在这种背景下纳土归宋。

建隆三年（962），周行逢病死，湖南军政传给其年幼的儿子周保权（这反证马楚兄终弟及继承制度对确保成年继承具有重要作用，详见后文）。前面已经提到，衡州刺史张文表因周行逢的疑忌而曲意讨好，深自隐晦，实际上却积极准备与周行逢对抗。虽然没有直接的史料证明这一点，但从周行逢临终前的言语可以得到证明："武安节度使、兼中书令周行逢病革，召其将吏，以其子保权属之曰：'吾起垄亩为团兵，同时十人，皆以诛死，唯衡州刺史张文表独存，常怏怏不得行军司马。吾死，文表必叛，当以杨师璠讨之。如不能，则婴城勿战，自归朝廷可也。'"②和周行逢同时起事的十人中，唯留下张文表，自谓"吾杀人多矣"的周行逢为什么单单留下张文表呢？这显然不是周行逢的善举，而是其力有所不及，无法清除张文表的力量，这从侧面佐证了张文表实际上在衡州是有所准备的。周行逢之所以没有拿他开刀，主要原因是张文表的力量已相对强大。其次，从周行逢临死断定张文表一定会反叛的认识来看，说明张文表与周行逢之间的矛盾已经很深，张文表积聚的力量已相当强大，故周行逢担心其子周保权不是张文表的对手，告诫其在不利的情况下"婴城勿战，自归朝廷"。

周行逢死后，按照割据藩镇权力父死子继的继承惯例，其子周保权承

① 《资治通鉴》卷二百九十三，后周显德三年七月，第9556页。

② 《续资治通鉴长编》卷三，宋建隆三年九月，第72页。

袭了湖南统治大权。不出周行逢所料，衡州张文表闻周保权继立，立即发动叛乱，从而掀起了五代十国时期湖南历史上的又一次也是最后一次内争式的叛乱："张文表闻周保权立，怒曰：'我与行逢俱起微贱，立功名，今日安能北面事小儿乎！'会保权遣兵更戍永州，路出衡阳，文表遂驱以叛，伪缟素，若将奔丧武陵者。过潭州，时行军司马廖简知留后，素轻文表，不为之备。方宴饮，外白文表兵至，简殊不介意，谓四座曰：'文表至则成禽，何足虑也。'饮啖如故。俄而文表率众径入府中，简醉，不能执弓矢，但箕踞大骂，与座客十余人皆遇害。文表取其印绶，自称权留后事，具表以闻。"① 从上可以看出，张文表的叛乱实际上是有准备的，他从衡州北上，攻克潭州，兵锋直接指潭州北面湖南督府所在的朗州。此时，中原的赵宋王朝正厉兵秣马准备统一全国，统一行动实际上已经展开，其先南后北，先易后难的统一策略决定了南方诸国力量最弱小者就会最先并入赵宋的直接统辖之下。张文表的叛乱给赵宋进驻湖南创造了条件。

为应对张文表的叛乱，周保权遵照其父遗嘱，一方面命杨师璠率领朗州军将全力抵御张文表的进攻。因张文表蓄谋叛乱为时已久，反叛的声势很大，故周保权悉朗州之众抵御的同时，还采取了求援于荆南，乞师于赵宋的措施。赵宋王朝本来就有进兵两湖的打算，周保权的乞师为其提供了一个发兵进入的机会。

建隆三年（962）十二月初三，北宋王朝"以武平节度副使、权知朗州周保权为武平节度使"②。确立了周保权在湖南的统治。十二月二十日，宋王朝"遣中使赵璲等赍诏宣谕潭、朗，听张文表归阙，且命荆南发兵助周保权"③。但张文表拒不接受宋皇诏令。乾德元年（963）正月，北宋王朝以讨伐张文表为名，出师湖湘："庚申，以山南东道节度使、兼侍中慕容延钊为湖南道行营都部署，枢密副使李处耘为都监，遣使十一人，发安、复、郢、陈、澶、孟、宋、亳、颍、光等州兵会襄阳，以讨张文表。"④ 在进入湖南之前，宋军借假道之机收服了荆南，将其纳入直接控

① 《续资治通鉴长编》卷三，宋建隆三年十月，第73、74页。

② 《续资治通鉴长编》卷三，宋建隆三年十二月，第76页。

③ 同上书，第77页。

④ 《续资治通鉴长编》卷四，宋乾德元年正月，第81页。

制之下。征服荆南的同时，湖南境内张文表的叛乱也已结束："杨师璠之讨张文表也，兵稍失利。相持既久，文表出战，师璠大败之，遂取潭州，执文表。"[①] 宋廷对湖南已无军事援助的必要，但慕容延钊、李处耘不但没有就此退军，反而继续向南推进，兵锋直指朗州。湖南将士对宋军继续南进的用意十分清楚，尽管内部意见分歧，但周保权最终选择了抵抗："王师既收荆南，益发兵，日夜趋朗州。周保权惧，召观察判官桂人李观象谋之，观象曰：'凡所以请援于朝者，诛张文表耳。今文表已诛，而王师不还，必将尽取湖湘之地也。然我所恃者，北有荆渚，以为唇齿。今高氏束手听命，朗州势不独全，莫若幅巾归朝，幸不失富贵。'保权将从之，指挥使张从富等不可，乃相与为距守计。"[②] 为了应对宋军进攻，张从富"尽撤部内桥梁，沉船舫，伐木塞路"，[③] 积极抵御来自北面的威胁。宋太祖对湖南的抵抗大为光火："尔本请师救援，故发大军以拯尔难，今妖孽既殄，是有大造于汝辈也，何为反距王师，自取涂炭，重扰生聚！"[④] 尽管如此，周保权迫于将士胁迫，继续抵抗。湖南经历了马希范时期的大肆挥霍，马希广、马希萼的长期混战，频繁的兵变和内乱，湖湘无论是经济还是军事都损耗殆尽，根本无法与宋王朝抗衡。在宋军的进攻下，周保权接连失败："慕容延钊遣战棹都监武怀节等分兵趣岳州，大破贼军于三江口，获船七百余艘，斩首四千余级，遂取岳州。"[⑤] 随后，慕容延钊又打败张从富，攻取朗州："三月，张从富等出军于澧州南，与王师遇，未及交锋，贼军望风而溃。李处耘逐北至敖山寨，贼弃寨走，俘获甚众。处耘择所俘体肥者数十人，令左右分食之，少健者悉黥其面，令先入朗州。会暮，宿寨中。迟明，慕容延钊继至。所黥之俘得入城，悉言被擒者为王师所啖食。贼众大惧，纵火焚州城，驱略居民，奔窜山谷。壬戌，王师入朗州，擒张从富于西山下，枭其首。贼将汪端劫周保权并家属亡匿江南岸僧舍。李处耘遣麾下将田守奇往捕之。端弃保权走，守奇获保权以归。于是尽复湖南旧地，凡得州十四，监一，县六十六，户九万七千三百八十

① 《续资治通鉴长编》卷四，宋乾德元年正月，第 82 页。

② 《续资治通鉴长编》卷四，宋乾德元年二月，第 85 页。

③ 同上书，第 85、86 页。

④ 同上书，第 86 页。

⑤ 同上。

八。”① 至此，唐末以来长期割据分权的湖南正式纳入了中原王朝的直接统辖之下，朗州土著集团统治下的后马楚政权结束。

综上所述，我们可以把整个马楚政权的历史划分为三段，从唐末到开平四年（910）马殷建置天策府是马楚历史的第一阶段，这是分裂后的蔡州集团马殷一部进入湖湘，打败以潭州为核心的湖湘土著势力建立马楚的过程。从开平四年（910）到广顺元年（951）马氏政权灭亡是马楚历史的第二阶段，这是马殷父子家族式统治湖湘的时期。广顺元年（951）到乾德元年（963）周保权纳土归宋是马楚政权历史的第三阶段，这是朗州土著势力统治湖湘的时期。总之，马楚政权经历了一个由蔡州集团到马氏家族集团，再到朗州土著集团的发展过程，我们将这一过程称为统治集团的本土化过程，统治集团的本土化是马楚政权近七十年历史发展的线索。

开创马楚政权基业的主要成员除了刘建锋、马殷、张佶等首领人物之外，尚有秦彦晖、李琼、许德勋、姚彦章等人。在这些成员中，刘建锋、许德勋为蔡州朗山人，秦彦晖为蔡州上蔡人，李琼为蔡州汝阳人。马殷的籍贯诸史记载有鄢陵、上蔡、扶沟等差异（见前文注），与身为“蔡州朗山人”的刘建锋并不同籍，欧阳修所言“殷与建锋同里人”颇有疑问，尽管如此，马殷与刘建锋过从甚密，交往很久是不争的事实。张佶虽非蔡州人，但很早就在蔡州投靠秦宗权，后来成为孙儒的心腹，是蔡州集团的骨干，可以说马、张二人是与蔡州有密切关系的蔡州集团的重要成员。总之，乾宁元年（894）进入湖湘的刘建锋、马殷集团实际上是一个以蔡州籍将士为核心的军政集团，我们权且称之为蔡州集团。

时湖南地区与蔡州集团对立的是当地分散的土著力量。乾宁元年（894）前后，湖南管内共辖七州，即潭州、邵州、衡州、永州、道州、郴州、连州。其中潭州由武安节度使邓处讷控制，邵州由邓处讷的同乡蒋勋掌握，“邓处讷字冲韫，邵州龙潭人”，潭、邵二州显然是由湖湘土著力量控制的。湖南其余五州分别控制在杨师远等人手里：“时湖南管内七州，贼帅杨师远据衡州，唐世旻据永州，蔡结据道州，陈彦谦据郴州，鲁景仁据连州。”② 胡三省音注曰：“唐旻、蔡结皆以郡人聚兵据郡。陈彦谦

① 《续资治通鉴长编》卷四，宋乾德元年三月，第86、87页。

② 《资治通鉴》卷二百六十一，唐光化元年三月，第8515页。

桂阳人，杀刺史黄岳，据郴州。鲁景仁本从黄巢，以病留连州，遂据之。”[①] 鲁景仁为宿州人，陈彦谦为桂阳人，郴州、连州并没有控制在湖湘土著势力手中。杨师远籍贯不详，即便如此，在当时湖南所辖七州之中，至少四州控制在湖湘土著势力手中。乾宁元年（894），刘建锋、马殷打败武安节度使邓处讷，夺取潭州；光化元年（898），张佶打败蒋勋攻取邵州；光化二年（899）十一月，李琼打败陈彦谦、鲁景仁，取得郴州和连州；马殷完成了对当时湖南所辖七州的统一。随后，势力扩张的马殷又对湖南七州之外的岭南和朗州、岳州等地进行了争夺，并于天复三年（903）五月攻取邓进忠控制的岳州，开平二年（908）五月夺取雷彦恭统辖的朗州。岳州和朗州同样由当地土著势力控制，邓进忠“湘阴人，世为土豪”，[②] 雷彦恭乃雷满之后，而雷满是朗州显赫的土著势力：“雷满，武陵人也。为人凶悍獷勇，文身断发。唐广明中，湖南饥，盗贼起，满与同里人区景思、周岳等聚诸蛮数千，猎于大泽中，乃击鲜釃酒，择坐中豪者，补置伍长，号‘土团军’，诸蛮从之，推满为帅。”[③] 至此，今湖南地区的土著力量基本上被马殷收服。以楚王马殷为首，以潭州为督府，以潭州武安军、朗州永顺军、桂州静江军三大藩镇为主体的蔡州集团的统治在湖南确立。蔡州集团统治马楚的标志是出身蔡州集团的马殷、张佶、李琼控制着上述三大藩镇。这构成了马楚政权历史的第一阶段，即蔡州集团征服湖湘土著势力并建立统治的过程。

蔡州集团集体控制湖湘的历史没有持续多久，很快被马氏家族集团的统治所取代。马氏家族统治确立的标志是后梁开平四年（910）六月马殷建天策府，任用其弟马賨、马存为左右相，马楚军政大权全部被马氏家族成员控制，原来控制桂州的静江节度使李琼、朗州的永顺节度使张佶等蔡州军将先后被马殷兄弟或诸子取代，马楚政权从督府到属镇全部被马氏成员控制（见马楚内政一节），马氏家族集团在湖南的统治完全确立。天成二年（928）八月，马殷开国建制，标志着马氏家族的统治进一步加强。马氏家族对湖湘的统治持续至后周广顺元年（951）南唐攻灭马楚止。这是马楚政权历史的第二阶段，即马氏家族集团统治湖湘的时期。

---

① 《资治通鉴》卷二百六十一，唐光化元年三月胡注，第8515页。

② 《九国志》卷十一《邓进忠传》，第108页。

③ 《新五代史》卷二十九《雷满传》，第445页。

从后周广顺元年（951）至宋乾德元年（963）是马楚政权发展的第三阶段，即朗州土著集团驱逐南唐势力，重新控制马楚岭北旧地的过程。在马氏家族统治时期，由于兄终弟及继承制度的长幼原则遭到破坏，引发了马希广与马希萼的内争。在内争过程中，马希萼发动当地土著势力对付潭州马希广，朗州土著力量趁此机会重新抬头。马希萼夺取潭州后，委政马希崇，昵近小人，纵情享乐，导致政局十分混乱，王逵、周行逢等朗州土著势力在广顺元年（951）三月发动潭州兵变，率部逃归朗州并建立政权，在马楚境内形成了与马氏家族势力并立的局面。马希崇驱逐马希萼后，以王逵、周行逢为代表的朗州土著势力向马氏集团发动进攻，南唐趁马楚政权内部马氏家族集团分裂，朗州土著势力与马氏集团内争的有利时机，出兵灭楚。朗州土著集团随后驱逐南唐势力，重新恢复马氏岭北旧地，建立了后马楚政权。

刘建锋、马殷统率的蔡州集团自景福元年（892）孙儒战败身死后，受杨行密的逼迫流落至江西，在江西因受钟传的排挤而挺进湖南并在湖南立稳脚跟。那么，蔡州集团为什么能够打败湖湘地区的土著力量，进而建立马楚政权？最根本的原因是湖湘土著势力力量分散，各自为政，没有形成统一的力量与蔡州集团抗争。而湖湘这种分裂割据局面正是唐末藩镇割据扩大化的结果。马氏家族的统治确立之后，朗州土著势力为什么能够崛起，建立朗州政权并最终控制马氏岭北旧地？这与马楚内政尤其是与其继承制度密切相关。

第三章

马楚内政

第一节　政治多重体制

从乾宁三年（896）马殷任潭州刺史、判湖南军府事开始，马楚政权在马殷扫平湖南、夺取朗州、岳州，出兵岭南的过程中逐步完善了政权组织模式。与十国其他政权不同，马楚形成了一种复合式多重政权结构。马殷控制潭州之后，先后取得了邵州、衡州、永州、道州、郴州和连州，最终在光化二年（899）完成了对时属湖南七州的统一。随后，马殷南出岭表，北扫朗、岳，所辖疆域扩展到二十余州，极盛时其数超过 28 州。尽管马氏政权在马殷之后辖域伸缩不定，但终马楚政权的绝大部分时间内，马楚都辖有潭州、衡州、澧州、朗州、岳州、道州、永州、邵州、全州、辰州十州之地，这是马楚政权最基本的有效控制范围。马楚政权所辖诸州基本上归属于潭州武安军、朗州武平军、桂州静江军。武安、武平、静江三大藩镇各自管辖数州，三镇组合构成了马楚政权的组织形式。

潭州藩镇辖有今湖南南部大部和广东省北部的部分地区，以潭州为使府，以武安军为军号，下辖衡州、邵州、永州、道州、郴州、连州、全州、岳州等州，基本相当于伴随马楚政权始终的前述十州。朗州藩镇辖今湖南北部地区，以朗州为使府，先后以武贞军、永顺军、武平军等为军号，下辖澧州、叙州、辰州等州。桂州藩镇辖今广西壮族自治区北部地区，以静江军为军号，下辖宜州、严州、柳州、象州、梧州、贺州、蒙州、富州、昭州、容州等州。武安、武平、静江三大藩镇共同构建了马楚政权的组织基础，但就对马楚政权的影响而言，构建马楚政权的三大藩镇的地位并不相同，潭州武安军是马楚政权的核心，朗州武平军是仅次于武安军的重要藩镇，而桂州静江军在马楚政权中的地位相对次要一些。正因如此，潭州长期作为马楚政权的政治中枢，拥有对桂州、朗州藩镇的控制权。而在马氏政权后期，朗州武平军的地位迅速上升，最终取代潭州武安军而成为后马楚政权督府之所在。马楚政权由三大藩镇组合而成的特点对马楚历史产生了重要影响，为后来朗州土著集团的崛起奠定了基础。

由三大藩镇组合而成是马楚政权的外部表现形式，而马楚政权的内部组织形式也就是政治体制具有极为独特的特点。从乾宁三年（896）马殷主政潭州至乾德元年（963）周保权纳土归宋这近70年的时间内，马楚政权存在过藩镇体制、天策府体制、王国体制三种政权组织形式①。其中藩镇体制是马楚政权政治体制的基础，天策府体制是主体，王国体制则仅短暂存在。下面我们分别对这三种体制进行分析，然后探讨三种政治体制在马楚政权中存在的时间及其所处的地位。

一定的政治体制都有与之相适应的表现形式，藩镇体制作为政权组织方式存在内外两种表现形式。通常认为藩镇体制的外部表现形式有三：内牙军系统、幕职系统和外镇军系统。② 藩镇体制的内涵应该包括如下内容：藩镇地方军事化；藩镇是州县以上的道级军政实体；藩镇与朝廷构成地方与中央关系；藩镇在其辖区内擅有军政大权。其中藩镇与朝廷构成地方与中央关系又包括以下内容：藩镇节帅由朝廷任命；藩镇在京师设进奏院、派进奏官并向朝廷反映本镇情况，传递中央诏令、文牒和本镇表文、公函；朝廷在藩镇设立监军使院，派监军使，“监视刑赏，奏察违谬”；藩镇有赋税上供中央与遣使朝贡的义务。③ 藩镇体制作为马楚政权最根本的政权组织方式，是否存在藩镇体制所应具备的表现形式呢？回答是肯定的。

内牙军系统是藩镇体制的重要表现形式之一，马楚藩镇体制中的内牙军系统同样表现得十分明显。我们可以从以下几方面得到证明。首先，马楚政权的职官系统中存在有关内牙军的官职，“天策府内押牙”、“牙内都指挥使”、“牙内侍卫指挥使”、“都押牙”、“牙内马步都指挥使”等都可

---

① 冈田宏二在《中国华南民族社会史研究》一书中对马楚政权的政治体制进行了研究，认为马楚首先实行的是藩镇体制，随后是国家体制，再后是文臣官僚体制，最后又恢复到落后的藩镇体制。笔者认为马楚的政治体制并非这种单线条的发展，而是多种政治体制的同时并存。

② 何勇强：《钱氏吴越国史论稿》，浙江大学出版社2002年版，第184页。

③ 何灿浩：《吴越国方镇体制的解体与集权政治》，《历史研究》2004年第3期。

资证明。如马希范为牙内马步都指挥使，崔洪琏任牙内指挥使，何敬真为朗州牙内都指挥使等。其次，马楚内牙军系统存在真正的牙兵组织，具有一定的兵员构成。天福四年（939）八月，溪州刺史彭士愁举兵犯楚，马希范遣府内牙军迎击："丙辰，豀（溪）州刺史彭士愁，以锦、奖之兵与蛮部万人掠辰、澧二境，湖南节度使马希范遣牙兵拒之而退。"[①] 朗州的后马楚政权同样存在牙兵组织："王逵既得潭州，以指挥使何敬真为静江节度副使，朱全琇为武安节度副使，张文表为武平节度副使，周行逢为武安行军司马。敬真、全琇各置牙兵，与逵分厅视事，吏民莫知所从。"[②] 最后，马楚政权的内牙军系统存在诸多的牙兵番号，形成了庞大的牙兵队伍。如"长直都"、"在城都"、"银枪都"等内牙军番号。刘彦瑫为长直都指挥使，秦彦晖为在城都指挥使等。不仅如此，马楚内牙军的构成十分庞大，如天福八年（943）十二月："（马希范）为长枪大槊，饰之以金，可执而不可用。募富民年少肥泽者八千人，为银枪都。"[③] 内牙军作为马楚统治者依靠的核心军事力量，在马楚政权中发挥了十分重要的作用。正是在长直都指挥使刘彦瑫的支持下，马希广抵制了张少敌等人的反对意见，打破兄弟相继的长幼原则越兄马希萼继承了统治权。

外镇军系统是藩镇体制的另一重要外部表现形式，马楚外镇军系统的形成与蔡州集团取代湖湘及其周边土著势力的过程同步，也就是说蔡州军将及其统领的藩镇兵是马楚外镇军系统的主体。外镇军在马殷入主湖南及统治初期主要由蔡州异姓将士控制，随着马殷实力的增强先后转入马氏家族控制之下。外镇军系统从蔡州异姓军将之手转归马氏家族成员控制，标志着马氏家族统治在湖湘地区的最终确立。

景福元年（892）六月，孙儒战败身死，所统蔡州军将除战死溃逃之外，余部分裂为三股：一部被杨行密吸收，成为"黑云都"的主体；一部被钱镠收编，成为"武勇都"的主体；另有七千余人随刘建锋、马殷辗转江西，流落至湖南，成为后来建立马楚政权军事力量的主体。刘建锋、马殷以七千余人的蔡州军将为主干，不断吸收其他势力，不久就发展成十余万人的庞大军事力量，经江西辗转至湖南并立稳脚跟。马殷执掌潭

① 《旧五代史》卷七十八《晋高祖纪第四》，第 1033 页。

② 《资治通鉴》卷二百九十一，后周广顺三年正月，第 9490 页。

③ 《资治通鉴》卷二百八十三，后晋天福八年十二月，第 9258 页。

州军政之后，以蔡州军将为军事核心不断开疆拓土，最终建立了拥有二十余州三大藩镇集团的马楚政权。潭州武安军是构建马楚政权最主要的藩镇，在三大藩镇系统中占据主导地位。武安军节帅先后由孙儒麾下的刘建锋、马殷统领，马殷之后，武安节度使均由继任楚王的马希声、马希范、马希广兼任。可见，武安军系统的镇守者实际上一开始就是由蔡州集团的首领人物控制，并直接进入马氏家族统治之下。

朗州武贞军于唐昭宗光化初置，下辖澧州、朗州、叙州等州。开平三年（909）五月，马殷打败雷彦恭占领朗州，奏改武贞军为永顺军，以张佶为永顺军节度使："朗州雷彦恭召吴人攻平江，许德勋击败之。殷遣秦彦晖攻朗州，彦恭奔于吴，执其弟彦雄等七人送于梁。于是澧州向环、辰州宋邺、溆州昌师益等率溪洞诸蛮皆附于殷。殷请升朗州为永顺军，表张佶节度使。"① 张佶荣升永顺军节度使与其出身蔡州集团密切相关。张佶早年在秦宗权麾下任行军司马，同孙儒、刘建锋、马殷等一道与杨行密争夺扬州："秦宗权遣其弟宗衡将兵万人渡淮，与杨行密争扬州，以孙儒为副，张佶、刘建锋、马殷及宗权族弟彦晖皆从。"② 秦宗权死后，张佶成为孙儒的干将。孙儒兵败身亡之后，张佶与刘建锋、马殷等率领残部七千余人四处辗转，成为刘、马二人的重要谋士："儒之败，建锋、殷收散卒，转寇江西，有众七千，推建锋为主，殷为前锋，张佶为谋主。略洪、虔数州，众遂十余万。"③ 陈瞻之变后，张佶率众将马殷推上了湖南最高统治者的宝座。由此可见，从秦宗权时期开始至马殷掌控马楚政权为止，张佶始终是蔡州集团的重要人物。马殷奏请张佶为永顺军节度使虽有酬让位之恩的成分，但将历时长久方攻取的北部重镇朗州交由张佶管辖，无疑反映了马殷对蔡州军将的信任。张佶本身是蔡州集团的重要成员，同时又是马殷的得力心腹，由其担任朗州节帅与马楚政权初期蔡州集团取代湖湘土著势力的趋势相适应。继张佶之后统治朗州的是马殷之弟马赍，乾化元年（911）十二月，"以朗州留后马赍为永顺节度使、同平章事"。④ 马赍同样出身蔡州集团，孙儒败亡之后，被杨行密编入黑云都，"初，孙儒败

---

① 《新五代史》卷六十六《楚世家》，第 823、824 页。

② 《资治通鉴》卷二百五十七，唐光启三年十月，第 8364 页。

③ 《新唐书》卷一百九十《刘建锋传》，第 5481 页。

④ 《资治通鉴》卷二百六十九，后梁乾化元年十二月，第 8749 页。

于宣州，殷弟赍为杨行密所执，行密收儒余兵为‘黑云都’，以赍为指挥使”。[①] 自马赍之后，马存、马希振、马希范、马希杲、马希萼、马光赞等人相继担任朗州永顺军节度使，朗州政权实际上完全转入了马氏家族的直接控制之下，成为家族式统治的典型表现形式。总之，朗州永顺军同潭州武安军一样，在马楚政权初期由蔡州集团成员控制，随后转入马氏家族统治之下。

光化三年（900）十月，马殷打败静江节度使刘士政，获得岭南桂、宜、严、柳、象五州之地，李琼被委任为上述诸州的主要统治者："士政出降，桂、宜、岩、柳、象五州皆降于湖南。马殷以李琼为桂州刺史；未几，表为静江节度使。"[②] 自此，桂州藩镇纳入马楚政权管辖之下，一直持续至后周广顺元年（951）南汉刘氏收复岭南止。马殷之所以表李琼为静江节度使，与李琼出身蔡州集团息息相关。"琼，蔡州汝阳人，少以骁勇选隶秦宗权帐下，后随孙儒渡淮。儒败，又从刘建锋入湖南，为亲从都裨校。殷代立，迁本军指挥使。"[③] 显而易见，李琼和张佶一样，自秦宗权、孙儒时期就是蔡州集团的重要人物，是马殷借以起家的蔡州集团的骨干，是马楚外镇军系统的重要领头人物。李琼之后，桂州静江军先后由马存、马赍、马希彝、马希杲、马希瞻、马希崇掌握，实现了由蔡州集团掌控到马氏家族集团统治的转变。

总之，马楚政权建立的军事基础是秦宗权、孙儒时期的蔡州军将。在马楚政权前期尤其是在马殷时期，马楚统辖的潭州、朗州、桂州藩镇均由来自蔡州集团的军将控制，蔡州集团成为了马楚外镇军系统的核心。这一过程与蔡州集团取代潭州、朗州、桂州土著势力的过程相呼应。随着以马殷为代表的马氏家族势力的壮大，蔡州集团对三大藩镇的统治逐渐被马氏家族成员所取代（潭州实际上一开始就是由马氏家族控制的），马楚政权转入马氏家族集中统治时期。外镇军系统转入马氏家族成员之手，天策府的开设和马楚王国的建立，标志着马氏家族集团对湖湘的统治日益巩固。

幕府职官系统是藩镇体制最重要的外部表现形式，也是马楚藩镇体制最清楚、明显的体现。节度使的幕府职官包括节度副使、行军司马、节度

---

① 《新五代史》卷六十六《楚世家》，第 822 页。

② 《资治通鉴》卷二百六十四，唐光化三年十月，第 8535、8536 页。

③ 《九国志》卷十一《李琼传》，第 111 页。

判官、都虞候、都押衙、节度推官、掌书记、参谋、衙推等名目。《新唐书》对此有详细记载："副大使知节度事、行军司马、副使、判官、支使、掌书记、推官、巡官、衙推各一人，同节度副使十人，馆驿巡官四人，府院法直官、要籍、逐要亲事各一人，随军四人。节度使封郡王，则有奏记一人；兼观察使，又有判官、支使、推官、巡官、衙推各一人；又兼安抚使，则有副使、判官各一人；兼支度、营田、招讨、经略使，则有副使、判官各一人；支度使复有遣运判官、巡官各一人。"① 上述职官囊括的基本上是藩镇的文职僚属系统，此外还应包括诸如都知兵马使、都虞候、都指挥使、指挥使、都教练使、教练使、都押衙、押衙等众多的武职职官系统。马楚藩镇系统的幕府僚属设置与唐代藩镇幕僚的设置无明显区别，同样存在行军司马、判官、掌书记、推官、都指挥使、指挥使、都教练使、教练使等文武僚属，《十国春秋》卷一百一十四《十国百官表》有关马楚政权职官部分对此记载甚详，不赘述。值得注意的是，马楚幕府职官系统中存在一个比较独特的官职，即都军判官。据笔者所见，在五代十国各朝邦中，唯有马楚设立过这一官职。马楚政权中先后有高郁、唐昭胤、杨仲敏三人担任过都军判官。那么，都军判官究竟是一个什么样的官职，其实际权限如何？我们可以从下面的材料得到一些认识："楚王殷用都军判官高郁为谋主，国赖以富强，邻国皆疾之……希声屡言于殷，称郁奢僭，且外交邻籓，请诛之。殷曰：'成吾功业，皆郁力也；汝勿为此言！'希声固请罢其兵柄，乃左迁郁行军司马。"② 行军司马是唐五代时期重要的幕府文职僚属，"行军司马之职，弼戎政，掌武事。居常习□狩之礼，有役申战阵之法。凡军之攻，战之备，列于器械者，辨其贤良。凡军之才，食之用，颁于卒乘者，均其赐予。合其军书契之要，比其军符籍之伍，赏罚得议，号令得闻，三军以之，声气行之哉。虽主武，盖文之职也。"③ 行军司马虽为文职僚属，其权任却很重，周行逢曰："行军司马，吾尝为之，权与节度使相埒耳。"④ 材料称高郁从都军判官到行军司马为左迁，且说此举是罢高郁兵权，可见都军判官是位于行军司马之上的拥有

① 《新唐书》卷四十九下《百官四下》，第1309页。
② 《资治通鉴》卷二百七十六，后唐天成四年八月，第9031页。
③ 李翰：《淮南节度行军司马厅壁记》，《全唐文》卷四百三十，第1939页。
④ 《资治通鉴》卷二百九十二，后周显德三年二月，第9544页。

相当军事权力的幕府文职僚属。高郁、唐昭胤、杨仲敏等文人充任马楚政权内具有重要影响和地位的都军判官一职，这说明马楚政权内部文人占有十分重要的地位。这是马楚政权文人政治取代武人政治的重要表现（十八学士的设置同样证明了此点）。

总之，作为藩镇体制外部表现形式的内牙军系统、外镇军系统以及幕府僚属系统在马楚政权内都是存在的，符合藩镇体制外部表现形式的基本要求。那么，马楚藩镇体制的内涵如何？前面已经提到，无论是潭州武安军还是桂州静江军或是朗州永顺军，它们都是唐末以来混乱割据过程中逐步发展起来的地方军事力量，符合藩镇地方军事化的要求。以武安军为首的三大藩镇各自辖有数州，无疑是处于州县以上的道级军政实体。至于藩镇对属州拥有军政大权，这也是马楚政权下藩镇所具有的属性。在京师设立进奏院，派进奏官，向朝廷汇报本镇事务并转达中央诏令，这是藩镇体制的重要表现形式，马楚政权在京师设立了进奏院是可以确定的。乾祐元年（948）八月，马希萼上书后汉朝廷，请求在京师别置进奏务："马希萼表请别置进奏务于京师。九月，辛巳，诏以湖南已有进奏务，不许。亦赐楚王希广诏，劝以敦睦。"① 这一材料反证马希广在京师设立了进奏院，事实的确如此："希广用天策府内都押牙欧弘练、进奏官张仲荀谋，厚赂执政，使拒其请。"② 从材料还可以看出，马楚政权进奏院并非虚置，而有其实际运作过程与作用。总而言之，马楚政权下的藩镇具有通常藩镇所具有的共同属性，具有藩镇体制的基本内涵。

尽管马楚的藩镇体制在内涵上具有一般藩镇体制的共性，但同中有异，主要表现在马楚的藩镇体制与中原朝廷的关系发生了明显变化。自马殷至马希崇，马楚各统治者政治地位的获得要么来自中原王朝的封赏，要么来自南唐的册封，在形式上都存在"藩镇节帅由朝廷任命"的过程，但这只是一个形式，对朝廷而言并不具有实质性的意义。因为马楚政权权力的传承完全由自己决定，朝廷既不能左右其人选更无法对其权力施加实质性的影响，兄终弟及的继承制度、统治者的自大行为均可资证明。与唐代相比，马楚藩镇体制的独特更明显地表现在监军使院的设置及赋税的缴纳上。中央在地方藩镇设立监军使院，派驻监军使，对所监管的藩镇发挥

① 《资治通鉴》卷二百八十九，后汉乾祐三年九月，第 9426 页。

② 《资治通鉴》卷二百八十八，后汉乾祐元年八月，第 9399 页。

“监视刑赏，奏察违谬”的作用，但从马楚政权的实际来看，无论是中原诸朝还是南唐李氏均未能在马楚设立监军使院。五代十国政权本身是唐末藩镇割据的扩大与继续，尽管与其他称帝建制的政权相比马楚的割据程度相对有限，但与唐末藩镇相比则无论是实力还是分裂程度都大为提高。从中原王朝来看，五代朝廷力量都比较弱小，在马氏政权存在时期除后唐王朝曾经一度有并吞天下之志外，其他各朝对马楚等政权基本上采取的是笼络政策。正是因为朝廷力量的式微和作为藩镇的马楚力量的壮大，使得监军使院在马楚不仅事实上无法实行，连名义上也不再存在。同样的原因，由于马楚政权实际上具有相当大的独立性，尽管它自始至终都存在对中原王朝的朝贡，但作为藩镇必须承担的赋税上供义务则不再履行，“自署官吏，征赋不供”。[①] 成为马楚政权的真实写照，赋税义务在马楚仅仅成为一种名义上的表示。

综上所述，我们可以得出这样的结论：马楚政权在形式上是潭州藩镇、朗州藩镇、桂州藩镇的集合体，潭州藩镇占据主导主体。无论是外部表现形式还是内在蕴涵，马楚政权均符合藩镇体制的基本要求，藩镇体制是马楚政权最基本的政权组织方式，诚如冈田宏二所言：“楚王国由三个藩镇构成，其政治体制自然属于藩镇体制。”[②] 尽管马楚名义上是中原王朝的地方藩镇，但出现了部分藩镇义务的缺失或者说对中原王朝权力的分割，对中原王朝而言则是相应权力的丧失。正是因为马楚与中原王朝之间这种义务与权力的消长，使得马楚成为具有极大独立性和自主权的藩镇。其独立性和自主权通过天策府体制得到了展现。

天策府体制的建立与马楚力量的扩大有密切关系，也是马楚政权内部实际推行最久的政权形式。马殷主政湖南后，通过一系列措施发展了军事、经济力量，发展速度冠盖四邻，形成了“地大力完，邻国皆疾之”的局面。在这样一种背景下，马殷为了获取更高的政治地位，遂向后梁王朝“数邀封爵”。开平四年（910），马殷奏请后梁王朝，要求仿唐太宗李世民之例封自己为天策上将军：“殷乃请依唐太宗故事，开天策府，置官属。”[③] 后梁北有河东李克用集团的强大攻势，南有淮南劲旅杨渥的觊觎，

① 《旧五代史》卷一百三十三《马殷传》，第1757页。

② ［日］冈田宏二：《中国华南民族社会史研究》，第308页。

③ 《新五代史》卷六十六《楚世家》，第824页。

为了笼络地方力量牵制南北对手，后梁对藩镇“所求皆允”，马殷的奏请很快得到梁主的同意：“太祖拜殷天策上将军，殷以其弟賨为左相，存为右相，廖光图等十八人为学士。”① 马楚政权的天策府体制由此正式建立。自此之后，天策府几乎伴随马楚政权始终，成为其最重要的政权组织形式，在马楚政权的运转过程中发挥了极为重要的作用。②

马殷的天策府乃仿效唐太宗李世民天策府体制所建，基本上是李世民天策府体制在马楚政权内的移植和发展。要弄清马楚天策府的构建，有必要对唐代天策府的构成、地位及作用进行了解。唐以前，职官系统中并无天策上将军的名号，更不存在天策府这一机构。李唐王朝建立过程中，唐太宗李世民出力甚多，居功至伟，为酬其功勋，唐高祖李渊在武德四年（621）十月特置天策上将一职授予李世民：“上以秦王功大，前代官皆不足以称之，特置天策上将，位在王公上。冬，十月，以世民为天策上将，领司徒、陕东道大行台尚书令，增邑二万户，仍开天策府，置官属。”③ 天策上将并不是一个“位在王公上”的虚衔，而是一个有实际执掌的职事官，“掌国之征讨，总判府事”④ 是其最主要的权力。天策府是天策上将的府署，有庞杂的人员构成：

> 天策上将一人，掌国之征讨，总判府事。长史、司马各一人，从事中郎二人，并掌通判府事。军咨祭酒二人，谋军事，赞相礼仪，宴接宾客。典签四人，掌宣传导引之事。主簿二人，掌省覆教命。录事二人，记室参军事二人，掌书疏表启，宣行教命。功曹参军事二人，掌官员假使、仪式、医药、选举、考课、禄恤、铺设等事。仓曹参军二人，掌粮廪、公廨、田园、厨膳、过所等事。兵曹参军事二人，掌兵士簿帐、差点等事。骑曹参军事二人，掌马驴杂畜簿帐及牧养支料

① 《新五代史》卷六十六《楚世家》，第824页。唐太宗李世民为“天策上将”，开“天策府”，马殷与马希范等为“天策上将军”，《资治通鉴》《溪州铜柱铭文》等材料均作“天策上将军”，欧阳史所载之“天册上将”应该就是“天策上将”，“册”乃“策”之音误。

② 冈田宏二认为天策府体制只存在于马希范时期，马希范逝世之后，马楚基本上恢复到了落后的藩镇体制统治时代。见氏著《中国华南民族社会史研究》，第309、310页。笔者认为天策府体制基本贯穿了马氏政权始终，并不仅存于马希范时期。此制形成于马殷时期，在马希声时期一度中断，马希范恢复天策府体制后持续存在，至后周广顺元年马氏政权灭亡。

③ 《资治通鉴》卷一百八十九，唐武德四年十月，第5931页。

④ 《旧唐书》卷四十二《职官志一》，第1811页。

> 草粟等事。铠曹参军事二人，掌戎仗之事。士曹参军事二人，掌营造及罪罚之事。参军事六人，掌出使及杂检校之事。[①]

天策府地位很高，高祖时期的天策府甚至凌驾于兵部等机构之上，领兵征伐也成为其独有的职能。天策府独有的职权和尊崇地位为李世民网罗人才，发展个人势力创造了条件，为其取得夺嫡斗争的胜利做出了重要贡献。马殷之所以请求后梁册封自己为天策上将军，其目的是想在提高政治地位的同时通过天策府发展势力。虽然有关马殷时期天策府建置的记载相当有限，无法明确此时天策府的具体构建。但马殷开天策府，置官署，设左右相的史实说明其所建立的天策府僚属比唐太宗时期天策府的僚属为多，天策府的职权更大，已不再局限于“国之征讨”，而是一个集政治、军事、财政大权于一体的特殊施政机构。左右相的设置说明这一机构甚至具有后来马楚王国的某些职能。尽管马殷建立的天策府人员繁多，但机构可能并不完备，这与天策府建立的时间较短有关，同时也受到后来王国体制建立的影响。

马殷在升任天策上将军、开置天策府之后，力量继续扩大，最终在天成二年（927）六月被封为楚国王。八月，马殷建国，与之相适应的以丞相为主体的王国体制也随之建立，天策府体制让位于王国体制。但马楚政权王国体制存在的时间十分短暂，长兴元年（930）马殷逝世之后，继任的马希声上书后唐王朝“称遗命去建国之制，复藩镇之旧”。[②] 马楚国的国号实际上就此自行取消，迄于马氏政权结束也没有恢复建国。尽管作为国号的马楚已经取消，但马楚政权的实体依然存在，这种超越藩镇类似于王国政权的政治职能主要是依靠天策府来完成的。马氏诸王除了马希声之外，其余均被中原王朝授封为天策上将军，开府置僚属进行统治。马希声虽然未能获得当时中原后唐王朝天策上将军的册封，但马希声主政马楚的时间不足两年，对马楚政局影响有限，且实际上可能沿袭了马楚王国体制建立之前的天策府统治方式。马希声未能获得天策上将军册封的原因至少有两点：一是马希声在马殷逝世之后继位，“称遗命去建国之制，复藩镇之旧”，在中原王朝看来，开府置僚属并设左右相的天策府体制显然不是

---

① 《旧唐书》卷四十二《职官志一》，第1811页。

② 《资治通鉴》卷二百七十七，后唐长兴元年十一月，第9052页。

藩镇之旧。二是因为后唐王朝是马氏政权57年历史中最为强盛的中原王朝（后周王朝虽然在力量上为五代朝廷之首，但马氏政权在后周建立的广顺元年就被南唐攻灭，实际上并未经历后周统治时期），马希声当政之时又是后唐王朝的鼎盛期，国力相对强大，《旧五代史》转引《五代史阙文》曰："天成、长兴间，比岁丰登，中原无事，言于五代，粗为小康。"① 说唐明宗时期小康自然有过誉之嫌，但也在相当程度上反映了历史的真实。由于力量相对强大，后唐王朝对地方藩镇不再同此前的后梁或其后的后晋那样姑息迁就，对主动要求恢复藩镇之旧的马希声不再授予天策上将军理所当然。

天策府统治机构的最终完善是在马希范统治时期。天福四年（939）四月，后晋王朝加马希范为天策上将军，赐予印信，准许开府置官署。十一月，马希范重新开设天策府："楚王希范始开天策府，置护军中尉、领军司马等官，以诸弟及将校为之。又以幕僚拓跋恒、李弘皋、廖匡图、徐仲雅等十八人为学士。"② 材料言"希范始开天策府"，说明在马希声时期的确不存在天策府的设置。天策府的构成人员除了十八学士之外，还有左司马、右司马、天策府都尉、天策军使、天策府都军使、天策副都军使、天策府内押牙、护军都尉、领军司马等军职。十八学士的完备及其他僚属的设置标志着天策府体制已经走向完备，天策府成为一个文武分工明确的政治实体。除马希声之外的其他马楚主要统治者通过天策府掌握马楚军政大权，实行对马楚政权的统治，马楚因之形成了以楚王、天策上将军为首，以天策府为中心的执政集团。需要说明的是，天策府集团的统治成员不仅仅是天策府本身的成员，还包括那些虽非天策府僚属，却与天策府关系密切，在政治态度上与天策府主流派一致的重要将领，如长直都指挥使刘彦瑫等。

天策府的十八学士出身于使府文职，他们在马楚政权的政治生活中扮演着非常重要的角色，对马楚政权的政治、经济、军事生活产生了重要影响。李弘皋是马希范时期天策府学士的首领人物："以为学士之首，且执政柄。"③ 李弘皋能执政柄，说明天策府十八学士在马楚政权中拥有相当

① 《旧五代史》卷四十四《唐明宗纪第十》，第610页。

② 《资治通鉴》卷二百八十二，后晋天福四年十一月，第9208、9209页。

③ 《五代史补》卷二《何仲举及第》，《文渊阁四库全书》第407册，第656页。

的行政权力，在马楚政治生活中占有重要地位。十八学士在马楚政治生活中发挥重要作用更直接体现在马希广与马希萼的嗣位之争中，马希范死后，按兄终弟及继承制度的规定应由马希萼接掌马楚政权，但天策府资深学士李弘皋、邓懿文支持年幼的马希广，最终与长直都指挥使刘彦瑫等将其推上了武安节度使的位子，由此导致了马希广与马希萼的长期争斗。十八学士在马楚经济生活中也发挥了重要作用，学士邓懿文身兼马楚营田使，为马楚统治者敛财，马希范“命营田使邓懿文籍逃田，募民耕艺出租”。[①] 此外，政治态度与天策府十八学士等主流派一致的内牙军将领则对马楚军事产生了重要影响，成为掌控马楚军事的重要力量。这从马希广重用刘彦瑫对抗马希萼，先则议“使其解甲释兵而后入”，再则败希萼于仆射州，后又屡番率军进攻朗州等都说明以内牙军为代表的将领在马楚军事斗争中占有重要地位。总之，天策府以天策上将军为首，以十八学士为主体连同内牙军将领成为一个政治、军事、经济的总联合体。

马希范时期天策府十八学士的成员构成《旧五代史》《五代史补》《资治通鉴》《十国春秋》等史籍记载略有不同，详见下表。

表3—1　　天策府十八学士表②

《旧五代史》	《五代史补》	《资治通鉴》③	《十国春秋》	官职④
李铎	李铎	李铎	李铎	都统判官
潘玘	潘玘	潘起	潘起	静江府节度判官
拓拔坦	拓拔恒	拓拔恒	拓拔恒	武安军节度判官
李皋	李皋	李弘皋	李弘皋	都统掌书记
李庄	李庄	李庄	李庄	镇南节度判官
徐收	徐牧	徐牧	徐牧	昭顺军节度判官

① 《资治通鉴》卷二百八十三，后晋天福八年十二月，第9259页。

② ［日］冈田宏二《中国华南民族社会史研究》第302、303页列有“天策府学士表”，本表是对前表的补充和细化。

③ 《资治通鉴》原文仅列十八学士中的四人姓名，胡三省音注转引路振《九国志》对其余十四人的姓名作了补充。

④ 《资治通鉴》对十八学士的官职未作记载，《旧五代史》《五代史补》《十国春秋》对同一学士的官职记载相同。

续表

《旧五代史》	《五代史补》	《资治通鉴》	《十国春秋》	官职
彭继英	彭继英	彭继英	彭继英	澧州观察判官
廖图	廖图	廖匡图	廖匡图	江南观察判官
徐中雅	徐仲雅	徐仲雅	徐仲雅	昭顺军观察判官
邓懿文	邓懿文	邓懿文	邓懿文	静江府掌书记
李松年	李松年	李弘节	李松年	武平军节度掌书记
卫曮	卫曮	曹棁	卫曮	镇南军节度掌书记
彭继勋	彭继勋	彭继勋	彭继勋	昭顺军观察支使①
萧铢	萧铢	萧洙	萧洙	武平军节度推官
何仲举	何仲举	何仲举	何仲举	桂管观察推官
孟玄晖	孟玄晖	孟玄晖	孟玄晖	武安军节度巡官
刘昭禹	刘昭禹	刘昭禹	刘昭禹	容管节度推官
（无记载）	（无记载）	裴颀	裴颀	不载官职

马楚政权天策府与十八学士的重置体现了由唐至宋历史演变的轨迹。前文已经谈到，五代十国在形式上是唐末藩镇割据的继续，在战乱不休，“天子，兵强马壮者当为之，宁有种耶！”② 这种唯武力是崇的背景下，武将无论是在中央还是在地方都拥有相当大的权力，他们成为中原各朝和十国各邦统治者夺取政权、维持生存的重要依靠力量。正因如此，武将在五代十国各政权中占有十分显赫的地位，“干戈之后，武夫用事”③ 乃当时的普遍情况，崇武贬文因此成了五代十国时期显著的时代特征。后汉禁军首领史弘肇所言真实地反映了当时的现实：“安朝廷，定祸乱，直须长枪大剑，至如毛锥子焉足用哉！”④

重武轻文给五代十国的政局和吏治带来了十分不利的影响。首先，由于武将整体凌驾于文臣之上，在地方恣意妄为，经常干扰地方官员的治理，使地方官员无法独立行使自己的职权，造成地方治理的混乱。其次，武将长于征伐而疏于治理，但他们经常依仗战功而占据文职，越俎代庖地

① 《五代史补》卷三《马希范奢侈》作“昭顺军观察推官”。

② 《旧五代史》卷九十八《安重荣传》，第 1302 页。

③ 《五代史补》卷二《秦王掇祸》，《文渊阁四库全书》第 407 册，第 652 页。

④ 《旧五代史》卷一百七《史弘肇传》，第 1406 页。

兼管或专管地方行政事务，由于不娴吏治和不重视文职事务，往往导致治理混乱，贿赂公行：“自梁、唐以来，藩侯郡牧，多以勋授，不明治道，例为左右群小惑乱，卖官鬻狱，割剥蒸民，率有贪猥之名。”① 此外，武将凌驾于文臣之上，干预文臣事务，不但造成了两者之间的权力争夺，还使得文臣武将在重大事件上互相推诿，导致责任不明，办事拖沓等弊端。对统治者来说，武将占据着从中央到地方的要职，掌控着相当的力量，从而在中央直接对当权者构成威胁，在地方则容易形成尾大不掉的弊端，这些都直接威胁政局的稳定。

对武将凌驾于文臣之上，重武轻文所造成的严重危害五代各朝和十国各邦的统治者早就有所认识，但他们投鼠忌器，无法从根本上改变这种局面。在五代混乱纷争的环境中，没有武将的支持，没有相当军事力量的帮助，统治者就无法保障自身的安全和政权的长久存在；另一方面，武将又是潜在甚至是明显的威胁，文臣却能够分割武将把持的部分权力，抑制武将的跋扈，从而有利于当权者巩固统治。一方面要依靠武将稳固统治，另一方面又要提升文臣地位以削弱武将势力，防止武将势力过大威胁自己，五代十国的统治者在这种两难的选择中徘徊。尽管如此，这一时期的统治者还是为改变这种状况进行了有益的尝试，后梁太祖“见镇将位在县令上，问左右，或对曰：‘宿官秩高。’帝曰：‘令长字人也。镇使捕盗耳。且镇将多是邑民，奈何得居民父母上，是无礼也。’至是，敕天下镇使，官秩无高卑，位在邑令下”。② 这是五代朝廷改变武将凌驾于文臣之上而采取的一项重要措施，然而，单纯的行政命令并不能从根本上改变武将凌驾于文臣之上的局面，更无法扭转重武轻文的风气。由于朝廷对武将的依赖和武将掌握实际权力，地方令长实际上很难真正与武将平起平坐。十国政权也有改变武将凌驾于文臣之上的尝试，南汉谋臣杨洞潜鉴于唐末以来地方刺史多为武将，不谙治民之术而导致为政混乱的现实，上奏南汉高祖刘岩：“言刺史不宜用武流，当广延中州人士置之幕府，选为刺史，俾宣政教，则民受其福。”③ 刘岩采纳了他的建议，“多延中国士人置于幕府，

① 《旧五代史》卷九十八《安重荣传》，第 1301 页。

② 《旧五代史》卷五《梁太祖纪第五》，第 83 页。

③ 《十国春秋》卷六十二《杨洞潜传》，第 888 页。

出为刺史，刺史无武人”。[①] 南汉这种改变武将任地方长官的做法无疑具有积极意义，它在局部地区从一定程度上改变了唐末以来文臣地位偏低的局面，但这一做法同样无法从根本上解决文臣从属于武将的问题。由于统治者对武将的依赖，南汉所谓的“刺史无武人”显然存在夸张的成分。当然，从方式上看，南汉任用文臣代替武将任刺史，比单纯命令镇使位在邑令之下的行政命令具有进步性和可操作性。

与后梁太祖和南汉高祖的措施相比，马楚改变唐末以来重武轻文风气的力度似乎要超过前二者，所取得的成就也远非前者所能及。天策府是马氏政权时期最主要的执政机构，基本贯穿了马氏政权的始终。十八学士是马楚天策府机构的主要组成部分，是马楚政权内部文官集团的主要代表。正如前文所述，十八学士实际上掌控了马楚政权的部分政治、经济权力，通过和内牙军等政治取向一致的将领的联合，在一定程度上影响着马楚的军事，他们在马楚政权中占有重要地位。马希范死后，马希广和马希萼争立，由于以李弘皋等为代表的十八学士及内牙军首领刘彦瑫等的支持，马希广得以突破兄弟相继的长幼原则取代马希萼主政马楚。这不仅说明十八学士在马楚政权中具有很高的地位，同时也表明十八学士至少可以与武将并驾齐驱，不再从属于武将。总之，十八学士的设立是马楚统治中枢对文臣地位的一次大提升，是对五代十国时期崇武轻文风气的反动。当然，马楚政权从统治中枢对文臣地位的提升也有一定限度，并没有完全实现由重武轻文到文武并重的改变，但文臣的地位无疑得到了前所未有的提高，这实际上是由崇武轻文到宋代重文轻武的转型期。

在马楚政权中还短暂地存在过另一政治体制，即王国体制。王国体制是随着马楚国的建立而形成的。后唐天成二年（927）六月，明宗封马殷为楚国王，八月，马殷开国建制：“册礼使至长沙，楚王殷始建国，立宫殿，置百官，皆如天子，或微更其名：翰林学士曰文苑学士，知制诰曰知辞制，枢密院曰左右机要司，群下称之曰殿下，令曰教。以姚彦章为左丞相，许德勋为右丞相，李铎为司徒，崔颖为司空，拓跋恒为仆射，张彦瑶、张迎判机要司。然管内官属皆称摄，惟朗、桂节度使先除后请命。”[②] 从上引材料可以看出，开国后的马殷实际上取得了形同诸侯国的地位，在

① 《资治通鉴》卷二百六十八，后梁乾化元年五月，第 8742 页。

② 《资治通鉴》卷二百七十六，后唐天成二年八月，第 9008 页。

马楚国内拥有相当广泛的权力，马楚作为中原王朝藩镇的性质暂时结束，藩镇体制的职能被王国体制取代，天策府体制成为王国体制的一部分。王国体制的建立是马楚政治体制发展到顶峰的标志，同时也是马楚政权发展到鼎盛时期的标志。但马楚的王国体制未能持续多久，基本上随着马殷统治的结束而结束。长兴元年（930）十一月马殷死后，继位的马希声主动去建国之制，重新恢复到建国前的藩镇状态，王国体制也随之取消。自马希声去建国之制迄于马楚政权终结，湖湘地区的统治者再无开国之举，王国体制也未能再次重建。总之，王国体制在马楚政权中存在的时间十分短暂，在马楚的政治生活中影响较小，地位不如藩镇体制和天策府体制明显和重要。

总之，马楚政权的历史中存在过藩镇体制、天策府体制、王国体制这三种不同的政治体制。藩镇体制是马楚政权最基本的政治制度，天策府体制在马楚历史中占据着主导地位，而王国体制则仅短时间存在。可以说，马楚政权实际上是藩镇体制与天策府体制的结合，实行的是一种双轨制的统治方式。如果将马楚的政治体制与荆南和吴越进行比较，可以发现政治体制与政权的政治地位存在密切关系。荆南自始至终都没有建国，在本质上是一个藩镇，因而其政治体制就是典型的藩镇体制（偶见王国体制的端倪）。吴越除了短时期除国之外，其统治者均以中原王朝臣属国主的身份存在，因而其政治体制以王国体制为主。马楚在马殷时期虽然曾经一度建国，但马希声继位之后就去国复藩镇之旧，恢复了藩镇体制，但又不是真正意义上的藩镇，其管辖职能也远非藩镇体制所能胜任，故而天策府体制与之并存。这种藩镇体制与天策府体制并存的事实说明马楚是一个由藩镇向王国过渡的政权，在本质上依然是一个藩镇。总之，马楚政权在形式上是一个由潭州藩镇、朗州藩镇、桂州藩镇构成的复合型政权；就政治体制的本质而言，是一个由地方割据势力向独立王国过渡的藩镇，因此，马楚政权是一个具有强烈割据性的复合型藩镇。

第二节　兄终弟及的继承制度

继承制度是马楚内政中最具特色的内容之一，与传统的嫡长子继承方式不同，马楚推行兄终弟及的继承制度。尽管兄终弟及的继承方式在五代十国时期马楚以外的其他政权中也曾出现过，但都未能如马楚一样形成一种固定的制度。马楚为什么要实行兄终弟及的继承制度，其实际推行情况如何？给马楚政权带来了怎样的影响？这是本节讨论的问题。

在讨论马楚政权的权力传承制度之前，有必要先对马殷家族的构成情况进行分析，以期对马楚政权的权力传承关系有一个较直观的了解。根据《资治通鉴》、两《五代史》和《十国春秋》等史料的相关记载，可以构建如下的马楚世系表：

表3—2　马楚世系表[①]

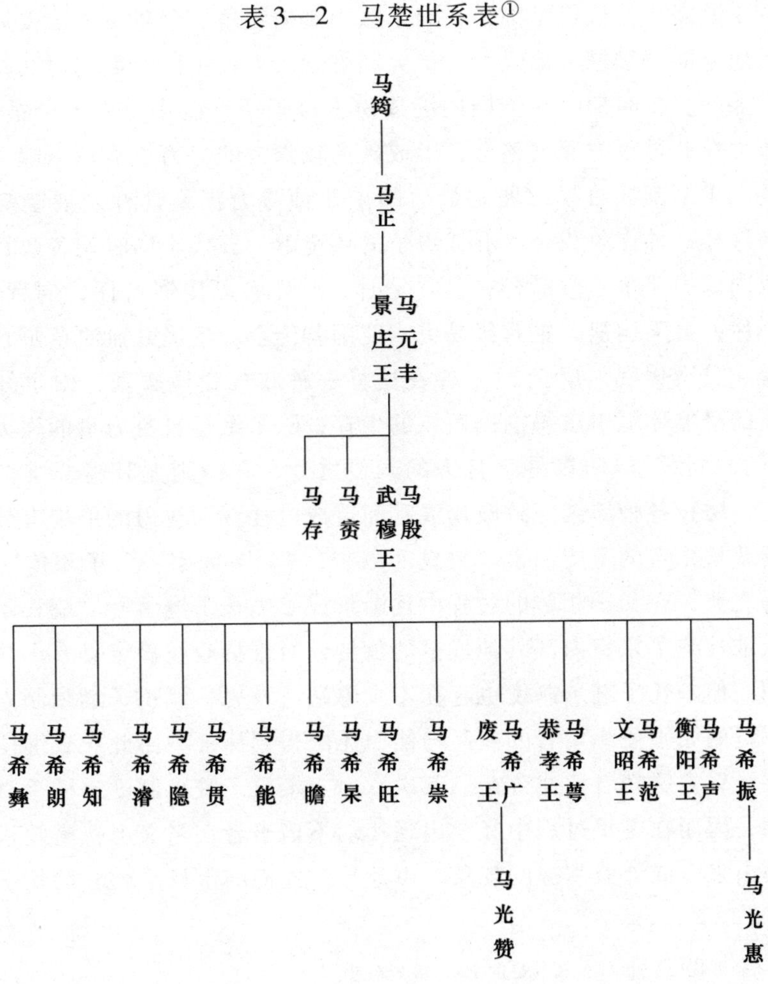

① 《十国春秋》卷一百一十《十国世系表》有楚世系表，本表在该表的基础上作了补充。

表3—2仅是对马氏成员有名可考者进行罗列，实际成员远远超过此数。此外，马殷至少有两女，一女适南汉，一女嫁吴越。在马殷庞杂的子嗣中，“嫡子希振长而贤”，[①] 希振有子马光惠，按照嫡长子继承制的规定，马希振应该是马殷首选的继承人。但马殷违背传统嫡长子继承制的常规，临终遗命诸子兄弟相继，并置剑于祠堂曰：“违吾命者戮之！”[②] 为什么要舍传统的嫡长子继承制而采取兄弟相继这种权力平行传递的继承方式？这与当时的社会现实和客观需要有关。

首先，兄终弟及继承制度是当时社会客观形势的产物，是动荡环境下成年继承的需要。五代十国是在唐末藩镇割据纷争的背景下逐步发展形成的，是唐末藩镇割据在形式上的扩大和继续。五代十国时期同时又是各种力量的兼并整合时期，在长期的混战纷争过程中，弱小力量不断被兼并，各种势力在此过程中逐渐整合，形成新的较强大的势力。从黄巢起义之后形成的三十余割据力量发展到最后的十几种势力正是这种发展趋势的反映。在这样一种你争我夺、混战纷争的环境下，五代十国时期各政权之间及政权内部的斗争十分激烈：“方是时，上之人以惨烈自任，刑戮相高，兵革不休，夷灭构祸，置君犹易吏，变国若传舍。生民膏血涂草野，骸骼暴原隰，君民相视如髦蛮。”[③] 要在这样一种政权变换频繁，内争外斗持续不断的严酷环境中求得割据政权的生存，除了维持自身力量的强大，力求“兵强马壮”以防御外部势力的入侵之外，在内则尤其需要维持政权的稳定，防止各种原因导致政局混乱而造成内耗，而权力的平稳有效传承是维持政权稳定的重要因素。自夏商以来，“天下为家，父子相传”被视为不易之典，在父子相传的过程中逐渐形成了嫡长子继承制。嫡长子继承制有效地杜绝了宗室内部其他成员的觊觎，对维持政权稳定具有十分重要的作用。但嫡长子继承制度也存在不少弊端：首先，嫡长子继承制立嫡以长不以贤的原则使继承者的人品与能力无法得到保证，由此导致继位者执政无能、昏庸腐朽者比比皆是。其次，由于嫡长子继承制度遵循垂直传承的原则，因而在继承过程中经常出现年幼不谙事者在名义上执掌政权，实际权力由宗室或外戚掌握的现象，由此导致他们的干权乱政。嫡长子继承

① 《新五代史》卷六十六《楚世家》，第826页。

② 《资治通鉴》卷二百七十七，后唐长兴元年十一月，第9049页。

③ 陈师锡：《五代史记序》，《文渊阁四库全书》第279册，第1页。

制度的弊端在乱世表现得尤为明显，往往造成国家的内乱或覆亡。五代在形式上是有名的乱世："五代，干戈贼乱之世也，礼乐崩坏，三纲五常之道绝，而先王之制度文章扫地而尽于是矣！"[①] 嫡长子继承制附带的弊端凸显得更加明显，对各割据政权的生存构成了严重威胁。正是为了在这样一种局势复杂的环境中保障自身的存在，维持政权的稳定，避免嫡长子继承制度的弊端在混乱纷争的环境中给马楚政权带来危害，故而马殷遗命子嗣采取兄弟相继的继承制度。从马殷的后继各统治者来看，尽管他们生活荒淫奢靡者不少，但从个人能力的角度来看却并非都是等闲之辈，执政能力并无问题。马楚兄终弟及继承制度在事实上避免了父死子继继承制度经常出现的幼年继承的弊端，增加了成年继承的可能性，虽然导致了兄弟间的争夺，但终马氏政权灭亡在其内部却未出现外姓势力窃权干政的现象。

其次，兄终弟及继承制度的制定与马楚政权内部现实的权力争夺有关。早在马殷确立兄终弟及继承制度之前，马楚内部就已经出现了权力之争，这种权力之争集中体现在马楚谋士高郁之死上。马殷入主湖南后，因高郁的竭力辅佐而在政治、经济、军事等方面取得了卓越成就，成为南方诸政权中的佼佼者。尽管高郁对马楚政权功勋卓著，却在天成四年（929）被马希声谮以谋反之罪杀害，这标志着马楚内争掀开了序幕。然而，高郁之死并不能简单地视为马氏兄弟对异姓的排挤，实际上反映了马氏族属内部的争夺，简单来说是马希声利用铲除高郁之机夺取马殷的权力，反映了父子间的权力之争。高郁是马殷的得力助手，在马楚政权内部掌握着部分军事权力，铲除高郁既可以削夺其掌握的军事权力，同时也可打击马殷的力量，对获得继承权具有重要作用。正因为这种原因，马希声借唐庄宗和荆南离间高郁的有利时机，逼迫马殷诛杀高郁："希声屡言于殷，称郁奢僭，且外交邻藩，请诛之。"[②] 尽管马殷没有应允，但马希声继续催逼，马殷最终被迫将高郁罢为行军司马，剥夺了高郁控制的军事权力。高郁丧失的权力落入马希声之手，遂被马希声"矫以殷命杀郁于府舍，榜谕中外，诬郁谋叛，并诛其族党"[③]。高郁之死既是马楚内争开始

① 《新五代史》卷十七《晋家人传》，第 188 页。

② 《资治通鉴》卷二百七十六，后唐天成四年八月，第 9031 页。

③ 同上。

的标志，同时也象征着马殷实际控制马楚的结束。“吾老耄，政非己出，使我勋旧横罹冤酷！”[①] 显露出了马殷对马希声争权的不满，但事实则如胡三省所言：“是时马殷尸居而矣，不复能制其子。”[②] 马希声的夺权不仅给马殷以致命的打击，同时又使嫡长子继承制在马楚失去了推行的可能，尽管马殷对此愤懑不已，但也不得不承认既成事实，在病笃之际奏请后唐朝廷将自己的职位传给马希声。马希声实际控制马楚政权的现实以及子夺父权的痛苦经历与隐藏着的兄弟权力争夺迫使他舍弃嫡长子继承制度，遗命权力传承遵循兄终弟及之法。可以说，马殷制定兄终弟及的继承制度实际上是迫不得已之举。

最后，马殷兄终弟及继承制度的制定受到了周边政权的影响。为了在五代乱世中避免嫡长子继承制所隐藏的弊病，马楚周边政权在马殷之前推行兄终弟及继承的事例不少。十国王闽政权的开创者王审知随其兄王潮共治闽地，由于王审知有才，故王潮在乾宁四年（897）临终前遗命由其继承已位：“潮寝疾，舍其子延兴、延虹、延丰、延休，命审知知军府事。”[③] 乾化元年（911）三月，“清海、静海节度使兼中书令南平襄王刘隐病亟，表其弟节度副使岩权知留后。丁亥卒，岩袭位”。[④] 尽管王闽和南汉实际上并没有将兄弟相继作为制度固定下来，但兄终弟及的事实及所产生的良好作用无疑影响到了马殷兄终弟及继承制度的制定。兄弟相继的继承方式在政局相对稳定的南唐也曾试图推行，天福八年（943），南唐先主李昪薨，子李璟继位，他试图建立马楚式的兄终弟及继承制度：“昪卒，（璟）乃袭伪位，改元为保大。以仲弟遂为皇太弟，季弟达为齐王，仍于父柩前设盟约，兄弟相继。”[⑤] 虽然这一计划因群臣反对最后未能真正实施，但李璟坚持立李遂为皇太弟的行为说明兄终弟及的继承制度在当时确实有其存在的合理性。荆南同样存在兄弟相继的事例。高保融寝疾时，“以其子继元幼弱，未堪承嗣，命其弟行军司马保勗总判内外军马事”。[⑥] 当然，南唐力量居南方各割据政权之首，

① 《资治通鉴》卷二百七十六，后唐天成四年八月，第 9031 页。

② 《资治通鉴》卷二百七十六，后唐天成四年八月胡注，第 9032 页。

③ 《旧五代史》卷一百三十四《王审知传》，第 1791 页。

④ 《资治通鉴》卷二百六十八，后梁乾化元年三月，第 8740 页。

⑤ 《旧五代史》卷一百三十四《李璟传》，第 1787 页。

⑥ 《续资治通鉴》卷一，太祖建隆元年八月，第 22 页。

嫡长子继承制度隐藏的弊端不易显露，兄终弟及的继承制度因而在此缺乏厚实的推行基础，故而嫡长子继承制度的地位十分稳固。综上所述可知，马楚政权兄终弟及继承制度的制定是多种因素综合作用的结果，并非马殷的随意之举，它是五代特殊的历史环境和马楚特定的内部因素促成的，这一政策的制定和推行有其合理的方面。那么，马楚兄终弟及继承制度的实际执行情况如何？它达到了预期的作用和效果了吗？回答是否定的。

兄终弟及继承制度包括两个原则：一是权力在兄弟间平行传承的原则；二是兄弟间权力的传承遵循长幼相继的原则。马楚政权兄终弟及继承制度的推行情况如何，这两个原则是衡量标准。马殷是马楚兄终弟及继承制度的制定者，同时又是这一政策的第一个破坏者。马殷嫡长子马希振"长而贤"[①]、"工诗句，耽吟咏"，[②] 显然不是平庸之辈，与越长而立、居丧无礼仪、奢侈贪婪的马希声相比，无论是在能力还是人品上都远胜后者。但由于马希声之母袁夫人有姿色，深得马殷宠爱，爱屋及乌，马希声也因之得宠，其地位也因此高于居长的马希振。天成二年（927）八月，马殷正式开国建制，马希声和马希振在王国内的任职如下："子希振武顺军节度使，次子希声判内外诸军事。"[③] 嫡长子马希振被遣至朗州充任武顺节度使，扼守潭州的北大门，次子马希声却留守潭州，控制着潭州的军政大权，在地位和实际权力上远高于马希振。不仅如此，天成四年（929），马殷因久病无法处理繁杂的事务，遂将主要权力交给马希声："楚王殷命其子武安节度副使、判长沙府希声知政事，总录内外诸军事，自是国政先历希声，乃闻于殷。"[④] 在辞世之前，马殷又向后唐王朝奏请以马希声继位："楚王殷寝疾，遣使诣阙，请传位于其子希声。朝廷疑殷已死，辛亥，以希声为起复武安节度使兼侍中。"[⑤] 马殷之所以要求传位于马希声，除了马希声之母得宠之外，更重要的原因是马希声通过诛杀高郁进一步控制了军政大权，由其继位已不可逆转，马殷的奏请只不过是对既成事实的承认。

① 《新五代史》卷六十六《楚世家》，第826页。

② 《十国春秋》卷七十一《马希振传》，第987页。

③ 《新五代史》卷六十六《楚世家》，第825页。

④ 《资治通鉴》卷二百七十六，后唐天成四年三月，第9028页。

⑤ 《资治通鉴》卷二百七十七，后唐长兴元年十月，第9048页。

马殷死后，实际掌握马楚权力的马希声并没有遵从兄终弟及继承制度的长幼原则将权力让给马希振，而是凭借掌握的权力迅速攫取了继承权：“殷初薨，长子希振次当嗣立，时希声以先为副使，方握权，私遣其大将欧宏练矫父命请立为帅，乃自称留后。”[①] 虽然马希声名义上是矫父命而取代马希振的，但马希声实际掌握马楚军政大权的事实使马希振不可能有反抗的条件和可能。尽管有兄弟相继的遗命，有悬剑于祠堂的见证，有“违吾命者戮之”的训示，马希振对其弟马希声的矫命自立却毫无反抗能力。相反，为了免遭马希声的迫害，马希振只得“弃官为道士，居于家”[②]，彻底摆脱政治斗争的漩涡才得以善终。马希声越长而立打乱长幼原则的行为引发了其他兄弟的不满，希声之弟希范对此愤懑不已，继位之后迁怒于希声之母袁氏：“初，马希声、希范同日生。希声母曰袁德妃，希范母曰陈氏。希范怨希声先立不让，及嗣位，不礼于袁德妃。”[③] 由此可见，马楚兄终弟及继承制度的确立是马殷迫不得已的举措，在制定这一政策的同时，马殷的安排和马希声、马希振兄弟间的权力分配实际上已经破坏了兄弟相继的长幼继承原则。尽管马殷之后的第一次政权交接因马希声的强大和马希振的谦让而得以顺利进行，但兄终弟及继承制度的长幼原则却遭到实质性破坏，这对后来马楚权力的传承产生了十分恶劣的影响，从某种程度上导致了马氏兄弟的内争和马氏政权的灭亡。

马希声在位不足两年而亡，继位的是与之同日而生的马希范。这一任权力的交接没有出现混乱，遵循了兄终弟及继承制度的两条基本原则。这是因为马希范在马殷逝世时就与马希声争夺过继承权，在实际继承之前就掌握了相当权力，本人也颇有才能，又是继马希声之后的法理继承者，故而在马希声逝世后顺理成章地继承了统治权。这是马氏政权历史上唯一的完全遵循兄终弟及继承制度的权力交接。

马希范继位之后，兄终弟及继承制度的长幼原则被再次打乱。按照兄

① 《册府元龟》卷九百四十三《总录部·不谊》，第 11112 页。

② 《新五代史》卷六十六《楚世家》，第 826 页。

③ 《资治通鉴》卷二百七十八，后唐长兴四年十二月胡注曰：“按欧史，楚王殷有子十余人，嫡子希振长而贤，其次希声与希范同日生，希声以母袁夫人有色而宠盛得立，而希振弃官为道士。希声以长幼之序当让希振，未当让希范也。”胡三省言马希声未当让马希范确是事实，同时也反证了马楚兄终弟及继承制度的长幼原则已被打乱。

弟长幼相继的原则，马希范之后应该由马希萼继位，马希萼之后才是马希广。按照马楚权力传承的惯例，即将继位的后任统治者一般在潭州任武安军副职，享有一定的处理军府事务的权力，这样，在潭州充当马希范副手的应该是马希萼而非马希广，但实际情况并非如此。由于马希范偏爱其同母弟马希广，由此导致了马希广与马希萼权力和地位的倒置，使得马希广凌驾于马希萼之上。史言马希广“性谨顺，希范爱之”,[①] 因而高居武安节度副使、天策府都尉、领镇南节度使等职，掌握着“判内外诸司事”的权力。本应居储贰之位的马希萼却被马希范任命为武平节度使，挂职知永州事，掌管朗州军政。从两人的权力和地位可以看出，实际掌握马楚军政大权的马希广已经对马希萼的继承地位构成了逼迫之势。这一局面的形成是马希范一手造成的，和其父马殷提高马希声的地位压制马希振势力的做法如出一辙，以致造成居次者掌握实际权力，形成对兄长的逼迫之势，兄弟相继继承制度的长幼原则因之隐藏着被再次打乱的危险。

与马希声和马希振时期的争夺不同，尽管马希广得到了马希范的支持扶助，却未能如马希声一样完全掌握马楚政局，这既与马希广的个人能力不足有关，同时也与马希萼的抗争有关。马希萼吸取当年马希振被马殷派至朗州任永顺节度使最终失去继承权的教训，在朗州积极筹备力量与潭州对抗。尽管马希萼因为马希范的居中控制而忍让不发，但实际上已经形成了与马希广对抗的势力集团，兄弟间的矛盾已十分尖锐，并在马希范死后迅速爆发。

天福十二年（947）五月，马希范薨，马希广与马希萼之间的权位之争迅速展开。尽管当时马希广已经控制了马楚的军政大权，但马希萼也是早有准备，并且占据法理上的优势。正是由于两人各有优势，马楚诸将也随之分为两派，对继承人的选用产生了激烈分歧：

> 都指挥使张少敌、都押牙袁友恭，以武平节度使知永州事希萼，于希范诸弟为最长，请立之；长直都指挥使刘彦瑫、天策府学士李弘皋、邓懿文、小门使杨涤皆欲立希广。张少敌曰：“永州齿长而性刚，必不为都尉之下明矣。必立都尉，当思长策以制永州，使帖然不

① 《资治通鉴》卷二百八十七，后汉天福十二年五月，第9360页。

动则可；不然，社稷危矣。”彦瑫等不从。天策府学士拓跋恒曰：“三十五郎虽判军府之政，然三十郎居长，请遣使以礼让之；不然，必起争端。”彦瑫等皆曰：“今日军政在手，天与不取，使他人得之，异日吾辈安所自容乎！”[①]

诚然，就当时的实际情况来看，马希广军政大权在握，事实上继承了马希范之位，但从法理而言，朗州的马希萼才是真正合法的继承者。由于得到了内牙军和天策府主流派的支持，同时又因“希广懦弱，不能自决”等原因，马希广最终被刘彦瑫等假称马希范之遗命越长取代马希萼继承了统治权，兄终弟及继承制度的长幼原则被再次打乱。

马希广的越长继立遭到了马希萼的强烈反对，双方随即围绕继承权展开长期争夺，马楚政权因之被严重削弱。首先，马楚政权内部分裂为朗州和潭州两个对立集团，尽管马希萼一度统一了两个地区，但马希萼主政后不久就发生了潭州兵变，朗州脱离潭州的控制，成为与潭州乃至南唐对立的藩镇，朗州的分裂使马楚政权的力量大为削弱。其次，朗州兵对潭州等地造成了严重的破坏，马殷以来积累的财富被洗劫焚掠，马楚经济遭到严重破坏：“朗兵及蛮兵大掠三日，杀吏民，焚庐舍，自武穆王以来所营宫室，皆为灰烬，所积宝货，皆入蛮落。”[②] 再次，在朗州与潭州的争斗过程中，马楚政权的军事、政治人才在混乱中死伤逃逸殆尽，马楚执政的人才力量大大削弱。最后，朗州集团与潭州马氏势力的纷争使得南唐有机可乘，为南唐势力进入湖南灭楚创造了条件。

总之，马楚兄终弟及继承制度是适应当时形势的产物，是马殷在客观形势下迫不得已的选择。主观而言，兄终弟及的继承制度在五代乱世中具有积极作用，对维持政权的稳定，防止外部势力的觊觎具有积极意义。但马殷制定的兄终弟及继承制度在马楚并没有得到真正意义的执行，虽然权力兄弟平行传承的原则得到了执行，但长幼原则却经常被打乱。长幼原则被打乱导致了马氏兄弟的长期内争，加速了马楚政权的分裂，为朗州土著势力的趁机崛起提供了条件，加速了马楚政权的灭亡。

---

① 《资治通鉴》卷二百八十七，后汉天福十二年五月，第9360页。

② 《资治通鉴》卷二百八十九，后汉乾祐三年十二月，第9445页。

第三节　马楚内争[①]

一　马楚内争的原因

后唐天成二年（927）八月，马殷正式建立楚王国，马氏政权在政治、经济、军事上达到顶峰。但兴盛之极同时就是衰落之始，盛极一时的马氏政权在马殷死后迅速衰落，最终在广顺元年（951）被南唐攻灭。马氏政权走向衰落的原因除了统治者的荒淫奢侈、经济崩溃之外，内争是其中主要的原因之一。马楚内争以马希声谮杀高郁为起点，以张文表叛周保权宋廷平湖湘为终点，几乎贯穿了整个马楚政权的始终。究竟是什么原因导致了马楚政权的长期内争？我们从外部环境、内部政治体制、继承制度、内争成员的地域分布等对此进行探讨。

马楚内争之所以在马殷统治后期开始出现，与马楚政权内外环境的改善密切相关。乾宁三年（896）马殷就任武安留后，掌握潭州政权时所辖仅潭州一地，湖南境内的其余诸州被其他割据势力控制，与马殷处于对立状态。对外，马殷所在的潭州政权处于内地，周边强敌林立，与淮南杨吴处于敌对状态，与南汉、荆南之间也常有冲突。潭州马氏政权实际上处于内忧外患之中，以马殷为首的潭州政权穷于应对内外危局，内争在这样的背景下缺乏发生的内外部条件。然而，随着马殷“上奉天子，下抚士民，内靖乱军，外御强藩”等措施的推行，潭州的危蹙局势迅速改善，军事力量急剧增强，辖域扩展到整个湖南和岭南的部分地区，经济上取得了非凡成就，政治地位急剧提升，出现了“国赖以富强，邻国皆疾之”、“地大力完，数邀封爵”、“马氏之强闻海内”的良好局面。在这样一种背景下，马楚政权的外部环境也得到彻底改善。

首先，与淮南的敌对关系暂时结束，进入睦邻时期。马楚与杨吴积怨甚深，两者在马殷当政前期屡屡兵戎相见，开平元年（907）、二年（908）、三年（909）、四年（910），乾化元年（911）、二年（912）、三

① 关于马楚内争这一问题，何灿浩《五代十国时期马楚内争中的三个集团及内争特征》（《宁波大学学报》2004 年第 2 期）、《试论五代十国时期南方诸国宗室内争的发生原因》（《浙江师范大学学报》2003 年第 1 期）等论文进行了较为全面的探讨，本书在这些研究成果的基础上，对马楚内争进行了再探讨。

年（913）、四年（914），贞明三年（917）、四年（918）、五年（919）两者都发生军事冲突（主要的军事斗争参见附录一）。但马楚与杨吴间的敌对关系因李昪在天成二年（927）执掌杨吴实权而暂时发生变化。李昪控制下的杨吴政权推行与周边诸政权睦邻友好的政策，以集中主要力量应对来自中原王朝的威胁：

> 钱氏父子，动以奉事中国为辞，卒然犯之，其名不祥；闽土险瘠，若连之以兵，必半岁乃能下。恐所得不能当所失也，况其俗怙强喜乱，既平之后，弥烦经防。唯诸马在湖湘间，恣为不法，兵若南指，易如拾芥，孟轲谓齐人取燕，恐动四邻之兵，徒得尺寸地而享天下之恶名，我不愿也。孰若悉舆税之入，君臣共为节俭，惟是不腆之圭币，以奉四邻之欢，结之以盟诅，要之以神明，四封之外，俾人自为守，是我之存三国，乃外以为蔽障者也。疆场之虞，不警于外廷，则宽刑平政得以施之于统内，男不失秉耒，女无废机织，如此数年，国必殷足，兵旅训练，积日而不试，则其气必倍，有如天启其意。①

由于李昪掌控下的杨吴改变了对周边政权的劫掠吞并政策，在与杨吴斗争中基本处于守势的马楚自然更不愿意挑起事端，两者关系出现转折。尽管天成三年（928）四月双方在岳州再次兵戎相见，但战争失利后的杨吴主动与马楚请和，从而宣告马楚与杨吴敌对关系总体结束。马楚与杨吴睦邻关系的形成对马楚具有非常重要的意义，它标志着马楚面对的最大威胁的暂时解除，马楚外部环境得到了根本改善，这对马楚经济的发展和稳固，对岭南疆域的控制具有十分重要的作用。

其次，与南汉结成联姻关系，两者间的疆域争夺暂时平息。马殷长期致力于向岭南扩展辖域，因而与南汉形成尖锐的矛盾，两者在马楚政权初期同样是兵戎相见。对马楚而言，与南汉的军事冲突有别于与杨吴的军事对峙，马楚在与南汉的斗争中处于主动地位，但这种军事扩张同样带来了外部局势的紧张，转移了马楚内部的矛盾，降低了马楚内争发生的概率。马楚与南汉的敌对关系不久也得到改善，乾化二年（912）五月，后梁王朝对长期混战不休的马楚与南汉进行调解："帝闻岭南与楚相攻，甲戌，

① 《钓矶立谈》，第9、10页。

以右散骑常侍韦戬等为潭、广和叶使，往解之。”[①] 结果南汉与马楚开始结束战争局面，转而进行联姻。乾化三年（913）十月，“高祖年二十八，将择偶，以楚新睦，欲结为婚姻，遂使如楚求后，武穆王许之”。[②] 贞明元年（915）八月，马楚与南汉正式联姻：“刘岩逆妇于楚，楚王殷遣永顺节度使存送之。”[③] 自此之后，马楚与南汉之间形成了一种基于政治婚姻的睦邻关系。

总之，在马殷统治后期，马楚对内完成了湖南境内及周边邻近地区的统一，铲除了其他异己势力，政治、经济、军事力量均得到迅猛发展，成为南方诸政权中的强势政权之一。对外与杨吴形成了睦邻关系，长期面临的军事压力得以缓解；与南汉结成了政治联姻，不仅稳定了对岭南各州的占领，而且结束了与岭南长期对峙的局面。此外，事大政策的确立为马楚赢得了来自中原王朝政治、军事支持。外部环境的改善为马楚进一步增强实力创造了条件，最明显的表现是马楚统治者政治地位和政治权力的节节攀升：开平元年（907），马殷被封为楚王，到开平四年（910）就建立了天策府、设置左右相，“总制二十余州，自署官吏，征赋不供”。[④] 天成二年（927）八月，马殷建国立制。马殷建国说明马楚在军事、经济、政治方面已经彻底摆脱了刚刚主政湖南时的窘迫局面，内外部环境得到了彻底改善。内外部威胁或者说竞争的消除使马楚成员开始着意于内部的权力争夺，高郁之被谮杀，马希声之取代马希振等均表明马楚内争已经明朗化。可以说，内外部环境的改善客观上为马楚内争的发生提供了条件。

马楚内争还与其家族式统治方式有关。马殷在逐步巩固自身统治的同时，在政治体制完善的过程中将原蔡州将士掌握的权力逐一剥夺，转而由马氏家族成员控制，最终实现了由蔡州集团联合统治到马楚家族式统治的转变，这主要表现在以下几个方面。

首先，以潭州督府为中心，将朗州、桂州藩镇的控制权逐步由原蔡州军将向马氏家族成员集中。潭州是马氏政权的政治中枢，由于其地位重要，以潭州为使府的武安节度使自始至终控制在马殷及马希声兄弟手中。

① 《资治通鉴》卷二百六十八，后梁乾化二年四月，第 8756 页。

② 《南汉书》卷七《后妃列传》，第 34 页。

③ 《资治通鉴》卷二百六十九，后梁贞明元年八月，第 8796 页。

④ 《旧五代史》卷一百三十三《马殷传》，第 1757 页。

自马殷开始，经马希声、马希范、马希广、马希萼、马希崇等统治者无一例外地以楚王的身份兼任武安节度使，潭州实质上一直控制在马氏成员手中。朗州永顺军最初由有让位之恩的张佶担任节帅，张佶之后，永顺节度使落到了马殷之弟马賨手中。自马賨开始，朗州节度使相继由马存、马希振、马希范、马希杲、马希萼、马光赞等人担任，成为家族式统治的典范。桂州藩镇是马殷在光化三年（900）打败静江节度使刘士政之后夺取的，随即任命原蔡州军将李琼为静江节度使。李琼之后，静江节度使相继由马存、马賨、马希彝、马希杲、马希瞻、马希崇等继任，同样贯彻着马氏家族统治的模式。

其次，马楚政权在天策府与王国官员的设置上同样贯彻了家族式统治的模式。开平四年（910），马殷在后梁王朝的允诺下建立天策府，马殷为天策上将军，具体事务的管理则控制在其弟马賨、马存手中："殷始开天策府，以弟賨为左相，存为右相。"[①] 天策府成为马氏兄弟掌握潭州政权的机构。天成二年（927）八月，马殷建国，虽然马楚王国的主要统治机构大多由其他异姓将领占据，"以姚彦章为左丞相，许德勋为右丞相，李铎为司徒，崔颖为司空，拓跋恒为仆射，张彦瑶、张迎判机要司"。[②] 但"普天之下，莫非王土；率土之滨，莫非王臣"。王国既然是家天下统治模式的典范，在其他异姓成员控制部分权力的同时，马氏家族成员牢牢掌握了从中央到地方的绝对统治权。马楚王国的建立虽然导致了统治机构的扩大，但并没有削弱马氏成员对政权的控制，相反，它是马楚家族式统治扩大和稳定的表现。事实上，王国庞大的管理体制不可能完全由马氏成员来控制，它掌握的只能是核心和要害。

内争是家族式统治的重要特征之一。为了巩固某一家族的统治，防止统治权力的丧失和实现家天下的永久持续，最高统治者总是要对威胁自身存在的势力进行打击，削弱甚至消灭对手，由此不可避免地出现权力的争夺。在古代社会，这种统治集团内部的斗争主要表现为皇权与相权的斗争；在家族内部，觊觎最高统治权者比比皆是，由此形成皇族内部的皇位之争。可以说皇权与相权之争，皇族内部对皇权的争夺是家族式统治的重要特征。马楚王国建立之后，相应地出现了王权与相权、王族内部的王权

① 《资治通鉴》卷二百六十七，后梁开平四年六月，第 8724 页。

② 《资治通鉴》卷二百七十六，后唐天成二年八月，第 9008 页。

之争，其中尤以王族内部的争夺最为明显。

兄终弟及继承制度遭到破坏是导致马楚内争的另一重要原因。马殷临终遗令诸子兄弟相继，确立了兄终弟及的继承制度。但这一制度在马殷制定时就已经埋下了兄弟争权的祸根，尽管马希声凭借掌握的权力迫使兄长马希振屈服，却开了打破兄弟长幼相继原则篡夺统治权的恶例，导致了马希范等人的不满和争夺。虽然马希范迫于马希声实力强大而未能与之进行全面对抗，但导致了后来马希范对马希声同胞兄弟乃至希声母袁氏的迫害，从某种意义上说这是马希声与马希范内争的继续。马希范之后，马希广越兄马希萼继立，引起马希萼的不满，两者围绕权位进行了长期争夺，马楚政权在此过程中分裂为潭州和朗州两个势力集团，朗州土著势力也趁机崛起。以马希萼为首的朗州集团最终打败了以马希广为首的潭州集团，夺取了最高统治权。潭州与朗州势力集团的争夺虽然暂时结束，但内争的余波继续存在，马希萼当政之后不久，朗州土著势力发动潭州兵变，王逵、周行逢等人率朗州部分将士逃归朗州，形成了新的潭朗集团。在马氏兄弟内争的过程中，南唐趁机介入，使得马楚内争更加激烈。

马楚内争还与其统治者的人品及执政作风有关。马楚政权除了第一任统治者马殷为政勤勉之外，其后继者大多骄奢淫逸。马殷“诸院公子，长幼各八百余人，皆以侈靡放荡为务，识者多非之，公子之徒，闻而且恐”。[①]“湖南帅马希声，在位多纵率。”[②]“武安、静江节度使马希声闻梁太祖嗜食鸡，慕之，既袭位，日杀五十鸡为膳；居丧无戚容。庚申，葬武穆王于衡阳，将发引，顿食鸡数盘，前吏部侍郎潘起讥之曰：‘昔阮籍居丧食蒸豚；何代无贤！’”[③]马希范更是奢靡无比，“自近古以来，诸侯王之奢僭，未有如此之盛者也”[④]。马希萼在位时“多思旧怨，杀戮无度，昼夜纵酒荒淫，悉以军府事委马希崇”。[⑤]统治者的为政腐朽导致了马楚经济发展的缓慢、停滞乃至衰退，最终导致了马楚经济的崩溃，这一点在马希范治理时期表现得尤为突出。马希范统治后期就出现了“用度不足，

① 《三楚新录》卷一，第4页。

② 《太平广记》卷一百二十四《报应二十三·沈申》，第875页。

③ 《资治通鉴》卷二百七十七，后唐长兴二年十二月，第9063页。

④ 《三楚新录》卷一，第2页。

⑤ 《资治通鉴》卷二百九十，后周广顺元年三月，第9458页。

重为赋敛。每遣使者行田，专以增顷亩为功，民不胜租赋而逃。"[①] "湘中自马氏擅国，计丁输米，身死产竭不得免。"[②] 经济局面窘迫。为政奢靡腐朽不仅导致了马楚经济迅速崩溃，更主要的是导致了马楚政风的败坏，从而不可避免地导致内争的发生。因为奢侈腐化、执政腐败与争夺斗争从来就是孪生物，统治者一旦纵情声色，沉溺于享乐，执政能力和水平就会大幅降低，他们无心更无力致力于处理政务。这种情况下往往政治腐败，弊政丛生，各种势力乘机窃取权势，最终威胁统治者的地位，而统治者为了防止其他势力威胁自己，往往采取各种手段事先加以防范，大肆杀戮和株连，宗室内部争夺因而不可避免。马希声取代马希振，逼其出家为道；马希范进兵桂州威慑马希杲，最终毒杀马希杲于朗州；马希广与马希声长达三年的内战；马希崇"乘其衅而作乱，擒希萼而囚于衡阳"等事实都证明了这一点。

二 马楚内争的特点

内争是五代十国时期各政权内部比较常见的现象，马楚、吴越、南汉等政权内部都出现过激烈的内争。马楚内争以高郁被谮杀为起点，以张文表叛周保权，宋廷平湖南为终点，基本贯穿了整个马楚政权始终。那么，马楚内争具有什么样的特点呢？

第一，基于地域的集团性。五代十国时期各政权内部都存在过内争，内争实际上是不同势力集团的利益之争，集团性是内争的重要特点之一。马楚内争既具有集团性的特点，同时这些利益集团又往往存在以地域划分的特点，形成了基于地域划分的内争集团，这是马楚内争的第一个主要特点。

马楚内争始于马殷统治末期，当时马希声身为武安节度副使，知政事并总录内外诸军事，地位权势虽然颇高，却并不能完全摆脱马殷控制："国政先历希声，乃闻于殷。"[③] 马希声对此并不满足，故而对马殷的得力干将高郁下手。马希声谮杀高郁有两个目的：一是夺取高郁掌握的军权，加强自身实力，削弱马殷对自己的控制能力；二是打击以高郁为首的异姓

① 《资治通鉴》卷二百八十三，后晋天福八年十二月，第 9259 页。

② 《宋史》卷三百三十一《韩贽传》，第 10666 页。

③ 《资治通鉴》卷二百七十六，后唐天成四年三月，第 9028 页。

势力，巩固马氏在潭州的家族式统治。高郁是马殷开创马楚基业的重要谋士，因其功勋卓著，故在马楚政权内掌握了相当的政治、军事、经济权力。史言“郁与武穆俱起行阵，郁贪且僭，常以所居之井不甚清澈，思所以澄汰之，乃用银叶护其四方，自内至外皆然，谓之‘拓里’，其奉养过差，皆此类也”。[①] 高郁能如此奢靡说明其地位甚高，事实上，高郁可能形成了与马氏诸子相对立的势力，这在马殷建国之时就有体现：“马殷所恃以为国者高郁也，建国置官，郁不与焉，何也？岂殷诸子已有忌郁之心欤？”[②] 马希声在诛杀高郁的同时“并诛其族党”也说明高郁确实结成了一定的势力。当然，马希声与高郁等的斗争主要是对军政权力的争夺，虽有集团性的雏形却无地域性特征。

马希声为政时间短暂，内争主要表现在马氏兄弟的争斗上，虽不十分明显，但已经完全转入马氏家族内部。马希范继承统治之后，马楚内争依然存在，主要表现在马希范先是逼死马希旺，继而出兵桂州，迁马希杲于朗州，在开运二年（945）将其毒死。马希声时期及马希范统治前期的内争局限于马氏内部成员之间的争斗，由于这种内争主要表现为马氏成员个体与楚王的争夺，没有形成相应的内争集团，故而内争的规模不大，结果都以楚王的胜利而告终。马楚内争在这一时期显现出频繁但相对平稳的特点。

马氏统治集团内部内争集团的真正形成是在马希范统治后期。兄终弟及继承制度在推行过程中大打折扣，长幼原则被破坏，马希振被逼弃官入道，马希旺被逼死，马希杲在朗州被毒杀等都给马氏成员很大的震撼。身为朗州节度使的马希萼基于兄终弟及继承制度已遭破坏，自己继承人地位难保的现实，为争夺继承权进行了长期准备。按兄终弟及的长幼继承原则，马希萼是马希范之后的法理继承人，但马希范的安排表明自己的继承人地位根本无保障，明显受到了马希广的威胁。马希广因“性谨顺，希范爱之”等原因而占据了武安节度副使、天策府都尉、领镇南节度使等职，掌握着“判内外诸司事”的权力，而真正合法的继承者马希萼却外任为朗州节度使。在这样一种背景下，身居朗州的马希萼积极筹备力量，形成了与潭州并立的朗州势力集团。尽管朗州集团实际上已经形成，但其

① 《五代史补》卷三《马希范杀高郁》，《文渊阁四库全书》第407册，第661页。

② 《资治通鉴》卷二百七十六，后唐天成二年八月胡注，第9008页。

与潭州的对立尚未明朗。马希范死后，朗州与潭州的对立凸显，张少敌反对立马希广的事实证明了此点：“永州齿长而性刚，必不为都尉之下明矣。必立都尉，当思长策以制永州，使帖然不动则可；不然，社稷危矣。”[①] 朗州集团的形成及其与潭州势力的对抗标志着马楚内争的扩大，由楚王与其家族成员的争夺发展为以楚王为首的潭州集团和以朗州节度使为首的朗州集团的对抗。潭州集团和朗州集团的对立形式上表现为马希广与马希萼之间的对立，但就其本质而言，朗州集团实际上包含了大量朗州土著势力，是朗州势力崛起的表现。朗州土著势力进入朗州集团不仅为其自身的崛起创造了条件，而且为后来潭州兵变的发生埋下了伏笔，同时也是朗州土著势力恢复对马氏旧地统治的重要原因。

以马希广为首的潭州集团和马希萼为首的朗州集团争夺的结果是马希广兵败身死，马希萼入掌潭州政权。乾祐三年（950）十二月，马希萼率兵攻入潭州，以马希广为首的潭州集团成员死伤殆尽，潭州落入了以马希萼为首的朗州集团的控制之下：“湖南要职，悉以朗人为之。”[②] 马希萼所率领的朗州势力进入潭州后，马楚暂时统一在以马希萼为首的新潭州集团的旗帜下，其成员实际上是来自朗州的马希萼旧部及朗州土著力量。马希萼入主潭州前后，参与纷争的朗州土著势力在这一过程中发展了相当的军事力量，劫掠了大量财物，以王逵、周行逢为首的朗州土著势力实际上与以马希萼为首的马氏政权形成了对抗之势，土著势力脱离马氏家族统治的要求日益强烈。以马希萼为首的新潭州集团生活荒淫，为政腐朽，朗州土著势力趁机发动潭州兵变。王逵、周行逢等率原部分朗州将士逃归朗州，废马希萼之子朗州留后马光赞，另立马希萼兄子马光惠，王逵、周行逢等掌握实权，新的朗州集团于是形成。可以看出，新朗州集团实际上是从新潭州集团内部分裂出来的，是以朗州土著势力为核心的朗州土著集团。新潭朗集团的对峙实际上是马氏势力集团与朗州土著势力集团的对立。

旧潭朗集团间的斗争在本质上是马氏兄弟间的权力之争，体现了马氏族属间内争的特征。新潭朗集团的形成和对立表明马楚政权内部的内争形式开始出现变化，由马氏族属内部之争转向马氏与异姓的争夺。一方是以马希萼为首的新潭州势力，另一方则是以王逵、周行逢、刘言等为代表的

① 《资治通鉴》卷二百八十七，后汉天福十二年五月，第9360页。

② 《资治通鉴》卷二百八十九，后汉乾祐三年十二月，第9446页。

新朗州势力。新朗州势力不仅是以朗州为中心形成的势力集团，其成员与朗州地域也有密切关系。新朗州集团形成之际的主要成员有王逵、周行逢、何敬真、张倣、蒲公益、朱全琇、宇文琼、彭万和、潘叔嗣、张文表十人，其中，周行逢、王逵、潘叔嗣、张文表、何敬真等朗州集团的主要人物均是朗州人，其余五人虽因史料记载不详而无法确知其籍贯，但他们与王逵等交结甚早，关系紧密，实际上与朗州存在密不可分的关系，因而新朗州集团实际上是以朗州籍成员为主的势力集团。新朗州集团与新潭州集团的对立在本质上是朗州土著集团与外来的马氏集团的争斗，这种争斗是马楚政权总发展历程的反映，是湖湘土著势力重新恢复对旧地控制的过程。

在新旧潭朗集团形成，马楚内争由族内转向族外的同时，马氏族属内部的斗争继续进行，这主要体现在新潭州集团的再次分裂上。马希萼主政潭州之后，实际权力逐渐落到马希崇手里，广顺元年（951）九月，马希崇利用第二次潭州兵变的机会将马希萼赶下台，控制了潭州军政。而被马希崇放逐至衡山的马希萼则被彭师暠等另立为衡山王，从而形成了衡山与潭州的对立。至此，马楚实际上形成了潭州、衡山、朗州三者并立的局面，而潭州与朗州、衡山均存在争夺，马楚内争在形式上进一步扩大。由于新潭州集团的分裂，其势力进一步衰微，新朗州集团趁机对其发动进攻，湖湘土著集团对外来马氏集团的斗争开始。以马希崇为首的潭州马氏势力无法抵挡朗州土著力量的进攻，不得不求助于南唐，企图通过与外部势力的联合打败朗州土著力量。南唐趁机遣边镐和刘仁赡东西夹击，最终在广顺元年（951）十月吞灭马楚，潭州政权与衡山集团的势力瓦解，马氏政权灭亡，马氏族属内部的内争至此结束，以马氏为首的潭州势力与新朗州的争夺就此告终。随后，朗州刘言驱逐了南唐势力，重新控制了马氏除岭南之外的故地，开始了朗州土著势力进行统治的后马楚政权。然而，正如马氏家族统治时期出现内争一样，朗州土著势力统治下的后马楚政权同样存在内争，并且同样形成了潭州与朗州势力集团，刘言、周行逢、王逵等以此为中心进行了长期争斗，直至北宋攻取湖南。后马楚政权内争的具体情况前文已详述，此不赘。

第二，长期性。马楚内争从马希声谮杀高郁开始持续至张文表叛周保权、赵宋收复湖南，贯穿了马楚政权的始终，可以说是五代十国各政权内争的典型代表。马楚内争基本沿袭了这样一个过程：马氏家族式统治建立过程中的马氏宗族成员与异姓的争夺，主要表现为异姓的蔡州军将权力被剥夺，马氏兄弟掌握了对潭州、朗州、桂州三大藩镇系统的控制。开平四年（910）马氏家族统治建立之后，内争既表现为马氏成员与异姓掌权势力的斗争，如高郁兵权被夺，族党被诛杀。更主要的表现为兄弟相残和兵戎相见，前者主要表现在马希声逼兄马希振弃官为道，马希范逼死马希旺、毒杀马希杲；后者主要反映在马希广与马希萼长达三年的军事斗争上。家族式统治瓦解之际，马楚内争呈现出族属之争和马氏与异姓争夺的双重特点，这主要反映在新潭朗集团的对峙和衡州势力的形成上。广顺元年（951）边镐灭楚，马氏家族式统治随之结束，其族属内部的内争不复存在，取而代之的是后马楚政权时期的军将内争。刘言之被杀、王逵之败死、潘叔嗣之被斩、张文表之叛等都是军将内争的集中反映。总之，内争伴随了马楚政权的始终，尽管内争的形式先后发生过变化，但内争的历程却从未停止。

第三，多变性。马楚内争具有多变性，这主要表现在以下几个方面。首先，内争形式具有多变性。马楚内争经历了一个由马氏族属成员与异姓间的争夺、马氏宗室内部成员之争、宗室内争及马氏族属与异姓纷争混合、异姓纷争等形式。其次，马楚内争的主体具有多变性。既有马氏兄弟之间斗争，也有主将间的矛盾冲突，以及军将之间的纷争，等等。

第四，军事性。军事性是马楚内争最显著的特点之一。马希声与高郁间的冲突实际上是对军事权力的争夺。在马希声的一再要求下，马殷被迫解除高郁掌握的军事权力，而军事权力的丧失加速了高郁的灭亡。同时也正是因为军事权力的加强，马希声才能取代马希振继承统治权。至于后来发生的宗室内争，无论是马希旺的忧惧而亡，还是马希杲在大军压境下被迫内迁朗州及至被毒死，其背后都反映出了军事权力在内争中所起的作用。马希广与马希萼长达三年的军事斗争，则更集中反映了马楚内争军事性的特点。后马楚政权时期的内争集中体现为军将之间的军事冲突，其结果往往以某军事将领的被杀或战亡结束，内争所具有的军事性特点更加明显。

第五，杂糅性。马楚内争还具有一个与其他政权内争明显的不同点，那就是内争成分的杂糅性。马楚控制下的湖南及邻近地区民族成分复杂，在马楚内争的过程中，其他少数民族以某种方式或主动或被动地参与进来，从而导致马楚内争民族成分的杂糅。少数民族参与马楚内争在马希广和马希萼的争夺过程中表现得尤为明显。乾祐二年（949），马希萼进攻马希广遭遇仆射洲之败，狼狈逃归朗州，感觉自身实力过弱，于是引诱少数民族参与内争："马希萼既败归，乃以书诱辰、溆州及梅山蛮，欲与共击湖南。蛮素闻长沙帑藏之富，大喜，争出兵赴之，遂攻益阳。楚王希广遣指挥使陈璠拒之，战于淹溪，璠败死。"[1] 随后，"马希萼又遣群蛮攻迪田，八月，戊戌，破之，杀其镇将张延嗣。楚王希广遣指挥使黄处超救之，处超败死"。[2] 正是由于借助了蛮兵的力量，马希萼才节节胜利，最终打败马希广夺取了马楚的领导权。蛮兵参与内争给马楚政权带来了严重的灾难。首先是潭州府库被蛮兵洗劫一空，马楚经济遭到沉重打击："马希萼镇湖南，属马希广破城之后，溪洞蛮军纵兵发火，向时府署廨舍连闼洞房焚荡俱尽，积世府库所畜（蓄）皆为蛮兵剽掠，所存空城而已。"[3] 潭州作为马楚政权的政治中心，遭此浩劫之后地位迅速衰落，最终导致马楚政权的统治中心北移至朗州。其次，蛮兵参与马楚内争在一定程度上增长了蛮兵的力量，导致其跋扈难制，增加了马楚政权的不稳定因素："马希萼之帅群蛮破长沙也，府库累世之积，皆为溆州蛮酋苻彦通所掠，彦通由是富强，称王于溪洞间。"[4] 很明显，以苻氏为首的蛮兵通过参与马楚内争，不仅通过掠夺积蓄了大量财富，而且发展了军事力量，正因如此，苻氏才敢称王于溪洞间。尽管苻彦通在王逵统治时期因王虔朗的威逼利诱而放弃王号归顺后马楚政权，却仍占据着黔中节度使的要职，实力不弱。王逵等进击潭州驱逐边镐势力时，还不得不对其加以防范："诸将欲召溆州酋长苻彦通为援，行逢曰：'蛮贪而无义，前年从马希萼入潭州，焚掠无遗。吾兵以义举，往无不克，乌用此物，使暴殄百姓哉！'乃止。然亦畏彦通为后患，以蛮酋土团都指挥使刘瑫为群蛮所惮，补西境镇遏使以备之。"[5]

三　马楚内争的影响

内争是五代十国时期各政权普遍存在的现象，从某种意义来说，内争

① 《资治通鉴》卷二百八十九，后汉乾祐三年六月，第 9425 页。
② 《资治通鉴》卷二百八十九，后汉乾祐三年八月，第 9426 页。
③ 《册府元龟》卷四百五十二《将帅部·识暗》，第 5362 页。
④ 《资治通鉴》卷二百九十二，后周显德元年十一月，第 9520、9521 页。
⑤ 《资治通鉴》卷二百九十一，后周广顺二年九月，第 9483、9484 页。

是当时各朝邦间激烈的外部冲突和斗争在各政权内部的延续，同样反映了五代十国时期混乱的现实。马楚内争在时间上几乎与五代历史相始终，对马楚政权也产生了深远影响，给其带来了灾难性后果。

首先，内争延缓甚至打断了马楚政权的发展进程。马楚内争始于马希声矫父命谮杀高郁，尽管他根本的目的是夺取高郁掌握的军事权力，增强自身实力以夺取继承权，巩固马氏家族的统治，但高郁被杀却给处于上升时期的马楚政权以致命一击。高郁是马殷的重要谋士，为马楚政权的稳定、发展做出了巨大贡献："马殷所恃以为国者高郁也。"[①] 马殷在其辅佐下取得了政治、经济、军事上辉煌成就，成为"地大力完，数邀封爵"、"邻国皆疾之"的强势政权。高郁被马希声谮杀之后，马楚政权"自是军中之政，往往失序，识者痛之"。[②] 高郁在马楚政权政治、经济、军事等方面都有不凡表现，其被杀给马楚政权带来了十分不利的影响，所谓"军中之政，往往失序"只不过是对高郁被杀最严重后果的概述而已。高郁被杀之后，马楚政权初期蒸蒸日上的局面改变，盛极一时的马楚政权从政治、经济、军事的顶峰逐渐走向衰落。

其次，内争导致了马楚政局的长期动荡。军事性是马楚内争的主要特征，几乎贯穿马楚始终的内争实际上就是马楚长期军事斗争或者军事政变的历史。马希声逼夺高郁军权，马希范出兵桂州，逼马希杲内迁朗州并将其毒死，马希广与马希萼长达三年的军事对峙，后马楚政权时期接二连三的军事政变等都说明了此点。长期的军事冲突和频繁的军事政变耗费了马楚的军事、经济实力，导致了马楚局势的混乱和政权分裂。少数民族趁机参与内争更加剧了马楚政局的混乱："朗兵及蛮兵大掠三日，杀吏民，焚庐舍，自武穆王以来所营宫室，皆为灰烬，所积宝货，皆入蛮落。"[③] "马希萼之帅群蛮破长沙也，府库累世之积，皆为溆州蛮酋苻彦通所掠，彦通由是富强，称王于溪洞间。"[④]

再次，内争导致了马楚政权的分裂与灭亡。马希范统治后期，马希萼鉴于内争不断和继承地位难保的现实，在朗州积极筹备力量，吸收朗州土

① 《资治通鉴》卷二百七十六，后唐天成二年八月胡注，第 9008 页。

② 《五代史补》卷三《马希范杀高郁》，《文渊阁四库全书》第 407 册，第 661 页。

③ 《资治通鉴》卷二百八十九，后汉乾祐三年十二月，第 9445 页。

④ 《资治通鉴》卷二百九十二，后周显德元年十一月，第 9520、9521 页。

著势力，形成了与潭州并立的朗州势力集团，尽管在马希范时期未公开对峙，但马楚实际上已经蕴含着分裂的因素。这种分裂因素包含两个方面的内容：一是潭州集团与朗州集团潜在的对立冲突；二是朗州集团内部马氏势力集团与朗州土著势力也存在对立因素。马希范死后，马希广与马希萼之间的矛盾尖锐化，潭朗两个集团全面对立并展开战争，马楚政权在事实上分裂为潭州和朗州两部分。马希萼占领潭州之后，原来蕴含在朗州集团内部的马氏统治集团与朗州土著集团的矛盾迅速凸显，朗州土著势力与马氏家族集团的斗争随之展开。以王逵、周行逢等人为代表的朗州土著力量发动潭州兵变，脱离了马氏家族集团的控制，从而在马楚政权内部形成了朗州土著集团与马氏家族统治集团的对立，即新潭州集团和新朗州集团的对立。与此同时，马氏家族统治集团内部的斗争并没有停息，不久发生了马希崇等人的第二次潭州兵变，马氏家族统治集团内部分裂出衡山集团，马楚因之形成了潭州、朗州、衡山三大势力并立对峙的局面。正是由于马楚内部的一再分裂，实力急剧削弱，南唐才有机可乘，最终在后周广顺元年（951）吞并了马楚。后马楚政权时期其内部同样分裂为潭州、朗州等势力，虽然在周行逢时期政局相对稳定，但内争的因素依然存在。周行逢死后，张文表反叛其子周保权，一度隐匿的内争再度暴露。后马楚政权张文表的内争为北宋王朝出兵攻取湖南提供了绝好的机会，正是在周保权等人求师对付张文表反叛之际，宋廷轻而易举地攻下荆南，收复湖南。

最后，内争导致了马楚统治者的猜疑诛杀和生活的奢侈糜烂。内争的紧迫环境使当权者长期处于一种自我防备状态而缺乏安全感，为了杜绝对手的挑战，马楚统治者往往通过诛杀手段来铲除已经存在或潜在的内争对手。马希旺之忧死，马希杲之被毒杀，马希广之被赐死，刘言之被杀，王逵之败死，潘叔嗣之被斩等都集中反映了这一点。马希萼“多思旧怨，杀戮无度”。[①] 周行逢“多猜忌，好发人阴事，故麾下将帅恐其不免，多有谋叛。而行逢亦能预为之备，往往事未发而诛，于是公府凛然，人见之者若覆冰雪霜”。[②] 都是猜疑和果于诛杀的典型。同时，通过内争上台的统治者往往形成一种贪图享乐、为政荒淫的作风，马希声、马希范、马希广及马希萼等统治者当政时无一例外。统治者生活的奢靡淫乱在一定程度

① 《资治通鉴》卷二百九十，后周广顺元年三月，第9458页。

② 《三楚新录》卷二，第6页。

上导致了马楚经济的崩溃，加速了马楚政权的灭亡。

从五代十国历史由分裂走向统一的角度来考虑，马楚内争对北宋基本统一局面的形成在客观上具有一定积极作用。马楚政权在马殷时期是南方的强势政权之一，但在内争的不断损耗下，马楚在政治、经济、军事等方面全面衰落，最终分裂为潭州、朗州、衡山三股力量。南唐利用马楚力量削弱，朗州土著势力发动对马氏家族集团进攻的有利时机，于后周广顺元年（951）出兵灭楚。虽然南唐统治湖湘的时间不足一年，但南唐的进入打断了马楚政权发展的历程，结束了马氏家族集团在湖湘的统治，严重削弱了湖湘地区的军事、经济力量。在南唐浩劫之后建立的后马楚政权虽然在形式上继承了马氏政权时期除岭南之外的绝大部分疆域，政治、经济等方面也沿袭马氏政权之旧，但力量已大不如前，彻底沦落成为一个由当地土著力量控制的藩镇。在中原王朝力量不断加强，混一天下的趋势和决心日益明显的情况下，后马楚政权却依然内争不断，实力继续削弱，这注定其只能苟延残喘。周行逢死后，衡州张文表起兵反叛继位的周保权，周保权请兵于赵宋，这为北宋王朝出兵并收复湖湘提供了绝好的时机。正是在这样一种背景下，宋兵大军压境，抵抗无果的周保权被迫纳土归宋。显然，无论是马氏政权时期还是后马楚政权时期，内争在客观上削弱了马楚政权自身的力量，为北宋统一湖湘，结束五代十国的分裂局面创造了条件。

第四节　民族羁縻政策

马楚政权辖域内的民族成分比较复杂，民族分布相当广泛，在今湖南西部、北部及南部地区生活着苗族、瑶族、土家族等少数民族的先民。文献记载通常将这些少数民族称之为蛮、僚、瑶等，同时根据以居住地冠名的原则，生活在某一地区的少数民族被称为某某蛮、某某僚或某某瑶。马楚辖域内主要存在武陵蛮、石门蛮、辰州蛮、锦州蛮、溪州蛮、溆州蛮、奖州蛮等少数民族，他们在湖南境内大体是这样分布的：武陵蛮主要生活在今湖南北部的常德地区，他们在雷满父子时期拥有相当大的势力，屡次与马殷争战，后被马殷控制。今湖南西部地区是马楚蛮族分布的主要地带，生活着辰州满、溆州蛮、奖州蛮、锦州蛮、溪州蛮等少数民族，他们是今湘西土家族、苗族的先民，也是马楚民族关系最为复杂，民族羁縻政策的主要推行区域。今湖南南部的永州、郴州等地分布着道州蛮、零陵蛮等，他们是今瑶族的先民。此外，在湖南中部地区尚有飞山蛮、梅山蛮等蛮族活动，但人数较少，影响不大。上述诸多蛮族中，生活在今湘西地区的五溪蛮对马楚政权的影响最大，与马楚政权的关系最为紧密。

一　溪州之战

五溪蛮是指生活在今沅江流域的渠水（樠溪）、潕水（潕溪）、巫水（雄溪）、辰水（辰溪）、酉水（武溪）五条支流所流经区域的众多少数民族，大体分布在今湖南怀化市、张家界市、湘西自治州、黔东北、黔东南地区和渝东南地区，按照以地域冠名的原则，生活在五溪流域的少数民族被通称为五溪蛮："武陵有五溪，谓雄溪、樠溪、无溪、酉溪、辰溪其一焉。夹溪悉是蛮左所居，故谓此蛮五溪蛮也。"① 五溪蛮是对生活在这一区域蛮族的总称，实际包括辰州蛮、溆州蛮、奖州蛮、锦州蛮、溪州蛮等诸多蛮族。

马楚政权时期五溪地区的主要统治者是来自江西的彭氏一族。彭氏进入湖南，称霸五溪经历了一个长期的过程。天祐三年（906）十二月，赤石洞蛮酋、吉州刺史彭玕迫于杨吴的强大压力，被迫投靠马殷。在马殷的支持下，彭玕得以继续留镇吉州。彭玕还一度联合楚兵攻打洪州，对抗杨吴，成为马殷牵制杨吴的重要力量。开平三年（909）七月，势力孤弱的彭玕因无法抵挡杨吴的进攻，被迫放弃吉州，率部进入湖南："吉州刺史彭玕率数千人奔楚，楚王殷表玕为郴州刺史，为子希范娶其女。"② 彭玕进入湖南后，其弟彭瑊在翌年也自江西进入湘西地区："吴水军指挥使敖骈围吉州刺史彭玕弟瑊于赤石，楚兵救瑊，虏骈以归。"③ 这是吉州彭氏从江西进入湖南的经过。进入湘西的彭瑊凭借马楚统治者的支持和从江西辗转而来的旧部，在五溪地区不断发展力量，成功驱逐了当地占统治地位的土著势力首领，掌握了对湘西地区的统治权："其先有老蛮头吴著冲，今邑之本城洗罗、辰旗、董补、洛塔、他砂诸里皆其世土。因延江西吉水县彭氏助理，彭氏以私恩结人心，日渐强盛。至彭瑊，谋逐著冲……瑊于梁开平年间归顺，命为溪州刺史，子彦晞（即士愁）为靖边都指挥使，

---

① 《水经注》卷三十七《沅水》，第703页。

② 《资治通鉴》卷二百六十七，后梁开平三年七月，第8715页。

③ 《资治通鉴》卷二百六十七，后梁开平四年六月，第8724页。

守溪州刺史。”[①] 可以看出，在彭瑊的努力下，彭氏家族实际上已经实现了对五溪地区的控制。随后，彭瑊之子彭士愁、士愁之子师暠相继成为五溪地区的首领人物，彭氏在湘西的地位进一步稳固。宋人路振对彭士愁时期溪州的地域范围及影响进行了形象描述：“其地西接牂柯、郁林，南抵桂林、象郡，东北控制澧、朗，方数千里。山水险恶，舟车不能通，其蛮有六种，盤氏为大，即槃瓠之种也。俗无文法，约束系于酋长。当士愁之世，昆弟强力，多积聚，故能诱胁诸蛮皆归之。统兵万余人，春夏则营种，秋冬则暴掠。而长沙四境，最被其恶。”[②] 从上引材料可以看出，彭氏所控制的五溪地区范围很广，民族成分复杂，地理位置险要，彭氏一族在此影响很大。同时还可以知道，尽管彭氏在进入湖南、控制湘西的过程中得到了马楚政权的大力支持，但彭士愁统领下的溪州各族却并没有给马楚西部边境带来安宁，反而经常遭到以其为首的溪州蛮族的侵犯，“长沙四境，最被其恶”，这导致了两者关系的恶化和溪州之战的爆发。

溪州之战的爆发与马楚力量的削弱及彭氏在溪州地位的稳固有关。在马殷时期，彭瑊依靠马氏政权的支持进驻五溪地区，由于进驻时间短暂，自身实力有限，同时又遭到当地土著势力的抵制，根基不稳的彭瑊需要潭州势力的支持，因而与潭州的关系十分融洽。马殷还为其子马希范娶彭玕之女为妻（即顺贤夫人），两者之间结成了姻亲关系。由于姻亲关系的存在和马殷统治下的马楚政权相对强大，五溪地区与马氏政权维持了一种良好的关系，但溪州彭氏对潭州的恭顺态度很快因其地位的稳固和马楚政权的衰落而结束。溪州地区发展到彭士愁控制时期，其地位已经十分稳固，势力也颇为强大。与此相反，马殷之后的马楚政权却日趋混乱，发展到马希范时期更加明显：

> 楚王希范，奢欲无厌，喜自夸大。为长枪大槊，饰之以金，可执而不可用。募富民年少肥泽者八千人，为银枪都。宫室、园囿、服用之物，务穷侈靡。作九龙殿，刻沉香为八龙，饰以金宝，长十余丈，抱柱相向；希范居其中，自为一龙，其襆头脚长丈余，以象龙角。
>
> 用度不足，重为赋敛。每遣使者行田，专以增顷亩为功，民不胜

① 《龙山县志》卷六，转引自谢华《湘西土司辑略》，岳麓书社 2008 年版。

② 《九国志》卷十一《彭师暠传》，第 116 页。

> 租赋而逃。王曰："但令田在，何忧无谷！"命营田使邓懿文籍逃田，募民耕艺出租。民舍故从新，仅能自存，自西徂东，各失其业。又听人入财拜官，以财多少为官高卑之差。富商大贾，布在列位。外官还者，必责贡献。民有罪，则富者输财，强者为兵，惟贫弱受刑。又置函，使人投匿名书相告讦，至有灭族者。
>
> 是岁，用孔目官周陟议，令常税之外，大县贡米二千斛，中千斛，小七百斛；无米者输布帛。①

马希范的腐朽统治严重削弱了马楚政权的力量，掏空了马楚政权的经济基础，加速了其经济的衰败和崩溃。政治上，兄终弟及继承制度再次遭到破坏，马希广和马希萼结成各自的势力集团而对峙，马楚面临分裂的危险。天策学士拓跋恒概括了当时马楚面临的局势："淮南为仇雠之国，番禺怀吞噬之志，荆渚日图窥伺，溪洞待我姑息。"② 尽管拓跋恒所言反映的主要是马希范统治末年的情况，但马楚政权内忧外患局面的形成绝非一日之功，它是马希范长期当政腐败造成的恶果。马楚势力的衰退削弱了它对溪州彭氏的震慑与控制，在一定程度上引发了溪州彭氏的反叛之心，在客观上为溪州的劫掠和反叛提供了机会。

溪州彭氏的反叛与两者姻亲关系的结束也存在一定的关系。在马殷时期，潭州马氏与溪州彭氏结成了姻亲关系，这种姻亲关系成为维系潭州与溪州友好关系的纽带，对马楚政权控制溪州地区具有重要作用。然而，潭州与溪州之间的联姻关系在天福三年（938）因顺贤夫人的逝世而打断。姻亲关系的断裂和自身实力的增长使得溪州彭氏无所顾忌，彭士愁趁马楚政权经济崩溃、内争激烈的有利时机举起了反楚大旗。

天福四年（939）八月，身为溪州刺史的彭士愁起兵反楚："黔南巡内溪州刺史彭士愁引奖、锦州蛮万余人寇辰、澧州，焚掠镇戍，遣使乞师于蜀；蜀主以道远，不许。"③ 潭州政权尽管已无马殷在位时的辉煌，但对溪州的反叛还是迅速采取了军事应对措施。九月，马希范命左静江指挥使刘勍、决胜指挥使廖匡齐率衡山兵五千讨伐彭士愁。刘勍、廖匡齐等率

---

① 《资治通鉴》卷二百八十三，后晋天福八年十二月，第 9258、9259 页。

② 同上书，第 9259 页。

③ 《资治通鉴》卷二百八十二，后晋天福四年八月，第 9207 页。

军直扑溪州，彭士愁统领下的溪、奖、锦等州虽然势力比较强大，但潭州政权对溪州彭氏在各方面依然具有绝对优势，在刘勍、廖匡齐等人的进逼之下，彭士愁接连失败，最后只得舍弃溪州治所逃入四面悬绝的山寨负隅顽抗。天福五年（940）正月，刘勍利用起风的有利时机，纵火焚烧彭士愁营寨，彭士愁无计可施，被迫逃至奖、锦深山之中。正月十九日[①]，势尽力穷的彭士愁被迫遣子彭师暠率诸酋长纳溪、锦、奖三州印请降于楚："湖南遣牙将刘勍领兵大破溪峒群蛮，收溪、锦、奖三州。"[②] 溪州之战以马希范的胜利而结束。

从前文可以看出，同马氏进入湖南取代当地土著势力一样，吉州彭氏也是在驱逐五溪土著势力首领的基础上建立统治的。彭氏与五溪地区的土著势力逐渐融合，成为五溪流域土著势力的首领，率先采取了反对马氏势力的行动，这给马希范很大震动，他着手调整与溪州等少数民族的关系，对军事征服后的五溪蛮族采取了一系列措施。首先，将溪州治所徙于便地，加强对溪州首领的控制，但仍以彭士愁为刺史。将溪州治所迁于马楚便于控制的地方（大致在今酉水下游河岸），使彭士愁离开原来的势力范围，有利于防范以溪州刺史为首的五溪蛮族的反叛；仍以彭士愁为刺史，是因为他在溪、奖、锦等州土著民众中威信较高，有一定影响力和号召力，以其为刺史有利于笼络感化在溪州占据统治地位的彭氏一族，安抚溪峒诸蛮，实现以"蛮"治"蛮"的羁縻安抚政策。其次，以刘勍为锦州刺史以震慑诸蛮，同时加强马楚政权对溪峒诸蛮的监控。彭士愁原来掌控着溪、锦、奖三州，马希范任刘勍为锦州刺史不仅削弱了彭士愁控制的范围，而且在五溪地区插入了一颗钉子，对削弱五溪诸蛮的势力，及时掌握彭士愁等的动态具有重要作用。最后，与以彭士愁为首的五溪诸蛮互设盟誓，将誓文刻之铜柱立于溪州，"希范自谓伏波之后，以铜五千斤铸柱，高丈二尺，入地六尺，铭誓状于上，立之溪州"。[③] 经过上述措施，马楚

① 《资治通鉴》卷二百八十二："（天福五年正月）楚刘勍等因大风，以火箭焚彭士愁寨而攻之，士愁帅麾下逃入奖、锦深山，乙未，遣其子师暠帅诸酋长纳溪、锦、奖三州印，请降于楚。"天福五年正月丁卯朔，乙未为正月二十九日，彭师暠于是日降于楚。但溪州铜柱铭文曰："天福五年正月十九日，溪州刺史彭士愁与五姓归明，众具件状，饮血求誓。"将彭师暠投降马楚的时间记为正月十九日，与《资治通鉴》的记载矛盾。本文以铭文所记为准。

② 《旧五代史》卷七十九《晋高祖纪第五》，第1039页。

③ 《资治通鉴》卷二百八十二，后晋天福五年二月，第9210页。

政权与五溪蛮族的关系得以调整，基本上恢复了对溪州的控制。马希范上述措施实际上是唐代以来广泛推行的民族羁縻政策的继续和深化，在实际上取得了良好效果："自是群蛮服于楚。"① "南宁州酋长莫彦殊率其本部十八州、都云酋长尹怀昌率其昆明等十二部、牂柯张万濬率其夷、播等七州皆附于希范。"② 马希范上述处理与五溪诸蛮关系的政策基本上体现在双方的誓状里，其誓状铭刻在溪州铜柱上并留存至今。下面，我们来看溪州铜柱铭文的内容。

二　溪州铜柱铭文

溪州铜柱于 1961 年被国务院指定为国家重点保护文物，实物现存于湖南湘西土家族自治州永顺县王村民俗博物馆内。铜柱残高 4 米，直径 47 厘米，外形为一八面体圆柱，铜柱内有空洞，洞内原来放有大量钱币，柱顶原来盖有铜顶，但钱币和铜顶在清代均遭盗失，柱体存在部分损毁。溪州铜柱是马楚处理民族关系的重要实物，是我国古代平等处理与少数民族关系的重要见证。兹将铜柱铭文抄录如下，然后对有关问题略作分析。

复溪州铜柱记③

天策上将军江南诸道都统楚王希范

天策府学士江南诸道都统掌书记通议大夫检校尚书左仆射兼御史大夫上柱国赐紫金鱼袋李弘皋撰

粤以天福五年，岁在庚子，夏五月，楚王召天策府学士李弘皋，谓曰："我烈祖昭灵王，汉建武十八年，平征侧于龙编，树铜柱于象浦。其铭曰：'金人汗出，铁马蹄坚，子孙相连，九九百年。'是知吾祖宗之庆，胤绪绵远，则九九百年之运，昌于南夏者乎？今五溪初宁，群帅内附。古者天子铭德，诸侯计功，大夫称伐，必有刊勒，垂

① 《资治通鉴》卷二百八十二，后晋天福五年二月，第 9210 页。

② 《新五代史》卷六十六《楚世家》，第 826 页。

③ 溪州铜柱铭文内容复杂，且掺入了后人一些加刻的内容，学界对铭文的释读存在很大差别。本录文根据溪州铜柱实物及王昶《金石萃编》、陆增祥《八琼室金石补正》、吴任臣《十国春秋》、谢华《湘西土司辑略》、彭武文《溪州铜柱及其铭文考辨》、冈田宏二《中国华南民族社会史研究》等的释录与研究综合整理而成。各自著录不同之处甚多，不另作说明。为了解铜柱铭文全貌，录文将今铜柱上能见到的文字全部予以收录，不是原刻者亦不例外。

诸简编，将立标题，式昭恩信，敢继前烈，为吾纪焉。”弘皋承教濡毫，载叙厥事：

盖闻牂牁接境，盘瓠遗风，因六子以分居，入五溪而聚族。上古以之要服，中古渐尔羁縻，洎帅号精夫，相名泱氏。汉则宋均置吏，稍静溪山，唐则杨思兴师，遂开辰、锦。迩来豪右，时忝陆梁，去就在心，否臧由己。溪州彭士愁，世传郡印，家总州兵，布惠立威，识恩知劝，故能历三四代，长千万夫。非德教之所加，岂简书而可畏，亦无辜于大国，亦不虐于小民，多自生知，因而善处。无何忽乘间隙，俄至动摇。我王每示含弘，尝加姑息，渐为边患，深入郊圻，剽掠耕桑，侵暴辰、澧，疆吏告逼，郡人失宁。非萌作孽之心，偶昧戢兵之法；焉知纵火，果至自焚。

时晋天子肇创丕基，倚注雄德，以文皇帝之徽号，继武穆王之令谟，册命我王开天策府。天人降止，备物在庭，方振声明，又当昭泰。眷言僻陋，可俟绥怀。而边鄙上言，各请効命。王乃以静江军指挥使刘勍，率诸部将，付以偏师。钲鼓之声，震动溪谷。彼乃弃州保险，结寨凭高，唯有鸟飞，谓无人到。而刘勍虔遵庙算，密运神机，跨壑披崖，临危下瞰。梯冲既合，水泉无汲引之门；樵采莫通，粮糗乏转输之路。固甘衿甲，岂暇投戈？彭师杲为父输诚，束身纳款。我王愍其通变，受降招携，崇侯感德以归周，孟获畏威而事蜀。

王曰：“古者叛而伐之，服而柔之，不夺其财，不贪其土，前王典故，后代著龟，吾伐叛怀柔，敢无师古，夺财贪地，实所不为。”乃依前奏，授彭土愁溪州刺史，就加检校太保。诸子将吏，咸复职员，锡赉有差，俾安其土。仍颁廪粟，大赈贫民，乃迁州城，下于平岸。溪之将佐，衔恩向化，请立柱以誓焉。

于戏！王者之师，贵谋贱战，兵不染锷，士无告劳。肃清五溪，震砻百越，底平疆理，保乂邦家。尔宜无扰耕桑，无焚庐舍，无害樵牧，无阻川涂，勿矜激濑飞湍，勿恃悬崖绝壁。荷君亲之厚施，我不征求；感天地之至仁，尔怀宁抚。苟违诚誓，是昧神祇，垂于子孙，庇尔族类。铁碑可立，敢忘贤哲之踪，铜柱堪铭，愿奉祖宗之德。弘皋仰遵王命，谨作颂焉。其词曰：

昭灵铸柱垂英烈，手执干戈征百越，

我王铸柱庇黔黎，指画风雷开五溪。
五溪之险不足恃，我旅争登若平地。
五溪之众不足凭，我师轻蹑如春冰。
溪人畏威仍感惠，纳质归明求立誓，
誓山川兮告鬼神，保子孙兮千万春。

推诚奉节弘义功臣天策府都尉武安军节度副使判内外诸司事永州团练使光禄大夫检校大傅使持节永州诸军事行永州刺史兼御史大夫上柱国扶风县开国侯食邑一千户马希广奉教监临铸造。

天福五年正月十九日，溪州刺史彭士愁与五姓归明，众具件状，饮血求誓，楚王略其词，镌于柱之一隅：

右据状，溪州静边都，自古以来，代无违背，天福四年九月，蒙王庭发军收讨不顺之人，当都愿将本管诸团百姓军人及父祖本分田场土产，归明王化。当州大乡、三亭两县，苦无税课，归顺之后，请祇依旧额供输。不许管界团保军人百姓，乱入诸州四界，劫掠该盗，逃走户人。凡是王廷差纲，收买溪货，并都幕采伐土产，不许辄有庇占。其五姓主首，州县职掌有罪，本都申上科惩，如别无罪名，请不降官军攻讨。若有违誓约，甘请准前差发大军诛伐，一心归顺王化，永事明庭，上对三十三天明神，下将宣祇为证者。

王曰："尔能恭顺，我无科徭，本州赋租，自为供赡；本都兵士，亦不抽差，永无金革之虞，克保耕桑之业。皇天后土，山川鬼神，吾之推诚，可以玄鉴。"

静边都指挥使金紫光禄大夫检校太保使持节溪州诸军事守溪州刺史兼御史大夫上柱国陇西县开国男食邑三百户彭士愁

武安军节度左押衙开江都指挥使知防遏营金紫光禄大夫检校司徒前溪州诸军事守溪州刺史兼御史大夫上柱国彭允瑫

武安军节度左押衙充静寇都指挥使金紫光禄大夫检校司徒前溪州诸军事守溪州刺史兼御史大夫上柱国田弘祐

武安军节度左押衙金紫光禄大夫检校司徒前溪州诸军事守溪州刺史兼御史大夫上柱国彭师佐

武安军节度左押衙金紫光禄大夫检校司徒前溪州诸军事守溪州刺史兼御史大夫上柱国田倖晖

武安军节度左押衙充前砂井镇遏使银青光禄大夫检校尚书左仆射兼御史大夫上柱国彭师椗

武安军节度左押衙前砂井镇遏使三井都管使银青光禄大夫检校尚书左仆射兼御史大夫上柱国龚朗芝

武安军节度左押衙充溪州副使银青光禄大夫检校尚书右仆射守溪州三亭县令兼御史大夫上柱国彭师俗

武安军节度左押衙充金涧里指挥使银青光禄大夫检校尚书左仆射兼御史大夫上柱国覃彦胜

武安军节度左押衙银青光禄大夫检校尚书左仆射兼御史大夫上柱国田弘赟

武安军节度左押衙左义胜第三都都将银青光禄大夫检校刑部尚书前守富州别驾兼御史大夫上柱国彭师杲

武安军节度讨击副使左归义第三都都将银青光禄大夫检校左散骑常侍兼御史大夫上柱国彭师晃

武安军节度衙前兵马使前溪州左厢都押衙银青光禄大夫检校太子宾客兼御史大夫上柱国向宗彦

武安军节度同十将前溪州左厢都虞侯银青光禄大夫检校太子宾客兼监察御史上柱国龚贵

前溪州大乡县令将仕郎试大理评事兼监察御史赐绯鱼袋彭允臻

武安军同节度副使摄溪州司马银青光禄大夫检校左散骑常侍兼御史大夫上柱国覃彦仙

武安军同节度副使前摄大乡县令银青光禄大夫检校左散骑常侍兼御史大夫上柱国覃彦富

武安军节度摄押衙充静寇都副兵马使银青光禄检校右散骑常侍兼御史大夫上柱国田思道

武安军节度副将充溪州知后官银青光禄大夫检校国子祭酒兼御史大夫上柱国朱彦蝺

大晋天福五年岁次庚子七月甲子朔十八日辛巳铸，八月甲午朔九日壬寅镌，十二月壬辰朔二十日辛亥立

金紫光禄大夫检校兵部尚书使持节溪州诸军事溪州刺史兼御史大夫上柱国长沙县开国伯食邑九百户五溪都团练使彭儒□

银青光禄大夫检校国子祭酒知溶州军州事兼监察御史武骑尉

彭□□

知夷州军州事彭君庸

知忠彭州军州事彭文绾

知南州军州事彭光明

知州彭文傥

团练彭如迁

前三亭县令彭如喜

三亭县令彭文雅

都监彭文威

溪州都监彭如兴

溶州都监彭仕明

统军使彭如武

都指挥使彭文仙

知万州军州事田彦存

高州巡检使彭如聪

巡检使彭如品

十洞彭如熏

统军使彭仕进

排军指挥使陈文绾

巡检朱继显

教练使屈思

静边都指挥使彭文胜

溪州军事推官辛白

湘州罗文瞻仰

史军罗万能

巡检罗万贵

录事参军廖保利

水南都指挥使罗文彦

金唐县田成益

教练使彭进

溪州知州彭君善

钤辖覃万富

五都彭如亮

五溪巡检使知向化州彭如会

知保靖州军州事彭光陵

知来化州军州事彭允会

知感化州军州事覃文绾

团练向行仙

古州覃万贵

五溪都招安巡检使田思满

左衙龚贵朋

知永州军州事彭君昌

溪洞巡检使知武宁州军州事彭□□

知富州军州事覃文勇

知谓州军州事覃允赞

知州朱进通

知州符彦贵

钤辖彭如权

钤辖覃文晃

知州田彦胜

通判田彦强

知州田思赵

施酉知州彭允强

维天禧元年十一月十五日移到，至十六日竖立记。铜柱高壹丈贰尺，内入地陆尺，重伍仟斤，并石莲花台及下有石颓。

三 马楚立溪州铜柱的原因

“天福四年九月，蒙王庭发军收讨不顺之人”，反叛不到一月的彭士愁在马希范大军的进逼下节节败退。天福五年（940）正月十九日，势尽力穷的彭士愁被迫纳溪、锦、奖三州印向马希范请降，溪州之战结束。马希范在取得溪州之战的胜利后，不但没有对五溪诸蛮采取惩罚措施，反而与之立誓设盟并刻之于铜柱，对以五溪彭氏为首的蛮族实行羁縻安抚政策，其原因何在？笔者认为有以下几点。

首先，马楚政权外部压力增大，亟须稳定内部以应对来自毗邻政权的威胁。马楚政权在地理上与多个政权毗邻，除了与西面的前后蜀因交通原因联系较少，关系相对和睦之外，与其他三方面政权都曾兵戎相见。南唐乃马楚面临的最强大的势力，“唐有江淮，视同时割据诸国，地大力强，人才众多，且据长江之险，隐然大邦也”。[①] 尽管南唐在先主李昪和中主李璟前期推行睦邻政策，但此时李璟的扩张野心已经抬头，矛头直指马楚，由此对马楚构成了强大的压力。北面的荆南和南面的南汉对马楚也怀觊觎之心，正所谓：“淮南为仇雠之国，番禺怀吞噬之志，荆渚日图窥伺，溪洞待我姑息。”[②] 马楚政权的周边局势很不稳定。在这样一种形势下，迅速结束溪州地区的战事，稳定内政，集中力量应对毗邻政权的威胁成为马楚统治者的首要任务。而民族羁縻政策对马楚稳定在溪州地区的统治，加强对彭氏的控制无疑具有重要作用。

其次，实力削弱，内部危机涌动是马楚推行民族羁縻政策的内部原因。由于长期内争和统治者的奢靡腐化，马楚在马殷之后就逐渐衰退，到马希范时期更是危机四伏：经济上入不敷出，处于崩溃的边缘；军事上则“长枪大槊，饰之以金，可执而不可用。募富民年少肥泽者八千人，为银枪都”。[③] 实战能力不强；政治上则是“富商大贾，布在列位”。[④] 尤为突出的是，朗州的马希萼在事实上形成了与潭州并立的集团，尽管在马希范的掌控下彼此间的对立没有显现出来，但马楚内部已经蕴藏着分裂的危险。在这种窘迫的处境下，马楚虽然倾其所能在天福五年（940）成功打败了彭士愁，但在此过程中损兵折将（大将廖匡齐就在讨伐溪州的过程中战死），实力遭到很大削弱。溪州诸蛮一旦再叛，马楚在军事、经济上将难以为继，这促使马希范对溪州诸蛮采取怀柔措施。

再次，溪州铜柱的树立是马希范吸取历史经验教训的产物。自秦汉以来，暴力镇压与怀柔安抚是历代统治者处理与管辖区域内少数民族关系时采取的两种基本手段。暴力镇压的结果往往是被镇压者身服而心不服，常常伺机再叛；怀柔安抚则较武力镇压更能令蛮夷驯服。正因如此，唐初统治者在追革前弊的基础上推行羁縻政策：“唐高祖武德二年闰二月，诏

① 《唐馀纪传》卷二《国纪二》，第5648页，《五代史书汇编》第九册。

② 《资治通鉴》卷二百八十三，后晋天福八年十二月，第9259页。

③ 同上书，第9258页。

④ 同上书，第9259页。

曰：‘画野分疆，山川限其内外，遐荒绝域，刑政殊于函夏。是以昔王御宇，怀柔远人，义在羁縻，无取臣属……朕祗膺宝图，抚临四极，悦近来远，追革前弊，要荒藩服，宜与和亲。’”① 马希范“好学，善诗”，对怀柔安抚与暴力镇压的利弊有深刻认识，正如铜柱铭文所言：“古者叛而伐之，服而柔之，不夺其财，不贪其土，前王典故，后代蓍龟，吾伐叛怀柔，敢无师古，夺财贪地，实所不为。”正是因为吸取了前代统治者成功处理与蛮族关系的经验教训，权衡了暴力镇压与羁縻安抚的利弊得失之后，马希范才舍弃了对蛮族实行高压政策的策略，取而代之以羁縻安抚的政策。

最后，马希范树立溪州铜柱有收揽人心，招徕其他蛮族归顺的意图。彭士愁是五溪地区力量强大，影响较广的势力，铭文曰：“溪州彭士愁，世传郡印，家总州兵。布惠立威，识恩知劝。故能历三四代，长千万夫。”对以彭氏为首的溪州诸蛮进行安抚，给予其一定的权力和地位，不仅有利于收揽五溪诸蛮的人心，而且有利于带动周边其他少数民族的臣服归顺。“肃清五溪，震詟百越，底平疆理，保乂邦家。”非常明确地表明了马希范树立溪州铜柱的目的。马希范的措施也的确取得了一定效果：“自是群蛮服于楚。”② “南宁州酋长莫彦殊率其本部十八州、都云酋长尹怀昌率其昆明等十二部、牂柯张万濬率其夷、播等七州皆附于希范。”③ 除此之外，曾代伟《“溪州铜柱”铭文解读——以民族法文化视角》一文还从溪州蛮族的角度进行了分析，认为溪州的地理位置重要，彭士愁威望甚高也是马希范树立溪州铜柱的重要原因。

从五溪诸蛮及彭氏一族的角度考虑，可以发现溪州铜柱的树立和民族羁縻政策的推行对其同样具有重要作用。彭士愁作为败军之将继续担任溪州刺史，尽管控制的范围有所减少，但法理上依然拥有对整个溪州各少数民族的统治和控制权力，是溪州地区实际的最高统治者，而且这种权力能够在彭氏一族世代传承。对五溪诸蛮来说，溪州铜柱以誓文的形式明确了五溪地区的地位，在遵守誓状的前提下，溪州诸蛮较叛乱之前享有更大的自主权，进而与潭州形成了一种较为和睦的关系，这对五溪地区经济文化

① 《册府元龟》卷一百七十《帝王部·来远》，第2050页。

② 《资治通鉴》卷二百八十二，后晋天福五年二月，第9210页。

③ 《新五代史》卷六十六《楚世家》，第826页。

的发展具有重要意义。总之，溪州铜柱的树立是马氏统治者与五溪蛮族互相妥协的产物，它的出现对马楚政权和五溪诸蛮均具有积极意义，是双方共同受益的产物。

四　铜柱铭文内容略释

溪州铜柱铭文内容极为丰富，记载了铜柱树立的缘由，溪州之战的简要经过，双方的誓状等内容，此外，铜柱上还有马楚与溪州主要统治者的题名等内容。溪州铜柱作为马楚民族政策的重要见证，很多学者对其进行过研究，但主要工作放在铭文的著录辨析上，如王昶《金石萃编》、陆增祥《八琼室金石补正》、钱大昕《十驾斋养新录》、谢华《湘西土司辑略》、冈田宏二《中国华南民族社会史研究》等。对铭文历史内涵的分析则比较薄弱，主要有彭武一《五代马楚羁縻政策剖析》、曾代伟《"溪州铜柱"铭文解读——以民族法文化视角》、龙海清《湘西溪州铜柱与盘瓠文化》、彭武文《溪州铜柱及其铭文考辨》等论著。笔者在借鉴上述论著成果的基础上，对铜柱铭文的内涵进行再研究。

一般认为，自铭文开始至"大晋天福五年岁次庚子七月甲子朔十八日辛巳铸，八月甲午朔九日壬寅镌，十二月壬辰朔二十日辛亥立"为天福原刻，"十二月壬辰朔二十日辛亥立"后的文字为后来羼入的五十四人的衔名。天福原刻是我们要研究的主要内容。天福原刻在形式上可以分为以下三个部分：铜柱树立的过程（缘由、时间等）、双方誓状、双方代表的题名。其具体内容可以概括为以下几点。

首先，对降附的溪州首领和民众进行安抚。溪州之战后，马希范针对"五溪初宁，群帅内附"的实际，根据"古者叛而伐之，服而柔之，不夺其财，不贪其土"的原则，对投降的五溪诸族采取了"服而柔之"的安抚策略。"愍其通变，受降招携"，接受"彭师暠为父输诚，束身纳款"的请求。不仅如此，马希范还让彭士愁继续担任溪州刺史："乃依前奏，授彭士愁溪州刺史，就加检校太保。"不久又任其为都誓主，从而确保了彭氏在溪州地区的统治地位，这从铭文上溪州代表的题名可以得到证明。铜柱铭文的第三部分主要是溪州六姓十九名代表的题名，其中以彭士愁为首的彭姓代表多达八名，远远超过田、覃、龚、向、朱各姓在题名中的比例，彭氏一族在溪州地位之显赫显而易见。彭士愁遣送至潭州作人质的彭师暠也深得马氏政权重用，在马希范麾下任武安军牙校。到马希广统治时期，彭师暠成为潭州统治集团的重要成员。对溪州其他从叛将士，马希范同样既往不咎，让他们继续留任原职并加以封赏：“诸子将吏，咸复职员；锡赉有差，俾安其土。”除了五溪地区的统治阶层之外，溪州等地的下层民众也得到了实惠：“仍颁廪粟，大赈贫民。”总之，铜柱铭文基本贯彻了对五溪各阶层的安抚精神，体现了马楚控制下的相对自主的民族自治策略。正是由于马希范战后对五溪地区各阶层安抚得较为全面，故而出现了“溪之将佐，衔恩向化，请立柱以誓焉”的局面。虽然“溪之将佐，衔恩向化，请立柱以誓焉”不乏溢美的成分，但在一定程度上反映了当时的实际情况。

其次，阐明马楚对溪州的统治方式，确立溪州的自治地位。马希范誓文曰：“尔能恭顺，我无科徭，本州赋租，自为供赡；本都兵士，亦不抽差。永无金革之虞，克保耕桑之业。皇天后土，山川鬼神，吾之推诚，可以玄鉴。”这段文字集中阐明了马楚对五溪地区的统治方式：在恭顺臣服马楚政权的前提下，溪州可以实行内部自治。经济上，溪州地区的赋税只供应本州，不需向马楚王廷缴纳，马楚统治者一般不在溪州地区征收赋税和征发徭役。军事上，马楚不在溪州地区征发兵役，这有利于减轻溪州民众的兵役负担，避免兵革之苦并维持安定环境。政治上，溪州各族在都誓主①的领导下，拥有对溪州地区的管理权：“初，北江蛮酋最大者曰彭氏，世有溪州，州有三，曰上、中、下溪，又有龙赐、天赐、忠顺、保静、感化、永顺州六，懿、安、远、新、给、富、来、宁、南、顺、高州十一，总二十州，皆置刺史。而以下溪州刺史兼都誓主，十九州皆隶焉，谓之誓下。州将承袭，都誓主率群酋合议，子孙若弟、侄、亲党之当立者，具州名移辰州为保证，申钤辖司以闻，乃赐敕告、印符，受命者隔江北望拜谢。州有押案副使及校吏，听自补置。”② 可见，铜柱铭文实际上是马楚以“蛮”治“蛮”羁縻安抚政策的集中体现，在确保马楚对溪州控制权的同时，确立了以彭士愁为首的溪州蛮族在溪州地区的治理。

最后，铭文明确规定了溪州蛮族对马楚政权的义务。溪州诸蛮在享有

---

① 罗庆康《马楚史研究》云：“所谓‘都誓主’，可以这样理解。‘都’是指作为军事单位的‘静边都’；‘誓主’意为‘盟主’……五溪‘都誓主’可以说是特殊的军节度使。”笔者认为都誓主的“都”并不专指静边都，而是五溪地区静边都、开江都、静寇都等的总称。都誓主即上述五溪各都的总誓主或总盟主。

② 《宋史》卷四百九十三《西南溪峒诸蛮传上》，第 14177、14178 页。

自治权力的同时，必须对马楚政权承担一定的义务，这主要包括以下几个方面。第一，以溪州为主的五溪诸蛮在政治上臣属马楚王廷，效忠于马楚统治者："当都愿将本管诸团百姓军人及父祖本分田场土产，归明王化。"第二，溪州诸蛮在经济上承担一定的义务，向马楚王廷缴纳贡赋："当州大乡、三亭两县，苦无税课，归顺之后，请祇依旧额供输。"很明显，重新归顺后的溪州至少在名义上对潭州政权负有一定的财政供奉义务。需要说明的是，这种财政供奉不等同于赋税的上缴，只是一种臣服归顺的经济表示，故马希范誓言云："尔能恭顺，我无科徭，本州赋租，自为供赡。"溪州对潭州的经济义务在彭士愁的誓状里也有反映："凡是王廷差纲，收买溪货，并都幕采伐土产，不许辄有庇占。"既承认了潭州政权对溪州地区的财政权力，同时也表明了溪州愿意履行经济义务的诚意。第三，铭文规定彭士愁为首的溪州统治者有维持溪州稳定，与周边地区尤其是马楚直辖下的区域和平相处的义务："尔宜无扰耕桑，无焚庐舍，无害樵牧，无阻川涂，勿矜激濑飞湍，勿恃悬崖绝壁。荷君亲之厚施，我不征求；感天地之至仁，尔怀宁抚。苟违诫誓，是昧神祇；垂于子孙，庇尔族类。"对此，彭士愁的誓文作了回应："不许管界团保军人百姓，乱入诸州四界，劫掠□盗，逃走户人。"此外，铭文还规定马楚对五溪地区享有一定的间接行政处罚权："其五姓主首，州县职掌有罪，本都申上科惩。"

五　溪州铜柱的作用

溪州铜柱是马楚民族羁縻政策的集中体现，通过誓约确立了马楚政权与五溪诸蛮的友好关系，使溪州在臣服马楚政权的前提下保持了一定的政治、经济和军事权力，这对维持溪州地区的稳定和发展，巩固马楚政权对五溪地区的统治具有重要作用。铜柱铭文体现了马楚处理民族关系的开明态度，得到了溪州及其周边地区诸多蛮族的认同，促进了以五溪蛮为主的溪峒诸蛮的臣服和归顺，从而扩大了马楚的辖域与影响。

溪州铜柱的另一作用是维持了五溪地区的稳定，在一定程度上改善了蛮族与马楚政权的关系。溪州铜柱树立之后，彭士愁在溪州地区的地位得到进一步稳固，彭氏父子相继担任五溪地区的都誓主，成为当地"五姓归明"的总首领。在以彭士愁为首的彭氏家族的领导下，溪州地区在天福五年（940）之后再也没有与潭州政权发生明显的对抗和冲突。相反，溪州彭氏在马楚内争中竭力维护潭州正统统治者的统治，履行铭文规定的义务。在马希萼与马希广争夺继承权的过程中，在潭州的彭师暠积极谋划，协助马希广应对内部叛乱：“朗人骤胜而骄，杂以蛮兵，攻之易破也。愿假臣步卒三千，自巴溪渡江，出岳麓之后，至水西，令许可琼以战舰渡江，腹背合击，必破之。前军败，则其大军自不敢轻进矣。”[①] 尽管彭师暠的计划因马希崇的破坏离间和许可琼的叛变而未能实现，但彭师暠在城破之际奋战于“城东北隅”、城破之后“投槊于地，大呼请死”、马希广死后“葬之于浏阳门外”的事实表明以溪州彭氏为首的诸蛮与潭州的马希广政权保持了良好关系。彭师暠因协助马希广抵御朗州而遭到马希萼“免死，犹杖背黜为民”的责罚，但仍然保持对马楚政权的忠顺。当马希萼被其弟马希崇囚送至衡山，欲借彭师暠之手杀马希萼时，彭师暠“奉事逾谨”，并与廖偃等“率庄户及乡人悉为兵，与帅暠共立希萼为衡山王，以县为行府，断江为栅，编竹为战舰，以师暠为武清节度使，召募徒众，数日，至万余人，州县多应之”[②]。总之，自溪州铜柱树立至马氏政权灭亡，彭师暠始终效忠于潭州的马氏正统政权，这说明以彭氏为首的溪州诸蛮与马楚政权之间保持了一种和平稳定的关系。尤为值得注意的是，广顺元年（951）三月，王逵、周行逢等人发动潭州兵变，在朗州建立了以土著势力为核心的新朗州政权，马楚政权内部实际上形成了马氏统治集团与朗州土著势力集团的对抗。在这种背景下，溪州地区的彭氏依然保持着对马氏政权的恭顺。总而言之，尽管马氏政权在溪州之战后因长期内争和朗州土著势力的崛起而最终走向灭亡，但潭州政权与溪州之间在天福五年（940）之后却再也没有发生明显冲突，这在一定程度上维持了马楚政权的相对稳定，延缓了其灭亡的过程。

铜柱铭文贯彻的民族羁縻安抚思想成为马楚处理与溪州等地少数民族关系的基本政策，成为后代效法的榜样。铭文规定溪州各蛮在承认马楚领导、恭顺马楚政权的前提下由以彭氏为首的都誓主进行治理，这种管辖模式为后代统治者所沿袭，逐渐发展成为后来在今湘西地区长期存在的土司制度，延续数百年。从某种意义而言，马楚政权的这种民族羁縻安抚政策是民族区域自治制度的先声。

总之，马楚政权辖域内民族分布广泛，各民族与马楚的关系较为复

① 《资治通鉴》卷二百八十九，后汉乾祐三年十二月，第 9444 页。

② 《资治通鉴》卷二百九十，后周广顺元年九月，第 9465 页。

杂，如何处理与这些蛮族的关系成为马楚政权必须解决的重要问题之一。溪州铜柱是马楚处理与境内各民族关系的典范，它贯彻了民族羁縻安抚的思想，在确保对少数民族地区控制权的基础上赋予其一定的政治、经济、军事权力，实行以蛮治蛮的策略。这一政策有利于加强马氏政权对各少数民族地区的控制，有利于保持马楚政权的稳定，对促进溪州等少数民族地区的发展具有重要作用。溪州铜柱还体现出了一种民族大体平等的精神，在一定程度上提高了各少数民族的地位。马楚处理与溪州蛮族关系的政策和方式为后代沿袭，成为处理与少数民族关系的典范，这在宋代表现得尤为明显："下溪州蛮彭士羲叛，将发兵讨除。进龙图阁直学士、知荆南。瓘以为'五溪之险，师行鸟道，诸将贪功生事，于国家何所利?'因条上三策，以招徕为上，守御为下，功取为失。不报。后卒如瓘议。"[①] 这可以说是溪州铜柱民族羁縻安抚精神的再现。立柱盟誓这种处理民族关系的形式在溪州等地也得以保持，张纶"奉使灵夏还，会辰州溪峒彭氏蛮内寇，以知辰州。纶至，筑蓬山驿路，贼不得通，乃遁去。徙知渭州。改内殿崇班、知镇戎军。奉使契丹，安抚使曹玮表留之，不可。蛮复入寇，为辰州、澧、鼎等州缘边五溪十峒巡检安抚使，谕蛮酋祸福，购还所掠民，遣官与盟，刻石于境上"[②]。

① 《宋史》卷三百三《魏瓘传》，第10036页。

② 《宋史》卷四百二十六《张纶传》，第12694页。

第四章

马楚对外关系

第一节　事大政策的形成及多变性

一　事大政策的形成

马楚的事大政策形成于马殷时期，经历了萌芽、发展、定型三个阶段。乾宁三年（896）九月，马殷实际掌握潭州军政，但当时他仅占有潭州一地，力量十分弱小，而北面江陵成汭、东北面淮南杨行密、南面岭南刘龑均是强敌，对立足未稳的潭州政权来说，任何一方都构成了严重威胁。如何在四面环敌的处境中获得生存，如何实现潭州政权的巩固和扩大，就成为马殷必须解决的首要问题。

与马殷毗邻的对手中，杨吴是马殷的宿敌，两者的敌对关系可以追溯到秦宗权、孙儒和杨行密争斗时期。孙儒与杨行密在淮南争夺过程中，麾下的蔡州将士屡败对手，蔡州集团由此与淮南形成敌对关系。杨行密打败孙儒后，逐渐在南方政权中独占鳌头，势力十分强大。对宿敌马殷及其蔡州军将，杨行密伺机进攻。马殷地域狭小，缺少必要的战略空间，与杨行密的对峙在地理上无险可守，在军事上又无力抗衡。在局势不利的情况下，马殷首先想到的是和周边政权尤其是和淮南杨行密处理好关系，力图实现与之和解，结成联盟关系："殷畏杨行密、成汭之强，议以金帛结之。"①

马殷以金帛结交杨行密的计划是从当时不利境况出发所作的考虑，目的是想稳住淮南，以集中力量解决湖南境内的其他势力，从而最终在湖南站稳脚跟，发展力量。但谋士高郁认为与淮南结盟不现实，他从马殷与杨

① 《资治通鉴》卷二百六十，唐乾宁三年九月，第8493页。

行密的关系以及当时杨行密的发展态势认定潭州不可能与淮南结成真正的联盟，以金帛结淮南只会空耗潭州财力。他建议马殷依靠中原王朝的力量，侍奉所谓的正统来提高自身的政治地位，获得中原王朝的支援，从而巩固新建的潭州政权，抗衡周边势力："成汭地狭兵寡，不足为吾患，而刘龑志在五管而已，杨行密，孙儒之仇，虽以万金交之，不能得其欢心。然尊王仗顺，霸者之业也，今宜内奉朝廷以求封爵而外夸邻敌，然后退修兵农，畜力而有待尔。"[①] 高郁的意见无疑是正确的。马殷、刘建锋在秦宗权、孙儒麾下和杨行密多年争战，数败杨行密，孙儒兵败后马殷等因杨行密之逼才辗转江西流落至湖南，两者彼此间的仇怨早已形成，从地域上看，马殷与淮南相接，地域冲突同样不可避免。而汴梁的朱全忠已经实际掌握李唐政权，控制了相当大的区域，并且挟天子以令诸侯，取代李唐王朝的趋势已十分明显。在这种情况下，马殷采纳高郁的建议，实行厚结朱全忠的策略，事大政策开始形成。

汴梁朱全忠北与河东李克用集团处于对峙状态，南有日渐崛起的淮南劲旅杨行密的挑战，处于南北受敌的境地。为了减轻南面的压力，集中力量对付河东李氏集团和加速篡权，朱全忠需要利用马殷牵制淮南的杨行密。正是在这种互有所求的背景下，马殷厚结朝廷抵制淮南等敌对势力的政策得到了实际掌握唐政权的朱全忠的支持，马殷的政治地位和权力因之迅速攀升。天复二年（902）三月，唐王朝加马殷同平章事，同时还赋予马殷一定的人事处分权："淮南、宣歙、湖南等道立功将士，听用都统牒承制迁补，然后表闻。"[②]

随着地盘的不断扩大和实力的增强，马殷对淮南的牵制作用日渐突出。为了对付挟天子以令诸侯的朱全忠，扩展自己的势力以对抗汴梁日益强大的势头和咄咄逼人的进取态势，杨行密决定联合马殷，加强江南力量和朱全忠对峙。天复三年（903）四月，杨行密主动和马殷联好："杨行密遣使诣马殷，言朱全忠跋扈，请殷绝之，约为兄弟。"[③] 杨行密目的是想分化马殷与朱全忠的关系，减轻自身的压力，以集中力量与朱全忠争夺。此时唐哀帝虽然仍坐在龙椅上，但实际已完全被朱全忠控制。马殷一

① 《新五代史》卷六十六《楚世家》，第 824 页。

② 《资治通鉴》卷二百六十三，唐天复二年三月，第 8573 页。

③ 《资治通鉴》卷二百六十四，唐天复三年四月，第 8606 页。

旦废弃事大政策与杨行密结好，就会失去中原王朝的支持，招致朱全忠的讨伐，与中原的经济交往也无法进行。另一方面，马楚与淮南疆域纷争不断，彼此宿怨甚深，不可能与之结成真正的同盟关系，反而会成为杨行密对付朱全忠，消灭其他势力的棋子。正是基于上述考虑，大将许德勋建议马殷拒绝杨行密的结盟请求，继续交结朱全忠："全忠虽无道，然挟天子以令诸侯，明公素奉王室，不可轻绝也。"[①] 结果"殷从之"。杨行密结交马殷对抗汴梁的计划落空，马楚的事大政策因之更加稳固。

马殷的事大政策最后定型是在马殷之弟马賨回归潭州时。当初，马殷与弟马賨均在孙儒旗下与杨行密作战。孙儒战败后，马賨被杨行密收编，成为黑云都的重要将领。马殷则辗转流落至湖南，并因陈瞻之变和张佶之让而主持湖南军政，随后又在高郁的辅佐下，内扩经济，外拓疆土，势力日渐强大，成为南方一支重要的军事力量。杨行密为了对付朱全忠，在天复三年（903）遣使和马殷结好，但未能如愿。鉴于朱全忠的力量不断强大和篡权的迫近，天祐元年（904），杨行密再次采取了与马殷和好的策略，以期联合马殷对付朱全忠，其手段是将马殷之弟马賨礼送回湖南，希望马賨能劝马殷连吴抗朱：

> 初，马殷弟賨，性沉勇，事孙儒，为百胜指挥使；儒死，事杨行密，屡有功，迁黑云指挥使。行密尝从容问其兄弟，乃知为殷之弟，大惊曰："吾常怪汝器度瑰伟，果非常人，当遣汝归。"賨泣辞曰："賨淮西残兵，大王不杀而宠任之；湖南地近，尝得兄声问，賨事大王久，不愿归也。"行密固遣之。是岁，賨归长沙，行密亲饯之郊。[②]

从上述记载可以看出，杨行密对不愿回归湖南的马賨是相当礼遇的，他之所以执意礼送马賨至潭州，其目的是希望通过马賨劝说马殷与己联合共同对付朱全忠，《新唐书》对此有明确说明："行密具赍以遣（马賨）曰：'尔还，与兄共食湘、楚，然何以报我？'答曰：'愿通二国好，使商贾相

① 《资治通鉴》卷二百六十四，唐天复三年四月，第8606页。
② 《资治通鉴》卷二百六十五，唐天祐元年十二月，第8638页。

资。’行密喜。”[①] 显然，马賨也深知杨行密的意图，正因如此，马賨的遣归实际上是杨行密对两者关系进行重新调整的尝试，直接影响到两者对外关系的制定和两者未来关系的发展走向。

对马殷来说，与杨行密联盟就等于与中原的朱全忠断绝关系，因为汴梁与淮南之间势同水火，马殷不存在骑墙的可能。此时，马殷侍奉中原的政策已经比较稳定，在军事上对杨行密可能的依靠远远少于对中原政治、军事上的依赖，而且，淮南与湖南毗邻，对湖南的威胁并不会因联盟而真正消除。鉴于此，马殷拒绝了马賨提出的与杨行密结好的建议："賨至长沙，殷表賨为节度副使。他日，殷议入贡天子，賨曰：‘杨王地广兵强，与吾邻接，不若与之结好，大可以为缓急之援，小可通商旅之利。’殷作色曰：‘杨王不事天子，一旦朝廷致讨，罪将及吾。汝置此论，勿为吾祸！’"[②] 马賨提议连吴并非仅此一次，他"每劝殷与行密连和，殷畏全忠，卒不克"。[③] 至此，马殷的事大政策完全确定，由此奠定了马楚政权与中原各朝的关系。

二　事大政策的多变性

事大政策是马殷在自身力量不足和周边局势紧张，对中原强势政权存在依赖的背景下确立的，正因如此，事大政策必然随着马楚和中原王朝力量的变化而变化，呈现出多变性和不稳定性的特点。马楚事大政策的多变性和不稳定性集中体现在马楚统治者的自大行为上。事大政策的表现形式是对中原王朝的恭顺和朝贡，奉中原王朝为正朔；自大政策则体现在与中原王朝的军事、经济对抗，礼仪的僭越等方面。马楚在推行事大政策的同时也在一定时期一定程度上表现出自大行为，马楚的自大行为主要体现在以下几方面。

第一，对中原王朝官爵的邀求。在五代十国的纷争环境中，马楚统治者推行事大政策的目的是获得政治、军事上的利益，提高自身的政治地位，加强军事力量以巩固自身的统治。在推行事大政策的过程中，马殷的力量不断壮大，打败岭南，吞并朗州，控制的地域发展到二十余州。随着

---

① 《新唐书》卷一百九十《刘建锋传》，第5482页。

② 《资治通鉴》卷二百六十五，唐天祐元年十二月，第8638页。

③ 《新唐书》卷一百九十《刘建锋传》，第5482页。

力量的壮大，马殷的事大政策也随之发生变化，呈现出不稳定性的特点，最明显的表现就是在地大力完之后数邀封爵："楚王殷求为天策上将，诏加天策上将军。殷始开天策府，以弟賨为左相，存为右相。"① 继马殷之后，马希范同样对中原王朝邀求封爵，并且如愿以偿。后晋开运三年(946)，"楚王希范知帝好奢靡，屡以珍玩为献，求都元帅；甲辰，以希范为诸道兵马都元帅"。② 马楚统治者向中原王朝要求爵封，一方面是其力量相对强大的体现，另一方面则直接反映了他们在推行事大政策时存在的局限性。

第二，马楚的自大行为还表现在对中原王朝命令的阳奉阴违上。天成二年（927）二月，明宗征讨高季兴，令马殷从南面出军夹击荆南："荆南节度使、开府仪同三司、守太尉、兼尚书令、南平王高季兴可削夺官爵，仍令襄州节度使刘训充南面招讨使、知荆南行府事，许州节度使夏鲁奇为副招讨使，统蕃汉马步四万人进讨，以其叛故也。又命湖南节度使马殷以湖南全军会合。以东川节度使董璋充东南面招讨使，新授夔州刺史西方邺为副招讨使，共领川军下峡州，三面齐进。"③ 此时马楚的事大政策已经确立并推行已久，依赖中原力量制约毗邻之敌，巩固自身统治成为马殷的基本策略，故此，马殷对明宗的军事征召给予了积极响应："湖南马殷请以舟师会。"但马殷的响应仅是一种政治表现而非实质性的军事行动，只不过是对中原王朝一种臣服的表示，并没有配合后唐攻灭荆南的打算。马殷随后在军事上的表现证明了此点："及王师至荆渚，殷军方到岳州，仍传意于训，许助军储弓甲之类，久之，略无至者。荆渚地气卑湿，渐及霖潦，粮运不继，人多疾疫。训本无将略，人咸苦之。"④ 显然，马殷没有和刘训南北夹击荆南的诚心，所以在刘训攻打荆南时，故意拖延不前，致使后唐南北合围荆南的战略无法实现。尽管马殷许以军储弓甲助刘训，结果却是"久之，略无至者"。下面的材料进一步证明了马殷对后唐王朝诏命的虚与委蛇："孔循至江陵，攻之不克，遣人入城说高季兴；季兴不逊。丙寅，遣使赐湖南行营夏衣万袭；丁卯，又遣使赐楚王殷鞍马玉

---

① 《资治通鉴》卷二百六十七，后梁开平四年六月，第 8724 页。

② 《资治通鉴》卷二百八十五，后晋开运三年九月，第 9310 页。

③ 《旧五代史》卷三十八《唐明宗纪第四》，第 520 页。

④ 《旧五代史》卷六十一《刘训传》，第 821 页。

带，督馈粮于行营，竟不能得。庚午，诏刘训等引兵还。”[①] 明宗为解决征讨大军的军粮问题，对马殷屡加赏赐，督促其运粮以解刘训的燃眉之急，但马殷不为所动，拒不接济刘训。刘训最后因军粮匮乏、粮草不济而退兵，后唐讨伐荆南的战争无果而终。

已经确立事大政策的马殷为什么对后唐王朝的命令阳奉阴违呢？胡三省进行了解释：“湖南、荆南辅车相依，虽厚赐楚人以督其馈军，终不奉诏。”[②] 荆南位于马楚北面，是马楚抵御中原势力南下的重要屏障：“江陵在中朝及吴、蜀之间，四战之地也，宜存之以为吾扞蔽。”[③] 荆南一旦被灭，马楚将陷入南北两大强势政权夹击的不利境地。正是出于上述考虑，马殷对中原王朝的命令虚与委蛇，也是他拒不接济刘训以攻灭荆南的直接原因。天成二年（927）八月，唐明宗封马殷为楚国王，遣使至潭州册封，马殷由此开国。既然马楚的事大政策名不副实，既然马殷对伐高季兴之役不曾真正出力，后唐王朝为什么还要对马殷进行封赏呢？这有两个原因：一是马殷自身力量的壮大。经过长期经营，马殷占有了广大地域，经济发展比较迅速，出现了“地大力完，数邀封爵”的情况，对中原王朝虽然推行事大政策，但自大行为也随力量的壮大而愈加明显。另一原因则是后唐希望拉拢马殷，为再伐荆南做准备。次年九月，后唐王朝再次发动对荆南的征讨。无论出于哪一种考虑，后唐对马殷的阳奉阴违不加谴责反加以封赏，说明马殷力量壮大的同时，事大政策具有不彻底性，在实行事大政策的同时夹杂着自大行为和思想。

第三，对内的奢靡和礼仪上的僭越。马希范当政期间是马楚政权军事上比较强盛的时期，马楚政权不仅在马殷的基础上继续扩展疆土，而且成功平定了五溪地区以彭士愁为首的蛮族的反叛，其他周边少数民族首领也纷纷降附。在自身军事实力不断增强的同时，马希范的僭越举动也愈加明显和放肆：“希范性刚愎，好以夸大为事，虽去半仗而军国制度皆拟乘舆，乃大兴土功，建天策府，中构九龙殿，仍以沉香为龙，其数八，各长百尺，皆抱柱而相向，作趋捧之势，而希范坐于其间，自谓一龙也。每凌晨，将坐，先使人焚香于龙腹中，烟气郁然而出，若口吐焉。自近古以来

① 《资治通鉴》卷二百七十五，后唐天成二年五月，第 9005 页。

② 《资治通鉴》卷二百七十五，后唐天成二年五月胡注，第 9005 页

③ 《资治通鉴》卷二百七十六，后唐天成三年三月，第 9015、9016 页。

诸侯王之奢僭，未有如此之盛者也。”[①] 很明显，马希范的行为是对封建君臣礼制的僭越，对封建礼制君臣礼仪规范的蔑视和破坏突出反映了马楚统治者的自大思想。

马楚事大政策与自大行为的交替以及表现强弱，在一定程度上反映了马楚力量的变化轨迹和中原王朝的发展倾向。朱梁时期，马殷在湖南立足不稳，力量有限，对后梁王朝依赖性较强。后梁由于南北受敌，穷于应付河东李克用集团的进攻和对付淮南杨吴政权的侵扰，朱氏对湖南等地根本无法实施真正的控制。正是在这样一种背景下，政治、军事、经济力量逐步发展壮大的马殷才敢于向后梁王朝屡邀封爵，获封楚王，建立天策府并开府置官署。

后唐以强大的声势灭掉后梁，在庄宗末年又提师攻灭前蜀，力量似乎颇为强大，但后唐军事上的强大没有维持多久。由于庄宗骄奢淫逸，听信伶人，国政不稳，最终在天成元年（926）被杀，一度对马楚等政权产生的震慑因之烟消云散，南方诸政权开始表现出对后唐王朝的轻视。南汉自此之后不复通中国，吴越钱镠趁机改元，荆南也向后唐王朝提出新的辖域要求。马楚的自大思想和行为也随之凸显，面对刚刚上台的明宗，马殷不但对其讨伐荆南的诏命阳奉阴违，而且积极筹划建国。甫登大宝的唐明宗为了稳定局势，对不奉诏命的马殷不仅未加以谴责和惩罚，反而册封其为楚国王。具有戏剧性意味的是，马殷自己虽然趁后唐力量孱弱、局势混乱之机开国，建立起一套王国统治体制，临终却遗命继位者“去建国之制，复藩镇之旧”，后继者马希声也依言行事。马殷为什么会要求后继者恢复藩镇体制，马希声为什么会自愿降格呢？这与后唐局势的改善有关。

明宗承庄宗之弊政，即位初期内外交困，但经其治理之后，后唐王朝出现了政局稳定，社会相对安定的局面：“天成、长兴间，比岁丰登，中原无事，言于五代，粗为小康。”[②] 中原力量相对强大，反叛的荆南重新归顺后唐。在这样一种背景下，马殷要求继承者在政治地位上降格，以此表明对中央推行事大政策的决心。去建国之制，复藩镇之旧的遗命和事实标志着马楚事大政策在削弱之后重新加强。

① 《三楚新录》卷一，第2页。

② 《旧五代史》卷四十四《唐明宗纪第十》，第610页。

马楚的事大政策在马希范时期再度出现变化。天福元年（937）石敬瑭以割地称臣等屈辱条件为代价，获得契丹势力的援助，推翻后唐王朝，建立后晋。后晋王朝的统治很不稳定，内部叛乱不断，先后发生了杨光远、范延光、李金全、安从进、安重荣等叛乱，这些叛乱使后晋王朝的内部政局十分混乱。对外，后晋虽然与契丹保持臣属关系，但两者之间的矛盾依然尖锐，后晋王朝始终处于契丹的高压之下。正是在这样一种内忧外患的窘迫处境下，后晋王朝对推行事大政策的马楚等国的控制十分软弱，仅仅流于形式。而马楚统治者目睹后晋的孱弱无能，其自大思想和行为表现得尤为明显，马希范生活的奢靡和对礼仪的僭越就是明证。

马希范死后，马楚政权陷入马希广和马希萼的内争之中，马楚政权的力量因此大为削弱，政治、军事、经济均全面走向衰落。在这样一种背景下，尽管后汉王朝是五代朝廷最为弱小的政权，马楚政权却因自身力量的削弱反而增加了对它的依赖程度。无论是马希广还是马希萼，都竭尽全力效忠中原的后汉王朝，以求获得实际上并不可靠的后汉王朝的支持。马楚政权的事大政策至此再一次加强。

在马希广与马希萼争夺后期，马希萼由于无法从后汉王朝获得所需的支持，转而投靠南唐。攻取潭州，继承马楚政权统治权之后，马希萼依旧实行臣附南唐的政策，马楚的事大政策被遗弃。马希崇驱逐马希萼夺取潭州军政后，同样依靠南唐来对抗朗州和衡山势力，臣附于南唐，事大政策继续被抛弃。但以王逵、周行逢为代表的朗州土著势力在一定程度上依附于中原王朝，这为后马楚政权推行事大政策奠定了基础。

后马楚政权建立之后，沿袭马氏政权时期对中原王朝的事大政策。后周经过一系列改革，军事、经济力量逐步壮大，遂有“混一天下之志”。在中原王朝力量不断加强，统一趋势更加明显的同时，后马楚政权因马氏内争之损耗和自身连绵不断的兵变而更加弱小，与中原王朝的力量差距急剧扩大，事大政策也因此推行得更加深入。王逵应命出兵鄂州，周行逢频繁朝贡等事实都证明了此点。

综上所述，可知马楚政权事大政策推行的程度与其和中原王朝的力量对比有关。但是，尽管马楚政权在推行事大政策过程中有程度的不同，其间不乏自大思想和行为，甚至出现过短暂的中断，但其对中原王朝推行事大政策的基本策略没有发生质的改变，终马楚政权始终，事大政策都是马楚统治者推行的基本政策。

第二节 马楚与中原各朝的关系

前面已经提到，事大政策是马楚统治者推行的处理与中原王朝关系的基本政策，马楚与中原王朝的关系基本是围绕事大政策展开的。那么，事大政策究竟包括哪些具体内容？马楚统治者是怎样推行事大政策的？这一节通过对事大政策内容的探讨来分析马楚与中原各朝的关系。

事大政策是马楚与中原王朝关系的核心，通常认为事大政策包括以下几点内容：第一，承认中原政权的天子为唯一合法的天子，尊奉其正朔，秉行其政令；第二，所辖藩镇节帅由朝廷任命；第三，藩镇在京师设置进奏院，委派进奏官，向朝廷汇报本镇事务；第四，朝廷在藩镇统辖区域内设置监军使院，对其军政事务进行监督和干预；第五，藩镇负有缴纳赋税和遣使朝贡的义务。[①] 除上述内容之外，对藩镇而言，事大政策的具体内容还包括响应朝廷的军事征召，协助中央平叛，等等。同时，事大政策的实施过程是中央与地方臣附政权的互动，中央在享受臣附政权推行事大政策的同时必须承担一定的责任。中原王朝对实行事大政策的臣附政权或藩镇主要负有以下责任：对臣附政权在政治、经济、军事等方面给予必要的援助；协调推行事大政策的地方政权与其周边政权的关系；对执行事大政策的统治者给予政治支持，确立其统治地位，拒绝觊觎者的窃权行为，等等。下面，我们从中原王朝与马楚自身这两个视角对马楚事大政策的推行情况进行分析，进而探讨马楚与中原王朝的关系。

事大政策是马楚政权处理与中原王朝关系的基本政策，是维系中原王朝与马楚政权关系的纽带，对马楚政权产生了深远的影响。尽管马楚政权在推行事大政策的过程中出现过反复，但总的来说贯彻得比较彻底，它直接反映了马楚与中原各朝的关系。马楚对中原王朝推行事大政策主要体现在以下几个方面。

第一，尊奉中原各朝为正朔，秉行其政令。马楚事大政策是马殷根据高郁等人的建议，在军事斗争过程中逐渐形成并最后定型的。事大政策定

---

① 何勇强：《钱氏吴越国史论稿》，浙江大学出版社2002年版，第218、219页。

型之后，继马殷之后的历任统治者马希声、马希范、马希广以及王逵、周行逢等均推行这一政策，尊奉中原王朝，使用与之同时的中原王朝的年号。“吴越、荆、楚，常行中国年号。”① 尽管事大政策在马希萼、马希崇当政时期遭到废弃，但持续时间很短。后马楚政权建立之后，其统治者重拾马氏政权时期的事大政策，奉中原王朝为正朔，使用中原王朝年号，一直持续至周保权纳土归宋。

在奉中原王朝为正朔，使用中原王朝年号的同时，马楚政权统治者在一定时期一定程度上秉行中原王朝的政令。马楚秉行中原王朝政令主要表现在对其军事调遣的响应（包括事实上的响应和形式上的响应）。事大政策本身要求马楚统治者执行中原王朝的相关政令，听从中原王朝的调遣，马楚统治者也的确在一定程度上秉行了中原王朝的政令。“梁太祖开平二年六月壬戌，岳州为淮寇所据，上以此郡五岭三湘水流会合之地，委输商贾靡繇于斯，遂令荆襄、湖南皆举舟师，悉力攻讨。王师既集，淮夷毁壁焚俘（郛）郭而遁。”② 马殷积极响应后梁王朝的诏命，七月，“湖南节度使马殷奏，天军先与本道兵士同收复明州，进赏犒将士钱十万贯”③。马殷不仅响应了后梁讨伐岳州的征伐，而且还与后梁联合攻下了明州。天成二年（927）二月，明宗下诏令马殷配合其他军队攻讨荆南：“荆南节度使、开府仪同三司、守太尉、兼尚书令、南平王高季兴可削夺官爵，仍令襄州节度使刘训充南面招讨使、知荆南行府事，许州节度使夏鲁奇为副招讨使，统蕃汉马步四万人进讨，以其叛故也。又命湖南节度使马殷以湖南全军会合。以东川节度使董璋充东南面招讨使，新授夔州刺史西方邺为副招讨使，共领川军下峡州，三面齐进。”④ 荆南处于马楚的北面，是马楚抵御中原力量南下的重要屏障，一旦荆南不存，马楚将直接处于中原王朝和吴、南唐的夹缝之间，攻灭荆南对马楚而言无异于自掘坟墓（后来北宋攻灭荆南之后直接南下，一举取下湖湘的周保权也证实了这一点），对马楚自身是不利的。尽管如此，马殷对后唐的诏命至少在形式上予以响应：“刘训兵至荆南，楚王殷遣都指挥使许德勋等将水军屯岳州。高季兴

① 《新五代史》卷七十一《十国世家年谱》，第873页。
② 《册府元龟》卷二百一十六《闰位部·征伐》，第2592页。
③ 《册府元龟》卷四百八十五《邦计部·济军》，第5799页。
④ 《旧五代史》卷三十八《唐明宗纪第四》，第520页。

坚壁不战，求救于吴，吴人遣水军援之。”[①] 尽管楚军仅驻屯岳州，对夹攻荆南的战略未予真正配合，而且对后唐王朝的军粮督促虚与委蛇，但毕竟在形式上与中央保持了一致。天福六年（941）十二月，后晋王朝讨伐叛乱的安从进，诏令马楚出兵，马希范对此予以积极配合：“丁亥，以高行周知襄州行府事。诏荆南、湖南共讨襄州。高从海遣都指挥使李端将水军数千至南津，楚王希范遣天策都军使张少敌将战舰百五十艘入汉江助行周，仍各运粮以馈之。”[②]

第二，向中原王朝进贡。在经济上对中原王朝进行朝贡是事大政策的重要内容，马楚政权也不例外。马楚对中原王朝的进贡不仅是体现臣属关系，获得政治支持的重要手段，同时也是向中央索求封爵的途径：“楚王希范知帝好奢靡，屡以珍玩为献，求都元帅；甲辰，以希范为诸道兵马都元帅。”[③] “武平节度使马希萼请与楚王希广各修职贡，求朝廷别加官爵。”[④] 为了获得中原王朝的支持，体现对中原王朝的臣附，进贡成为马楚统治者推行事大政策的重要表现形式之一，这在马氏政权时期表现得十分明显。

表4—1　　马氏诸王进贡表

朝代	时间	进贡者	进贡内容	资料来源
后梁	开平元年某月	马殷	梁太祖即位，殷遣使修贡，太祖拜殷侍中兼中书令，封楚王。 明年（天祐四年），梁王全忠改名晃，即皇帝位，改元，殷遣使修贡，且有劝进功。夏四月辛未，梁太祖拜殷侍中、兼中书令、封楚王	《新五代史》卷六十六《楚世家》 《十国春秋》卷六十七《武穆王世家》
	开平二年七月	马殷	开平二年七月，湖南节度使马殷奏，天军先与本道兵士同收复明州，进赏犒将士钱十万贯	《册府元龟》卷四百八十五《邦计部·济军》

① 《资治通鉴》卷二百七十五，后唐天成二年三月，第9004页。

② 《资治通鉴》卷二百八十二，后晋天福六年十二月，第9230页。

③ 《资治通鉴》卷二百八十五，后晋开运三年九月，第9310页。

④ 《资治通鉴》卷二百八十八，后汉乾祐元年八月，第9399页。

续表

朝代	时间	进贡者	进贡内容	资料来源
后唐	同光元年十月	马殷	唐同光初，首修职贡，复授太师、兼尚书令、楚王。 帝遣使宣谕诸道，梁所除节度使五十余人皆上表入贡。楚王殷遣其子牙内马步都指挥使希范入见，纳洪、鄂行营都统印，上本道将吏籍。 唐庄宗灭梁，殷遣其子希范修贡京师，上梁所授都统印	《旧五代史》卷一百三十三《马殷传》 《资治通鉴》卷二百七十二后唐同光元年十月 《新五代史》卷六十六《楚世家》
后唐	同光二年十月	马殷	十月，湖南进罗浮柑子……湖南马殷进万寿节银龙凤陷花漆浴斛一，盘龙御衣、龙凤鞶金[illegible]腰、龙凤装箭箙、龙凤朱背弓、红丝弦、金镀头箭，银千两。 冬十月，进罗浮柑子于唐，又遣使贺唐主万寿节，进银龙凤陷花漆浴斛一事，盘龙御衣、龙凤鞶金鞢腰、龙凤装箭箙、龙凤朱背弓、红丝弦、金镀头箭各①一副，白金一千锭	《册府元龟》卷一百六十九《帝王部·纳贡献》 《十国春秋》卷六十七《武穆王世家》
后唐	同光三年二月	马殷	三年二月，桂州马赍贡方物……湖南马殷进罗浮柑子	《册府元龟》卷一百六十九《帝王部·纳贡献》
后唐	天成二年五月	马殷	明宗即位，遣使修贡，并贺明年正月，荆南高季昌执其贡使史光宪。殷遣袁诠、王环等攻之，至其城下，季昌求和，乃止。 楚王殷遣中军使史光宪入贡，帝赐之骏马十，美女二。 是月，遣中军使史光宪入贡于唐，唐主赐王骏马十，美女二。道过江陵，南平王季兴执光宪而夺其物	《新五代史》卷六十六《楚世家》 《资治通鉴》卷二百七十五后唐天成二年五月 《十国春秋》卷六十七《武穆王世家》

① 《十国春秋》卷六十七《武穆王世家》原作“冬”，据《文渊阁四库全书》及文意改。

续表

朝代	时间	进贡者	进贡内容	资料来源
后唐	长兴三年十月	马希范	（十月）癸酉，湖南马希范、荆南高从诲并进银及茶，乞赐战马，帝还其直，各赐马有差。 十月，癸酉，湖南马希范、荆南高从诲并进银及茶。所上章各称与强寇比邻，长资防捍，希宣赐战马以助军容。帝曰："湖南接淮寇，请马为宜，荆南在内地，何烦设备？"赵延寿奏曰："藩臣求马，不宜受直，请还其献，量赐马数十匹。"帝曰："然。"乃赐希范马五十匹，从诲二十匹，还其献	《旧五代史》卷四十三《唐明宗纪第九》 《册府元龟》卷一百六十八《帝王部·却贡献》
后晋	天福二年九月	马希范	九月辛亥，湖南马希范进助大茶三万斤	《册府元龟》卷四百八十五《邦计部·济军》
后晋	天福二年十一月	马希范	（十一月）丁丑，湖南马希范贡宝装龙凤器用、结银花果子等物，帝览之，谓侍臣曰："奇巧荡心，斯何用耳！但以来远之道，不欲阻其意。"闻者服之。 十一月，湖南马希范进金漆、柏木、银装、起突龙凤茶、床椅子、踏床子、红罗、金银、绵绣褥、红丝网子，又进金银玳瑁、白檀香、器皿、银结条、假果花树、龙凤銮、画皷等物，又进含膏、桃源洞白茅、百灵藤、渠江、南岳紫盖峰、白云洞清花等茶，又进蝉翼、钟乳头、香石、亭脂、木瓜丸一万颗、药橄榄子。帝览之，谓侍臣曰："奇巧荡心，斯何用耳！药茗可进，而丸可食乎！但地僻海曲，习以成风，来远之道遽止为难，宜令所司与收。"闻者服其俭德①	《旧五代史》卷七十六《晋高祖纪第二》 《册府元龟》卷五十六《帝王部·节俭》

① 这段材料同书卷一百六十九《帝王部·纳贡献》亦有记载，但归为天福二年十二月事。

续表

朝代	时间	进贡者	进贡内容	资料来源
后晋	天福三年十二月	马希范	十二月乙酉，王贡晋御辇一乘，金漆柏木镂金花版，银装真珠车渠，红丝网囊悉备，又进谢恩除江南诸道都统，绢二千匹，又进谢改功臣、加食邑，银钞锣四十面，重二千两，土绢、土絁、吉贝布共三千疋，麸金五十两。 乙酉，湖南马希范进御辇一乘、金漆柏木镂金花板、银装真珠车渠，红丝网囊。又进谢恩除江南诸道都统，绢二千匹，又进谢改功臣、加食邑，银钞锣四十面，重二千两。又进土绢、土絁、吉贝布共三千匹。谢恩放免逐年三十五万茶税又进麸金五十两。 戊戌，湖南进助国银一万两	《十国春秋》卷六十八《文昭王世家》 《册府元龟》卷一百六十九《帝王部・纳贡献》 《册府元龟》卷四百八十五《邦计部・济军》
后晋	天福五年二月	马希范	五年二月，戊申，湖南进卧辇一乘、御衣一袭，与凤文之靴、龙玉之带	《册府元龟》卷一百六十九《帝王部・纳贡献》
后晋	天福六年八月	马希范	六年八月甲寅，湖南遣使进金银器及方物 天福六年秋八月甲寅，贡晋金银器及方物。	《册府元龟》卷一百六十九《帝王部・纳贡献》《十国春秋》卷六十八《文昭王世家》
后晋	天福六年十月	马希范	甲午，湖南贡诸色香药蜡面含膏茶。 冬十月，遣使贡诸色香药蜡面含膏茶于晋	《册府元龟》卷一百六十九《帝王部・纳贡献》《十国春秋》卷六十八《文昭王世家》
后晋	天福六年十一月	马希范	（十一月）丁酉，遣使贡晋吉贝等三千匹、白蜡一万斤、朱砂五百斤、别进漆器万余事。 丁酉，湖南遣使献吉贝等三千匹，白蜡一万斤，朱砂五百斤，并诸香药五千余斤，别进漆万余事	《十国春秋》卷六十八《文昭王世家》 《册府元龟》卷一百六十九《帝王部・纳贡献》

续表

朝代	时间	进贡者	进贡内容	资料来源
后晋	天福七年闰三月	马希范	七年闰三月，湖南奏差人押军运粮米一万石往襄州军，前进计四万石	《册府元龟》卷四百八十五《邦计部·济军》
后晋	开运二年十月	马希范	开运二年十月，湖南进供御细绢六千匹，衣着白罗一百匹，筒卷白罗十匹，锦绮褥面十床，锦绮背十合	《册府元龟》卷一百六十九《帝王部·纳贡献》
后汉	乾祐元年十月	马希广	十月丁酉，湖南马希广贡除夜游春图、女侠画障、真珠枕，及端午金银雕装物色。帝年未及冠，服玩好奢，尝为七宝枕、玉枕、玉缸、鉼盘之类，而湖湘贡侈物益荡其心。 冬十月丁酉，王贡汉除夜游春图、女侠画障、真珠枕，及端午金银雕床物色	《册府元龟》卷一百六十九《帝王部·纳贡献》 《十国春秋》卷六十九《废王世家》
后汉	乾祐元年十一月	马希广	十一月，两浙贡茶三万四千斤，及香药兵仗。湖南贡茶五万斤	《册府元龟》卷一百六十九《帝王部·纳贡献》
后汉	乾祐元年十二月	马希萼	又朗州节度马希萼献银器千五百两，降诏奖饬，仍谕之云："所修职贡，旧有规程，念航深梯险之劳，重违卿意，在诱善劝忠之道，本实朕心。今后凡有进献，可与希广商量，庶叶雍和，不爽体制。" 癸未，王兄希萼献汉银器千五百两，汉主降诏慰谕曰："所修职贡，旧有规程，念航深梯险之劳，重违卿意，在诱善劝忠之道，本实朕心。今后凡有进献，可与希广商量，庶叶雍和，不爽体制。"希萼不能从	《册府元龟》卷一百六十九《帝王部·纳贡献》 《十国春秋》卷六十九《废王世家》
后汉	乾祐二年九月	马希广	秋九月，王献汉绢二万匹，白金一万五千两，玳瑁宝装龙凤床一具，盘龙椅子、蹋床子各一合，戏龙二，银食器六十八事，真珠花、银果子共千两。 二年九月壬寅，湖南马希广献绢二万匹，银一万五千两，玳瑁宝装龙凤板床、盘龙椅子、蹋床子、银戏龙二、银食器六十八事，真珠花、银果子，其银共千两	《十国春秋》卷六十九《废王世家》 《册府元龟》卷一百六十九《帝王部·纳贡献》

从表4—1可以看出，马楚政权自马殷开始至马希广结束，各王对中原王朝都存在不同程度的朝贡。尽管这几位统治者朝贡的频率和数量存在差异，但朝贡事实的连续不断说明了马楚政权的事大政策在四王时期总体上是稳定的。就朝贡的次数而言，后梁时期朝贡较少，后唐增多，后晋时期发展到顶峰，后汉时期又减少。朝贡的变化反映了马楚政权与中原王朝力量对比的变化过程。后梁时期，马殷对中原王朝的进贡很少，这主要是因为后梁王朝南北受敌，穷于应对，对马殷存在一定程度的依赖，故而马殷的朝贡较少，更多地表现为对后梁军事行动的配合。后唐力量相对强大，明宗时期更是发展到五代一个前所未有的高度，马楚统治者的朝贡因而也随之增多。后晋虽然孱弱，但马楚的进贡并没有因此减少，这与马希范在位时间较长，且在推行自大政策的同时加强对中原的朝贡有关。后汉时期，马楚的朝贡急剧减少，这是因为马楚内争已经白热化，马希广无暇也无力频繁地对中原王朝进行朝贡，后汉王朝历时短暂力量弱小也是一个重要原因。自马希广之后，马楚政权相继由马希萼、马希崇执掌，事大政策被暂时废弃，因而也就不存在对中原王朝的朝贡。需要说明的是，马希萼曾经对后汉王朝进行过朝贡，但朝贡时马希萼的身份是朗州节度使而非湖南督府的统治者，其目的是获得后汉王朝的支持以战胜马希广，因而，马希萼的朝贡并不能作为马楚事大政策的反映。相反，马希萼、马希崇投靠南唐之后，对中原王朝的朝贡结束，事大政策也就暂时中断。

第三，接受中原王朝的册封，权力继承经中原王朝认可。推行事大政策的马楚统治者均接受中原王朝的册封，其管辖的藩镇节帅也由中原王朝任命，虽然这种任命大多是一种事后承认，但反映了马楚对中原王朝在形式上的遵从。在继承人的选择上，马楚统治者尽管完全有权决定其人选，但在实际的权力交接完成之后，必须在形式上获得中原王朝的册封认可，尽管这种册封同样是对既成事实的追认，却同样不可缺失。下面，我们以表格的形式来探讨马楚主要成员接受中原王朝册封的情况。

表 4—2 **马楚主要成员受封表**

受封者	受封朝代	受封时间	受封内容	资料来源
马殷	唐	天复二年三月	加武安节度使马殷同平章事。淮南、宣歙、湖南等道立功将士，听用都统牒承制迁补，然后表闻	《资治通鉴》卷二百六十三天复二年三月
	后梁	开平元年四月	梁太祖开平元年四月即位，制武安军节度使马殷进封楚王。 辛未，武安军节度使马殷进封楚王。 梁开平元年四月，封湖南节度使马殷为楚王。 辛未，以武安节度使马殷为楚王	《册府元龟》卷一百九十六《闰位部·封建》、《旧五代史》卷三《梁太祖纪第三》、《五代会要》卷十一《封建》、《资治通鉴》卷二百六十六后梁开平元年四月
		开平元年八月	辛亥，以吴越王镠兼淮南节度使，楚王殷兼武昌节度使，各充本道招讨制置使	《资治通鉴》卷二百六十六后梁开平元年八月
		开平四年六月	楚王殷求为天策上将，诏加天策上将军。殷始开天策府，以弟赍为左相，存为右相	《资治通鉴》卷二百六十七后梁开平四年六月
		乾化二年四月	夏，四月，癸丑，以楚王殷为武安、武昌、静江、宁远节度使，洪、鄂四面行营都统	《资治通鉴》卷二百六十八后梁乾化二年四月
		同光元年某月	是年，湖南节度马殷首修职贡，复封楚王	《册府元龟》卷一百二十九《帝王部·封建》
		同光二年四月	乙亥，加楚王殷兼尚书令。 乙亥，以天策上将军、武安等军节度使、守太师、中书令、楚王马殷可依前守太师，兼尚书令	《资治通鉴》卷二百七十三同光二年四月、《旧五代史》卷三十一《唐庄宗纪第五》

续表

受封者	受封朝代	受封时间	受封内容	资料来源
马殷	后梁	天成元年九月	加楚王殷守尚书令。 癸酉，天策上将军、湖南节度使、开府仪同三司、守太师、兼尚书令、楚王马殷可检校太师、守尚书令。 明宗天成元年九月制：扶天辅国翊佐功臣、天策上将军、武安等军节度、湖南鄂岳等道管内观察处置兼三司水陆发运等使、开府仪同三司、守太师兼尚书令、潭州大都督府长史、使持节都督鄂州诸军事、守鄂州刺史上柱国楚王食邑一万七千户，食实封一千五百户。马殷可简（检）校太师守尚书令，余并如故	《资治通鉴》卷二百七十五后唐天成元年九月、《旧五代史》卷三十七《唐明宗纪第三》、《册府元龟》卷一百七十八《帝王部·姑息三》
		天成二年六月	丙申，封楚王殷为楚国王。 六月，封湖南节度使马殷为楚国王。 六月，以天策上将军湖南节度使楚王马殷封楚国王。 丙申，以天策上将军、湖南节度使、开府仪同三司、检校太师、守尚书令、楚王马殷为守太师、尚书令，封楚国王	《资治通鉴》卷二百七十五后唐天成二年六月、《五代会要》卷十一《封建》、《册府元龟》卷一百二十九《帝王部·封建》、《旧五代史》卷三十八《唐明宗纪第四》
马希声	后唐	长兴元年十月	辛亥，以武安军节度副使、洪鄂道行营副都统、检校太尉马希声为武安军节度使，加兼侍中。时湖南马殷奏，久病不任军政，乞以男希声为帅，故有是命	《旧五代史》卷四十一《唐明宗纪第七》
		长兴元年十二月	庚戌，以武安节度使马希声为武安、静江节度使，加兼中书令	《资治通鉴》卷二百七十七后唐长兴元年十二月
	后汉	乾祐二年五月	五月甲辰朔，故湖南节度使、检校太尉、兼中书令、扶风郡公、赠太师马希声追封衡阳王	《旧五代史》卷一百二《汉隐帝纪中》

续表

受封者	受封朝代	受封时间	受封内容	资料来源
马希范	后唐	同光二年二月	丁酉，以武安军衙内马步军都指挥使、昭州刺史马希范为永州刺史、检校太保	《旧五代史》卷三十一《唐庄宗纪第五》
		天成元年十二月	以武安军马步军都指挥使马希范为澧州刺史	《旧五代史》卷三十七《唐明宗纪第三》
		长兴二年五月	甲申，以权知朗州军州事、守永州刺史马希范为洪州节度使、检校太傅	《旧五代史》卷四十二《唐明宗纪第八》
		长兴三年九月	九月壬午，以镇南军节度使、检校太傅马希范为湖南节度使、检校太尉、兼侍中。 壬午，以镇南节度使马希范为武安节度使，兼侍中	《旧五代史》卷四十三《唐明宗纪第九》、《资治通鉴》卷二百七十八后唐长兴三年九月
		长兴四年二月	乙卯，以马希范为武安、武平节度使，兼中书令	《资治通鉴》卷二百七十八后唐长兴四年二月
		长兴四年二月	（丁巳）以静江节度副使马希范为鄂州节度使	《旧五代史》卷四十四《唐明宗纪第十》
		应顺元年正月	武安、武平等军节度观察等使，检校太尉兼中书令行潭州大都督府长史扶风郡侯马希范可封楚王。 湖南节度使、检校太尉、兼中书令马希范封楚王。 壬辰，以荆南节度使高从诲为南平王，武安、武平节度使马希范为楚王①	《册府元龟》卷一百二十九《帝王部·封建》、《旧五代史》卷四十五《唐闵帝纪》、《资治通鉴》卷二百七十八后唐清泰元年正月

① 《五代会要》卷十一《封建》对此亦有记载："广顺元年五月，封荆南节度使高从海为南平王，湖南节度使马希范为楚王。"根据《册府元龟》《旧五代史》和《资治通鉴》的记载可知，广顺乃应顺之误，"五"与"正"形近易讹，"五月"当作"正月"。

续表

受封者	受封朝代	受封时间	受封内容	资料来源
马希范	后汉	天福二年十二月	诏加马希范江南诸道都统，制置武平、静江等军事	《资治通鉴》卷二百八十一后晋天福二年十二月
		天福四年五月	戊申，加楚王希范天策上将军，赐印，听开府置官属。 戊申，湖南节度使马希范加天策上将军	《资治通鉴》卷二百八十二后晋天福四年五月、《旧五代史》卷七十八《晋高祖纪第四》
		天福七年七月	湖南节度使、楚王马希范加守太傅。自是藩侯郡守，皆第加官封，示溥恩也	《旧五代史》卷八十一《晋少帝纪第一》
		天福八年三月	丁亥，天策上将军、湖南节度使、楚王马希范加守尚书令、兼中书令	《旧五代史》卷八十一《晋少帝纪第一》
		开运三年九月	甲辰，以天策上将军、江南诸道都统、楚王马希范兼诸道兵马都元帅。 楚王希范知帝好奢靡，屡以珍玩为献，求都元帅；甲辰，以希范为诸道兵马都元帅	《旧五代史》卷八十四《晋少帝纪第四》、《资治通鉴》卷二百八十五后晋开运三年九月
马希广	后唐	长兴四年二月	以鄂州节度使马希广为检校太尉、同平章事，充桂州节度使	《旧五代史》卷四十四《唐明宗纪第十》。
	后晋	天福八年三月	以武安军节度副使、永州团练使马希广为检校太尉，领洪州镇南军节度使	《旧五代史》卷八十一《晋少帝纪第一》
	后汉	天福十二年七月	甲午，武安军节度副使、水陆诸军副都指挥使、判内外诸司、江南西道观察等使、检校太尉马希广可检校太师、兼中书令，行潭州大都督、天策上将军，充武安军节度、湖南管内观察使、江南诸道都统，封楚王。 汉天福十二年七月，封湖南节度使马希广为楚王。 秋，七月，甲午，以马希广为天策上将军、武安节度使、江南诸道都统，兼中书令，封楚王	《旧五代史》卷一百《汉高祖纪下》 《五代会要》卷十一《封建》 《资治通鉴》卷二百八十七后汉天福十二年七月

续表

受封者	受封朝代	受封时间	受封内容	资料来源
马希广	后汉	乾祐元年四月	天策上将军、湖南节度使、检校太师、兼中书令、楚王马希广加守中书令	《旧五代史》卷一百一《汉隐帝纪上》
		乾祐二年十月	壬午，两浙钱弘俶加守尚书令，湖南马希广加守太尉。 壬午，加吴越王弘俶尚书令，楚王希广太尉	《旧五代史》卷一百二《汉隐帝纪中》、《资治通鉴》卷二百八十八后汉乾祐二年十月
马希萼	后晋	天福八年三月	朗州武平军节度使马希萼加检校太尉，进封爵邑	《旧五代史》卷八十一《晋少帝纪第一》
马赉	后梁	乾化元年十二月	十二月，乙卯，以朗州留后马赉为永顺节度使、同平章事	《资治通鉴》卷二百六十八后梁乾化元年十二月
	后唐	同光二年四月	癸巳，以静江军节度使、扶风郡王马赉为检校太师、兼中书令，依前静江军节度使	《旧五代史》卷三十一《唐庄宗纪第五》
		长兴二年正月	庚辰，以静江军节度使马赉卒，废朝，赠尚书令。 是月，静江军节度马赉卒，废朝，赠尚书令	《旧五代史》卷四十二《唐明宗纪第八》、《册府元龟》卷一百七十八《帝王部·姑息三》
马存	后唐	同光二年九月	乙卯，以前振武节度使、安北都护马存可依前检校太尉、兼侍中，充宁远军节度使、容管观察使	《旧五代史》卷三十二《唐庄宗纪第六》
		清泰二年二月	壬午，宁远军节度使马存加兼侍中	《旧五代史》卷四十七《唐末帝纪中》

续表

受封者	受封朝代	受封时间	受封内容	资料来源
马希振	后唐	同光二年四月	以朗州节度使马希振为检校太傅、兼侍中，依前朗州节度使	《旧五代史》卷三十一《唐庄宗纪第五》
		天成元年十月	澧朗观察使、检校太傅、兼侍中马希振加检校太尉	《旧五代史》卷三十七《唐庄宗纪第三》
		长兴二年八月	丙寅，以武平军节度使马希振依前检校太尉、兼侍中，充虔州昭信军节度使	《旧五代史》卷四十二《唐明宗纪第八》
		长兴四年二月	丁巳，以虔州节度使、检校太尉、兼侍中马希振为洪州节度使	《旧五代史》卷四十四《唐明宗纪第十》
		清泰二年二月	镇南军节度使马希振加兼中书令	《旧五代史》卷四十七《唐末帝纪中》
	后晋	天福七年十二月	庚午，故洪州节度使马希振追封齐国公	《旧五代史》卷八十一《晋少帝纪第一》
马希杲	后唐	天成元年十二月	（以）铁林都知事马希杲为衡州刺史	《旧五代史》卷三十七《唐明宗纪第三》
	后晋	天福二年九月	庚申，静江军节度使、检校太尉、同平章事马希杲加阶爵及功臣名号①	《旧五代史》卷七十六《晋高祖纪第二》
		天福八年三月	己丑，桂州节度使马希杲依前检校太尉、兼侍中，兼知朗州军州事	《旧五代史》卷八十一《晋少帝纪第一》
		开运元年七月	天策府都护军、桂州节度使、知朗州军事马希杲加检校太师	《旧五代史》卷八十三《晋少帝纪第三》
马希瞻	后晋	天福八年三月	以武平军节度副使、岳州团练使马希瞻（原本作赡，根据校勘记改）为检校太尉，领卢州昭信军节度使	《旧五代史》卷八十一《晋少帝纪第一》

① 材料虽然没有明确说明究竟授予马希杲何种官爵，但既加阶爵，则自然是对马希杲进行封授，故一并计入。

续表

受封者	受封朝代	受封时间	受封内容	资料来源
马希彝	后唐	长兴二年五月	以权知桂州军府事、富州刺史马希彝为鄂州节度使、检校司徒①	《旧五代史》卷四十二《唐明宗纪第八》

从表4—2可以看出，马楚政权的主要统治者无论是马氏诸王还是桂州、朗州藩镇节帅的任命，都经过了中原王朝的正式封授，尽管这种封授实际上只不过是对既成事实的承认，但册封过程本身反映了中原王朝对马楚至少是名义上的控制权。正是通过接受中原王朝的册封，集中体现了马楚政权对中原的臣服。自马希广之后至马楚灭亡前的广顺元年（951），马楚在此期间先后存在两位主要的统治者：马希萼和马希崇。从表4—2可以看出，除马希萼在天福八年（943）由后晋王朝进行了封授之外，中原王朝并没有再对马希萼和马希崇进行封授，这是因为马希萼、马希崇依附南唐，事大政策暂时中断的缘故。至于后马楚政权，无论是刘言、王逵、周行逢还是周保权均接受了中原王朝的册封，这点在第二章已进行说明，不赘述。

第四，恪守君臣之礼，遵从中原王朝的礼法。中国古代社会是一个礼制社会，礼法对维护政权稳定，确保统治者的地位具有极其重要的作用："夫礼，先王以承天之道，以理人之情，失之者死，得之者生。故圣人以礼示之，天下国家可得而正也。"② 正因如此，礼法成为统治者维护权威的重要工具，恪守礼法，不僭越礼仪则是人臣的重要准则。对于推行事大政策的统治者来说，恪守礼法无疑是最基本的要求，马楚统治者在一定程度上做到了这一点。首先，马楚统治者死后，继任者为之向中原王朝请谥而不私自定谥。长兴元年（930）马殷逝世，马希声继位，遣使向后唐王朝为马殷请谥。长兴二年（931）明宗下诏："故保邦崇德忠略康济功臣、天策上将军、开府仪同三司、守太师、尚书令、上柱国、楚王、食邑一万

① 各史书对马希彝与马氏家族的关系记载不详，笔者认为他是马殷诸子之一。根据有二：马希彝的姓名结构与马氏诸子的构名方式完全一致；长兴二年马楚政权已进入马氏家族式统治时期，马楚掌握下的谭州、朗州、桂州三大藩镇力量均由马氏成员控制。能够"权知桂州军府事"，马希彝无疑是马氏一族的重要成员。

② 《通典》卷四十一《礼一》，第1119页。

八千户，食实封一千六百户马殷品位俱高，封崇已极，无官可赠，宜赐谥兼神道碑文，仍以王礼葬。”[①] 马殷被赐谥为武穆：“马殷官爵俱高，无以为赠，谥曰武穆。”[②] 马希范死后，同样由当时的后晋王朝赠谥：“文昭，故天策上将军、湖南节度使、守尚书令、赠太师马希范。”[③] 其次，恪守礼法还表现在对中原王朝统治者名讳的规避上。同光三年（925），“癸亥，湖南马殷奏管内州县名有犯献祖庙讳处，道州延昌县复旧名延唐县，郴州义昌县改为义彰县，岳州昌江县改为平江县，所司铸换新印赐之”。[④] 由于延昌县、义昌县、昌江县等犯后唐献祖李国昌名讳，所以纷纷易名。值得注意的是，延昌县改名为延唐县后终后唐王朝无复改变，但随着中原王朝的更替和易姓，延唐县因犯后晋统治者名讳而再次改名。天福七年（942），“秋七月癸未朔，百官素服临于天清殿。戊子，诏应宫殿、州县及官名、府号、人姓名，与先帝讳同音者改之”。[⑤] 延唐县之“唐”与晋高祖名讳中的“瑭”同音，按诏令“与先帝讳同音者改之”的要求必须改名，那么，马楚统治者是否遵从后晋王朝诏命，将延唐县改名呢？回答是肯定的，我们可以从《册府元龟》的记载得到佐证：“晋高祖讳敬瑭，少帝天福七年，敕应殿名及州县名、职名等有与高祖讳犯者悉改之。明堂为宣德殿，唐州为泌州，思唐州为思化州……道州延唐为延喜，福州福唐为南台，寿州盛唐为来化，鄂州唐年为临江，杭州钱唐为钱江，唐山为横山，台州唐兴为台兴，随州唐城为汉东，代州唐林为广武……”[⑥] 由此可见，马楚统治者遵照后晋王朝的诏令，将道州延唐县改名为延喜县。从由延昌改名为延唐，再由延唐易名为延喜这一变化过程可知，马楚统治者遵从了中原王朝的礼法。当然，马楚统治者对中原王朝礼法的遵从是相对的，在马楚实力扩张，自大行为表现明显时，其对封建礼法的遵从就相对有限，甚至出现礼仪上的僭越，这在马希范时期表现得尤为明显：“近古以来诸侯王之奢僭未有如此之盛者也。”马楚统治者对礼法的僭越体现了其事大政策的局限性和多变性。

① 《册府元龟》卷一百七十八《帝王部·姑息三》，第2143页。
② 《新五代史》卷六十六《楚世家》，第825页。
③ 《五代会要》卷十二《谥》，第159页。
④ 《册府元龟》卷三十一《帝王部·奉先四》，第335、336页。
⑤ 《旧五代史》卷八十一《晋少帝纪第一》，第1068页。
⑥ 《册府元龟》卷三《帝王部·名讳》，第38页。

第五，重大事务的处理报请中原王朝批准。马楚政权实际上是一个藩镇性质的、具有相当独立性的政治实体，有相对独立的处理自身内部事务的权力，但这种权力有一定限度。同马楚统治者的地位必须得到中原王朝的册封确认一样，马楚在其他重大事务的处理上同样需要征得中原朝廷的批准。由于中原王朝的力量有限，对马楚的控制大都是名义上的，因此，中原朝廷对马楚统治者往往是有请必准，有奏必依，从而形成了一种对既成事实事后承认的处理程式。这主要包括以下几个方面的内容。

境内山川岳渎封赠名号需中原王朝确认。由于生产力条件等的限制，古人对山川岳渎、灵山圣迹往往心怀敬畏，认为这些事物具有某种超自然的力量，在冥冥之中对人的活动产生影响，统治者往往要给辖域内的山川岳渎、灵山圣迹一些封号，以祈求得到这些力量的庇护。“天子祭天下名山大川，五岳视三公，四渎视诸侯。诸侯祭名山大川之在其地者。”[①] 马楚政权的统治者也不例外，但他们本身并无直接封授的权力，必须请求中原王朝对所祭祀崇拜的对象封赠名号。天祐二年（905）六月，“壬寅，湖南马殷奏，岳州洞庭、青草之侧，有古祠四所，先以荒圮，臣复修庙了毕，乞赐名额者。敕旨黄陵二妃祠曰懿节，洞庭君祠曰利涉侯，青草祠曰安流侯；三闾大夫祠，先以澧朗观察使雷满奏，已封昭灵侯，宜依天祐元年九月二十九日敕处分”[②]。清泰二年（935）五月“湖南马希范奏青草等四庙各乞进封，敕青草庙安流侯宜进封广利公，洞庭庙利涉侯进封灵济公，磊石庙昭灵侯进封威显公，黄陵二妃庙旧封懿节庙，改封昭烈庙”[③]。“湖南青草庙旧封安流侯，进封广利公；洞庭庙进封灵济公；磊石庙旧封昭灵侯，进封威显公；黄陵二妃庙旧封懿节庙，改封昭烈庙，从马希范之请也。”[④] “汉隐帝乾祐三年八月，以蒙州城隍神为灵感王，从湖南请也。时海贼攻州城，州人祷于神，城得不陷，故有是请。希广又言永州有杏将军祠，郡人水旱祈祷有应，乞赐封崇，敕宜赐太保。”[⑤] 马楚统治者请求中原王朝对辖域内祭祀对象的封赠体现了其对事大对象的尊崇。

行政区划的改名、隶属变更、废置乃至督府地点的改易必须获得中原

① 《礼记·王制》，第13页。

② 《旧唐书》卷二十下《哀帝纪》，第797页。

③ 《册府元龟》卷三十四《帝王部·崇祭祀三》，第373页。

④ 《旧五代史》卷七十六《晋高祖纪第二》，第1001页。

⑤ 《册府元龟》卷三十四《帝王部·崇祭祀三》，第374页。

王朝的允许。马楚最初仅据有潭州一地，随着势力的扩张，辖域不断扩大，最终发展至二十余州，随后因力量变化而出现辖域的伸缩，但马楚基本拥有包括潭州在内的以今湖南地域为主的十州。马楚政权无论是辖有二十余州的强盛时期还是后来疆域相对缩小时期，马楚对其辖域内行政区划的改名、隶属变更、增置等都报请中原王朝批准，体现出行政区划上与中央的统一性。诚然，马楚对行政隶属的变更、增置、撤并等行为实际上拥有相当的独立性，无论中原王朝力量强弱与否，在事实上均无法对其施加实质性的影响，只能是对既成事实进行确认，尽管如此，马楚统治者依然必须经过中原王朝批准这一程序。天福四年（939）四月，晋高祖下诏："升永、岳二州为团练使额，改湘川县为全州，从马希范之奏也。"[①] 少帝开运三年（946）二月，"升桂州全义县为溥州，仍隶桂州，其全义县改为德昌县，从湖南马希范所请也"[②]。汉隐帝乾祐二年（949）七月，"湖南奏，析长沙县东界为龙喜县。从之"[③]。从上述材料可以看出，马楚政权行政区划的变动，无论是改名、废置还是改隶等都在形式上获得了中原王朝的批准。材料云"析长沙县东界为龙喜县"，后晋王朝"从之"，说明马希广事实上已经完成了龙喜县的析置工作，奏请后晋仅仅是一个程序。事实上，和前面山川岳渎的封赠一样，中原王朝对马楚统治者在辖区内进行的行政区划变动不会也无法进行有效的干预，故往往有奏必从。此外，对督府地址的变换同样需要报请中原王朝批准，这在后马楚政权时期表现得尤为明显，刘言移使府于朗州，王逵复移至潭州，旋又移至朗州，这些转换过程都报请并得到了中原王朝的批准。

第六，向中原王朝汇报辖域内的情况，充当沟通中原王朝与其他地方力量的纽带。马楚政权是依附于中原的臣属政权，除了在一定程度上执行中原王朝的政令之外，还必须向中原王朝汇报统辖区域内的情况，尽管所谓的汇报大多是事情完毕之后履行一个告知中原王朝的程式，但行动本身反映了马楚对中原王朝的臣属，也是事大政策的重要体现。首先，在军事行动取得胜利后告捷中原王朝。开平元年（907）五月，"湖南节度使马殷奏克袁州，大破淮寇，画图以进，宣示宰臣。先是，淮夷袭陷洪州，并

① 《旧五代史》卷七十八《晋高祖纪第四》，第 1028 页。

② 《旧五代史》卷八十四《晋少帝纪第四》，第 1114 页。

③ 《旧五代史》卷一百二《汉隐帝纪中》，第 1359 页。

有宜春，袁民厌淮夷苛政且忿其屠戮，而征赋烦重，乃有边界酋首潜以人情利害导湖南之兵取袁州，淮夷贼寇失守，举郡皆没，杀伤甚众，马殷屯兵戍守，以捷来奏”①。天成三年（928），“癸丑，湖南马殷奏，二月中，大破淮寇二万，生擒将士五百人”②。天福五年（940）七月，“湖南奏：遣天策府步骑将张少敌领兵五万，楼船百艘，次于岳阳，将进讨淮夷也”③。天福六年（941）四月“湖南奏，溪州刺史彭士愁、五溪酋长等乞降，已立铜柱于溪州，铸誓状于其上，以《五溪铜柱图》上之”④。其次，马楚还负有沟通中原，汇报其他政权动态的任务，“武安军节度使马殷进呈虔州刺史卢延昌笺表。虔州本支郡也，兵甚锐，自得韶州益强大，升为百胜军使。始洪州之陷，卢光稠愿收复使府，立功自效，上因兼授江西观察留后。光稠卒，复命延昌领州事，方伯亦颇慰荐。杨渭遣人伪署爵秩，延昌佯受官牒，礼遣其使，因湖南自表其事曰：‘郡小寇迫，欲缓其奸谋，且开导贡路，非敢贰也。’以其伪制来自陈，上览奏曰：‘我方有北事，不可不甚加抚恤。’”⑤ 天福五年（940）十月，“癸卯，湖南上言：福建王延羲与弟延政互起干戈，内相侵伐”⑥。

第七，履行一定的土贡义务。马楚作为一个地方割据政权，具有很大的独立性，在财政上几乎没有对中原王履行任何赋税义务，“自署官吏，征赋不供”⑦ 是其真实写照。但马楚政权对中原王朝存在比较固定的土贡，履行了一定的“任土作贡”义务，这同样反映了马楚对中原王朝的臣属与依附。需要说明的是，土贡与前面所说的进奉和朝贡是不同的，土贡是一种规定了数量和种类乃至大体时间的法定义务，具有固定性，而进奉具有灵活性和多变性，在时间上具有随意性，在数量上具有不确定性。作为割据政权的马楚对中原王朝履行了一定的土贡义务是可以确定的，下面的史料可资证明，开平二年（908）七月，“殷奏于汴、荆、襄、唐、郢、复州置回图务，运茶于河南、北，卖之以易缯纩、战马而归，仍岁贡

① 《册府元龟》卷四百三十五《将帅部·献捷二》，第 5167 页。

② 《旧五代史》卷三十九《唐明宗纪第五》，第 538 页。

③ 《旧五代史》卷七十九《晋高祖纪第五》，第 1041 页。

④ 同上书，第 1046 页。

⑤ 《旧五代史》卷六《梁太祖纪第六》，第 94、95 页。

⑥ 《旧五代史》卷七十九《晋高祖纪第五》，第 1043 页。

⑦ 《旧五代史》卷一百三十三《马殷传》，第 1757 页。

茶二十五万斤，诏许之”[①]。广顺元年（951）正月，周太祖诏：“应天下州府旧贡滋味食馔之物，所宜除减。其两浙进细酒、海味、姜瓜，湖南枕子茶、乳糖、白沙糖、橄榄子，镇州高公米、水梨………如闻此等之物，虽皆出于土产，亦有取于民家，未免劳烦，率皆糜费。加之力役负荷，驰驱道途，积于有司之中，甚为无用之物，今后并不须进奉。诸州府更有旧例所进食味，其未该者，宜奏取进止。”[②] 此时郭威刚即帝位，诏令所言湖南枕子茶、乳糖、白沙糖、橄榄子等土贡，显然是对即位以前马楚地区土贡情况的描述，这符合新帝王上台之后革故鼎新的通常做法。诏书前言“旧贡”后言“进奉”，实际指的应该是土贡，因为从诏令所列内容看，湖南上交中原朝廷物品明显属于土贡。况且，如果湖南的上述物产是一种随意性进奉的话，无须郭威作为惠政予以免除。

事大政策推行于中原王朝和马楚政权之间，具有互动性。探索马楚与中原王朝的关系，分析马楚事大政策的具体内容及其推行情况，还必须考虑中原王朝这方面的因素。下面我们对中原王朝在马楚推行事大政策过程中所承担的责任进行分析。

为马楚统治者提供一定的经济、军事援助。经济、军事援助是中原王朝对臣附的马楚政权承担的主要责任。马楚统治者之所以臣附于中原王朝，将事大政策作为其基本政策，是由于其自身力量存在不足，需要中原王朝的帮助和支持。这种帮助除了政治上获得中原王朝的封授和认可，提高自身的政治地位稳固统治之外，还需要中原王朝从军事、经济等方面对其实行援助。在马氏政权存在期间，五代中原各朝除了后唐明宗时期出现过较为安定和宽裕的局面之外，其余历马氏政权存在的五代中原王朝几乎都处在混乱和动荡之中，大都自顾不暇，实际上并无足够的力量去支持马楚。也就是说，对孤悬江南的马楚而言，中原王朝的经济、军事援助实际上并不能有效地解决问题，其象征意义大于实际作用。中原王朝对马楚的经济援助主要表现为临时性的财政赏赐，天成元年（926）五月，明宗“差供奉官张殷祚押夏衣一万副赐湖南行营将士”[③]。对马楚军事上的援助主要是在马楚政权军事吃紧时牵制马楚敌对势力的兵力，减轻马楚的军事

① 《资治通鉴》卷二百六十六，后梁开平二年七月，第8702页。

② 《旧五代史》卷一百一十《周太祖纪第一》，第1463、1464页。

③ 《册府元龟》卷一百三十五《帝王部·愍征役》，第1633页。

压力。乾祐二年（949）五月，贺州遭蛮寇进攻，马希广向后汉求援："湖南奏，蛮寇贺州，遣大将军徐进率兵援之，战于风阳山下，大败蛮獠，斩首五千级。"[①] 此时马楚政权内部正处于马希广和马希萼的纷争时期，马希广所统领的潭州军府力量相当有限，后汉王朝的援助对马希广打败蛮兵无疑具有重要作用。由于马氏兄弟的长期纷争，马楚政权力量遭到严重削弱，到马希广后期已处于崩溃的边缘，成为各种势力觊觎的对象。朗州马希萼因分湖南而治的要求遭到后汉王朝拒绝而臣附南唐，并联合荆南和岭南进攻潭州马希广。马希广势单力薄，无力应对四方组合势力的围攻，遂再次向后汉王朝求援：

> 臣当道去九月内量发兵士往朗州招安户民，不料偶失威严，遂中奸便，须谋补卒，爰议班师。朗州自闻当道抽退已来，狂谋益甚。又探得荆南继差人下淮南与广州，三处结构。荆南欲取澧、朗州，广南攻桂州，淮南欲取湖南，（兼）即日淮南支鄂州管内租税。（衷私）令荆南供给朗州，且如山结连，可知事势。其朗州已入附于淮甸，又纳款于荆南，兴破家亡国之心，作瓜剖豆分之势，兼诱草贼，烧劫近封，顾基扃而危若缀旒，视黎庶而困于涂地。弦衰柱促，言发涕流，伏乞圣慈念以臣四世勤王，三面受敌，欲兴师旅，动碍寇雠，望特降丝纶，聊差貔虎。亦知朝廷北面托落，分兵处多，故不敢大假挠于兵力，只乞差借许蔡卿军三五千人，马一千骑，内得王师二千来人夹带南渡，只到澧州屯驻，以断淮南与荆南援助之路，不劳血刃，只仗朝廷，则当道出兵不难克复，安危系虑，翰墨难穷，庶回雷电之光，以救荡平之捷，谨差押衙焦文谏驰奏披沥以闻。[②]

对于马希广的请兵要求，后汉王朝尽管本身"北面托落，分兵处多"，[③] 局势窘迫，但还是积极筹划发兵救援："朝廷议发兵，以安远节度使王令温为都部署，以救潭州，会内难作，不果。"[④] 虽然王令温因后汉王朝内

① 《旧五代史》卷一百二《汉隐帝纪中》，第 1358 页。

② 《册府元龟》卷九百五十二《总录部·交构》，第 11203 页。

③ 同上。

④ 《资治通鉴》卷二百八十九，后汉乾祐三年十一月，第 9429 页。

乱而未能实现出兵援助马希广的目的，但表明中原王朝对臣属政权存在军事援助的责任。正因如此，王令温出兵因故终止后，后汉王朝并没有就此放弃对潭州的援助。继王令温之后，后汉王朝再次令陈思让出兵："陈思让为淄州刺史，乾祐末，湖南上言朗州马希萼引五溪蛮及淮南洪州军来攻当道，望量差兵士于淮境牵引，帝遣思让令领军入淮南界，以便益进用。"① 陈思让出兵的结果与王令温一样，未能解决马希广的危难："陈思让未至湖南，马希萼已克长沙；思让留屯郢州，敕召令还。"② 后汉王朝在自身局势危蹙的形势下，能够策划甚至发兵援助马希广，说明中原王朝对事大政权负有一定的军事责任。

协助马楚统治者平定内部叛乱，维持事大政权的稳定是中原王朝的另一重要职责。马希范死后，马希广越长继位，其兄马希萼发兵与之争夺，在首战失利的情况下，马希萼筹谋与马希广分湖南而治。尽管事实上马希萼已完全控制朗州，但要真正实现与马希广分湖南而治还必须获得后汉王朝的承认和封授，马希萼遂上奏后汉朝廷，请求在京师另立进奏务，以期在政治上取得与马希广同等的地位。后汉王朝为维持依附自身的马希广政权的稳定，拒绝马希萼的请求，并赐诏马希广和马希萼，敦促他们息兵和解："汉隐帝时，湖南马希广庶弟希萼为朗州节度使，怒希广立不以长，繇是日寻干戈，相侵伐，希广、希萼交讦于朝廷，累降诏和解之。"③ "九月辛巳，朗州节度使马希萼奏请于京师别置邸院，不允。是时，希萼与其弟湖南节度使希广方构阋墙之怨，故有是请。帝以湖南已有邸务，不可更置，由是不允，仍命降诏和解焉。"④ 同年十二月，又赐诏马希萼："所修职贡，旧有规程，念航深梯险之劳，重违卿意；在诱善劝忠之道，本实朕心。今后凡有进献，可与希广商量，庶叶雍和，不爽体制。"⑤ 后汉王朝之所以屡次拒绝马希萼在京师另立进奏院的请求，其目的是确保马希广的地位，断绝马希萼的觊觎以维持马楚政权的稳定。当然，这是表层的原因，更深层次的原因则是后汉王朝力量单薄，担心依附自身的马楚政权因内争力量削弱之后给南唐创造扩张的机会，以免南唐势力的膨胀进而威胁

① 《册府元龟》卷四百一十四《将帅部·赴援》，第 4934 页。

② 《资治通鉴》卷二百九十，后周广顺元年二月，第 9457 页。

③ 《册府元龟》卷一百七十九《帝王部·姑息四》，第 2153 页。

④ 《旧五代史》卷一百三十《汉隐帝纪下》，第 1368、1369 页。

⑤ 《册府元龟》卷一百六十九《帝王部·纳贡献》，第 2042 页。

到自身的利益。正是由于无法得到后汉王朝必要的支持，马希萼才转而投靠南唐。尽管后汉王朝未能帮助马希广实现平定叛乱的目的，阻止马楚走向分裂，但后汉王朝为此作了努力。当然，维持事大政权的稳定并不局限于协助平息马楚政权的内部动乱，还存在其他形式，后梁开平二年（908）五月，“壬辰夜，火星犯月。太史奏，灾合在荆楚。乃令设武备，宽刑罚，恤人禁暴以禳之”①。这同样是中原王朝为维护事大政权稳定进行努力的表现。

帮助臣附政权处理与周边政权的纷争，对他们之间的争端或矛盾进行调解。马殷在湖南立稳之后，致力于扩展疆土，由于岭南刘氏势力相对较弱，遂成为马楚扩展辖地的主要目标，两者之间进行了长期的疆域争夺。乾化元年（911）十二月，马楚与南汉因争夺容州和高州发生冲突，马楚在冲突中失利。对马楚与岭南之间的这种矛盾，后梁王朝于乾化二年（912）四月遣使进行调解：“帝闻岭南与楚相攻，甲戌，以右散骑常侍韦戬等为潭、广和叶使，往解之。”② 后梁王朝的斡旋为两者关系的改善提供了条件。乾化三年（913）十二月，南汉遣使至潭州与马楚联姻，并在贞明元年（915）八月正式结成姻亲关系。联姻之后，马楚与南汉间的战争基本结束，取而代之的是长达十余年的和睦相处。后梁王朝还对马楚与朗州的关系进行过调解：“李震为太祖从事，乾化二年以马殷初领湖南，为雷满所逼，帝以振（震）骨鲠有辩，命驰往和解，殷、满并禀命。”③ 中原王朝还对马楚与荆南的关系进行协调，荆南是十国政权中力量最为弱小的势力，它的存在并不会对马楚构成真正的威胁，但荆南却试图侵占马楚辖地，利用各种手段削弱马楚实力。马希广和马希萼争权之后，荆南节度使高从诲从中推波助澜：“汉高从诲为荆南节度使，乾祐元年遣人押送朗州马希萼奏事官沈从进至京师，乞加恩命。希萼初与潭州马希广争立，希广用欧弘练、张仲荀谋，厚赂朝廷，请不行朗州恩命。及从诲革面自新，又援引希萼求通于朝，盖欲离间潭、朗，成其覆亡之祸也。”在这种情况下，中原王朝再次发挥了它的调解作用：“朝廷知其意，累降诏示

① 《旧五代史》卷四《梁太祖纪第四》，第 61 页。

② 《资治通鉴》卷二百六十八，后梁乾化二年四月，第 8756 页。

③ 《册府元龟》卷六百五十三《奉使部 · 称旨》，第 7827 页。

谕，又诏希萼、希广和解之。”[①]

中原王朝对马楚政权内外关系的协调是有条件的，这就是马楚政权不会对中原王朝的现实利益构成明显的或可能的威胁。马楚是中原王朝制衡杨吴与南唐的中坚力量，无论是维持其内部政权的稳定还是协调其外部矛盾，其目的都是为维护自身统治服务。一旦马楚力量比较强大，对中原王朝的利益构成威胁时，中原王朝在能力所及的范围内，有时故意挑起马楚政权内部的混乱，达到削弱其实力的目的，这可以从高郁之死得到证明。马殷采纳高郁奉事中原，外抗邻国，内扩经济的政策，力量迅速发展，辖域扩大，经济实力增强，以至于“邻国皆疾之”，马殷也因“地大力完”而数邀封爵。马殷力量的急剧扩张与中原王朝的利益发生冲突，故尽管马楚推行了事大政策，当时的后唐王朝却故意离间马楚内部成员的关系，致使谋臣高郁被杀，马楚元气大伤：

> 高郁为武穆王谋臣，庄宗素闻其名，及有天下，且欲离间之。会武穆王使其子希范入觐，庄宗以希范年少易激发，因其敷奏敏速，乃抚其背曰：“国人皆言马家社稷必为高郁所取，今有子如此，高郁安得取之耶！”希范居常嫉郁，忽闻庄宗言，深以为然。及归，告武穆请诛之，武穆笑曰：“主上战争得天下，能用机数，以郁资吾霸业，故欲间之耳！若梁朝罢王彦章兵权也。盖遭此计，必至破灭，今汝诛郁，正落其彀中，慎勿言也。”希范以武穆不决，祸在朝夕，因使诬告郁谋反而族灭之。自是军中之政，往往失序，识者痛之。[②]

马楚推行臣事后唐的政策，唐庄宗对臣附自身的马楚政权行离间计，故意扰乱马楚内政，有背宗主国对待事大政权的应有态度，故司马光讥评庄宗：“郁，马氏之良佐也。希范兄希声闻庄宗言，卒矫其父命而杀之。此乃市道商贾之所为，岂帝王之体哉！”[③] 从事理上看，调解马楚内部纷争，维持事大政权稳定是后唐王朝应负的责任，庄宗为削弱马楚而采取离间措施，诚然有失帝王之体。不过，司马光的评论从反面证明中原王朝对事大

① 《册府元龟》卷九百五十二《总录部·交构》，第 11202、11203 页。

② 《五代史补》卷三《马希范杀高郁》，《文渊阁四库全书》第 407 册，第 661 页。

③ 《资治通鉴》卷二百九十四，后周显德六年六月，第 9600 页。

政权的确负有处理政权内部纷争的责任。

对马楚统治者进行册封，提供政治支持以确立其在辖域内的统治地位。在马楚主要成员受封表中已经提到，推行事大政策的马楚主要统治者都接受了中原王朝的册封，接受中原王朝的封授是臣属中原，推行事大政策的标志。对中原王朝而言，册封事大政策的统治者是接纳该政权，确立事大政权统治者统治地位的重要手段，具有重要的政治意义。纵观马楚历史，中原王朝对推行事大政策的马楚各统治者均进行了册封，其中记载最为详细的是对马殷的册封。天成二年（927）六月，后唐明宗“以天策上将军、湖南节度使、楚王马殷封楚国王”。[①] 尽管封授之令已颁布，但后唐王朝对马殷册礼仪式的确定及过程尚未完成，七月，“中书门下奏，湖南节度使马殷封楚国王，礼文不载国王之制，请约三公之仪用竹册，从之”。[②] 八月，“册礼使至长沙，楚王殷始建国，立宫殿，置百官，皆如天子，或微更其名……”[③] 继马殷之后，马希声、马希范、马希广相继执行对中原王朝的事大政策，相应地各朝同样对这些统治者进行了册封，虽然册封的规格存在不同，但册礼的过程同样存在。中原王朝的册封对马楚统治者具有十分重要的作用。首先，封授有助于提高统治者自身的政治地位，确立自己在辖域内的绝对统治，有助于断绝其他势力的觊觎。其次，中原王朝册封的过程同时也是一种政治表态，至少在形式上表明了对马楚政权的庇护，这在一定程度上阻止了马楚敌对政权的侵犯。

遣使巡行马楚。如果说遣使册封是中原王朝对马楚负有责任的话，那么对马楚进行巡视则是中原王朝对推行事大政策的马楚所拥有的权力。通过巡视，中原王朝可以了解马楚政权内部的情况，从而根据需要调整对马楚的政策，实现对马楚政权一定程度的干预。当然，册礼使有时还负有巡检职责。乾化元年（911）十二月，后梁太祖遣使至湖南巡视：“命大理卿王鄯使于安南，左散骑常侍吴蔼使于朗州，皆以旌节官诰锡之也。又命将作少监姜宏道为朗州旌节官告使副。”[④] 尽管此时朗州还是由雷满控制，但不久即被马殷攻占，从这个意义上说，后梁对朗州的巡检实际上开创了

① 《册府元龟》卷一百二十九《帝王部·封建》，第1556页。

② 《五代会要》卷十一《封建》，第147页。

③ 《资治通鉴》卷二百七十六，后唐天成二年八月，第9008页。

④ 《旧五代史》卷六《梁太祖纪第六》，第100页。

中原王朝对马楚巡检的先例。唐明宗时，应马希范之请遣张篯巡视马楚："时湖南马希范与篯有旧，奏朝廷请命篯为使，允之。篯密赍蜀之奇货往售，又获十余万缗以归。"[①] 应顺元年（934）正月，"唐正使兵部尚书李鏻、副使马承翰来聘"[②]。后晋开运三年（946），后晋遣使至马楚："是岁，晋客省使王筠来聘，以国乱未归。"[③] 后汉乾祐元年（948）"汉遣国子祭酒田敏使于楚"[④]。这些记载都说明中原王朝十分重视对事大政权的巡检。与此相对应，马楚统治者对来自中原朝廷的使者颇为尊重，甚至不惜重金笼络，以期获得更多的利益。马希范之所以向明宗请求以张篯为巡检使，是因为张篯与自己有旧，可以帮其隐瞒或夸饰某些东西。王筠于晋末出使马楚，因后晋发生变乱而未能返回，后汉建立后返回中原，遭到权臣苏逢吉的敲诈："前客省使王筠自晋末使楚，至是还，逢吉意筠得楚王重赂，遣人求之，许以一州，筠怏怏，以其橐装之半献之。而皆不得州。"[⑤] 苏逢吉贪婪自不待言，但材料从另一个方面反映了中原使者的重要地位，不管王筠是否获得了马楚统治者的重赂，中原使者出使事大政权通常会获得礼遇是确定无疑的。这些都说明中原王朝对执行事大政策的政权具有一定的影响和控制力。

与马楚进行一定程度的经济交流，为其经济发展创造条件。马楚政权在经济上取得了非凡的成绩，鼎盛时期出现了"马氏之强闻海内"、"国赖以富强，邻国皆疾之"的局面。马楚经济之所以能取得如此巨大的成就，除了与自身措施得力有关之外，更重要的一点就是与以中原王朝为主的北方政权进行贸易。马氏政权时期尤其是在马殷统辖湖南时期，马楚与中原王朝的经济交流相当频繁："湖南判官高郁请听民自采茶卖于北客，收其征以赡军，楚王殷从之。秋，七月，殷奏于汴、荆、襄、唐、郢、复州置回图务，运茶于河南、北，卖之以易缯纩、战马而归，仍岁贡茶二十五万斤，诏许之。湖南由是富赡。"[⑥] 马楚初期的贸易经营越过黄河，远达今河北山西等地："（王镕）次子昭诲。当镕被祸之夕，昭诲为军人携

① 《旧五代史》卷九十《张篯传》，第1183页。

② 《十国春秋》卷六十八《文昭王世家》，第950页。

③ 同上书，第957页。

④ 《新五代史》卷六十九《南平世家》，第858页。

⑤ 《新五代史》卷三十《苏逢吉传》，第328页。

⑥ 《资治通鉴》卷二百六十六，后梁开平二年七月，第8702页。

出府第，置之地穴十余日，乃髡其发，被以僧衣。属湖南纲官李震南还，军士以昭诲托于震，震置之茶褚中。既至湖湘，乃令依南岳寺僧习业，岁给其费。"① 明宗时，"时湖南马希范与镬有旧，奏朝廷请命镬为使，允之。镬密赍蜀之奇货往售，又获十余万缗以归"。② 也说明中原王朝与马楚的经济交往十分频繁。南北经济的交流对马楚经济的发展十分有利，但这种经济交往经常因局势混乱和沿路关税苛重而受到阻碍。对此，出于自身经济利益的考虑，中原王朝往往采取一些措施保护与马楚等政权的经济交流。天成元年（926）四月，明宗下诏：

> 省司及诸府置税茶场院，自湖南至京六七处纳税，以至商旅不通，及州使置杂税务，交下烦碎，宜定合税物色名目，商旅即许收税，不得邀难百姓。诸道盐务，破脚价极多，获少，须有条流，以成规制。又诏诸州杂税宜定合税物色名目，不得邀难商旅。租庸司先将系省钱物与人回图，宜令尽底收纳，以塞幸门。③

乾祐二年（949），后汉兵部侍郎于德辰上奏，所议九事有两事与马楚政权密切相关："其三，潭郎（朗）茶货只至襄州，客旅并不北来，请三司差清强官于襄州自立茶务，收税买茶，足以赡国。其四，湖南见食岭南盐，请置官纲于湖南，立务榷卖。"④ 上述措施是后汉王朝加强与马楚经济联系的表现，虽然于德辰的建议主观上是为后汉王朝利益考虑，但客观上减轻了马楚的税收负担，对促进马楚与中原的经济交流，推动马楚经济的发展具有重要作用。

出于对事大政权统治者的肯定和褒扬，中原王朝不仅在马楚统治者在世时对其进行封授，而且在其死后往往给予赠封、赐谥、废朝等哀荣待遇。长兴元年（930）十二月，马殷薨逝，后唐王朝先是"废朝三日"，翌年又下诏："故天策上将军、守太师、尚书令、楚国王马殷，品位俱

---

① 《旧五代史》卷五十四《王镕附子昭诲传》，第730页。关于马楚与北方的经济文化交流，敦煌莫高窟61窟西壁所绘《五台山图》中的"湖南送供使"画面，延一《广清凉传》卷十九《超化大师传》的记载都可资说明。

② 《旧五代史》卷九十《张镬传》，第1183页。

③ 《册府元龟》卷五百四《邦计部·关市》，第6052页。

④ 《册府元龟》卷四百七十六《台省部·奏议七》，第5685页。

高，封崇已极，无官可赠，宜赐谥及神道碑文，仍以王礼葬。”[①] 马殷官爵品位已位极人臣，故后唐王朝没有对其进行赠封，而是赐谥及神道碑文，这同样是中原王朝给予哀荣的重要表现。马楚重要成员、马殷之弟马赍卒后，后唐王朝给予废朝赠官的待遇：“庚辰，以静江军节度使马赍卒废朝，赠尚书令。”[②] 长兴三年（932）八月，后唐以“以湖南节度使马希声卒废朝。”[③] 天福十二年（947）六月，后汉王朝“以湖南节度使马希范卒辍视朝三日。”[④] 乾祐二年（949）十二月，“湖南奏，静江军节度使马希赡以今年十月十八日卒，废朝二日”[⑤]。由上可以看出，五代中原各朝对逝世后的马楚统治者一般都给予了相应的哀荣待遇，这既是中原王朝对死者的褒扬，同时也是对其后继者的鞭策，对维持马楚政权事大政策的延续性具有重要作用。当然，中原王朝对马楚统治者的赠封、赐谥和废朝并不是固定不变的，这和中原王朝当时的局势以及马楚统治者事大政策推行的程度有关。

总之，事大政策是马楚处理同中原各朝关系的基本政策。其内容包括两个方面：就马楚政权而言，尊奉中原王朝为正朔，秉行其政令，接受中原王朝的册封，向中原王朝进贡，恪守君臣之礼是事大政策的基本要求；对中原王朝而言，为推行事大政策的马楚提供一定的政治、经济、军事支持，协调马楚政权与周边其他政权的关系，维持事大政权的稳定是其主要责任。事大政策对维持马楚政权的稳定，阻止其他觊觎势力的进攻具有重要作用。马楚的事大政策具有多变性的特点，掺杂着自大思想和行为，在推行过程中形成了事大政策与自大行为矛盾交织的现象。事大政策与自大行为在马楚的矛盾交织从某种意义上说是其双轨制政治体制的反映，是藩镇体制与天策府体制在马楚分别发挥作用的结果，在藩镇体制独存的马希声及后马楚政权时期，马楚的事大政策推行得相对彻底，而在天策府体制占据主导地位的时期尤其是在马希范当政期间，其自大行为就表现得十分突出，两者的矛盾交织与马楚由藩镇向王国过渡的政治地位相适应。

---

① 《旧五代史》卷四十二《唐明宗纪第八》，第 575 页。

② 同上。

③ 《旧五代史》卷四十三《唐明宗纪第九》，第 594 页。

④ 《旧五代史》卷一百《汉高祖纪下》，第 1333 页。

⑤ 《旧五代史》卷一百二《汉隐帝纪中》，第 1363 页。

第三节 马楚与周边政权的关系

马楚政权的疆域随着其力量的变化而伸缩，但无论是马氏政权时期还是后马楚政权时期，都占有潭州、朗州等地区，其统治中心区域是相对固定的。从整个五代十国尤其是十国的布局来看，马楚所处的地理位置对维持统治并不乐观，和北面的荆南一样处于“四战之地”。荆南直接与中原王朝接壤，是马楚与中原王朝交通的主要通道，也是马楚实现南北通商的重要中枢，荆南这种独特的地理位置决定了马楚对它必然存在某种依赖。马楚东面是势力最为强大的杨吴和南唐（杨吴与南唐乃前后相继的两个政权，为了行文简便，以下以南唐称之）。南唐“因唐室之凌迟，接黄寇之丧乱，飞扬跋扈，垂六十年，盗据一方，僭称伪号”①，在南方诸国中长期占据主导地位，傲视周边政权，对抗中原王朝。它的基本战略部署有二：一是直接北上与中原王朝对垒，打败中原朝廷之后，其他政权不战自溃，淮南再逐一收拾，最终实现统一；二是先将周边政权逐一消灭，扫清障碍，稳定后方，积聚力量后直捣北方，挺进中原。从当时的形势看，南唐周边政权林立，虽然这些政权单个力量不足以与之抗衡，但毕竟对其构成了压力。南唐没有足够的力量摆脱周边政权的牵制而直接与中原对抗，第一条路显然行不通，正因为如此，南唐采取了先吞并周边政权，后挺进中原的策略。在南唐对付的周边政权中，马楚是首当其冲者。与马楚的敌对关系除了有历史渊源之外，马楚经济丰裕，内争激烈是其发动进攻的重要原因。这导致了两者在军事上的长期斗争，构成了马楚对外关系的重要内容。马楚政权南面是势力比较弱小的南汉，两者之间存在很长的交接地带，在边界地区冲突不断，疆域争夺成为两者关系的主要内容。马楚的西北面是前后相继的前蜀和后蜀，由于湘川边界多为崇山峻岭，在交通条件有限的情况下，马楚政权与前后蜀的关系较为疏远，基本上处于一种隔绝状态②。值得注意的是，尽管吴越与马楚并不毗邻，但两者的关系却比较密切，这反映了马楚政权远交近攻的战略。马楚政权正是在上述复杂环境

① 《周世宗实录》，《五代史书汇编》第四册，第1949页。

② 马楚与前后蜀并非完全没有外交往来，《蜀梼杌》卷下载广政五年，“二月，湖南遣使来聘”。

中生存的，那么，马楚与周边政权究竟存在一种怎样的关系，我们下面分别进行探讨。

一　与吴—南唐垂六十年之对峙

马楚政权与南唐的关系是其对外关系的另一主体，在马楚政权的对外关系活动中占有极其重要的地位。马楚与南唐的关系基本上以对立冲突为主，如边镐所言："国家与公家世为仇敌，殆六十年。"① 两者的关系经历了一个曲折的发展过程。马楚与吴、南唐关系的定型是在马殷时期。马殷进驻湖南的主体力量是秦宗权和孙儒的旧部，是以劫掠著称的蔡贼集团的重要组成部分："殷与建锋同里人，凡宗权党散为盗者，皆以酷烈相矜，时通名'蔡贼'云。"② 无论是秦宗权还是孙儒，两者与淮南杨行密长期对立，战争不断，彼此积怨很深，这种宿怨影响到后来的马楚政权与杨吴的关系。尽管刘建锋、马殷统领的主力是杨行密欲灭之而后快的宿敌，但当时杨行密并没有将马殷等人放在心上，而是集中主要精力与中原的汴梁集团争夺，四处辗转流浪的刘、马二人得以发展势力并在湖南立足。

刘建锋、马殷在湖南的立足对杨行密的淮南政权是一个潜在威胁，引起了杨行密的重视，潭州因而受到来自淮南的强大压力。马殷为了对抗以杨吴为主的敌对力量，稳固自身统治，采纳谋士高郁的建议，确立了抵御杨吴、臣事中原的事大政策。淮南长期与中原处于敌对状态，因而，对马楚而言，事大政策的确立过程就是其与杨吴关系逐渐紧张的过程。马楚事大政策的最后定型是在天祐元年（904）十二月，是月杨行密遣马殷之弟马赉回潭州连好马殷，遭到拒绝，马楚与淮南的敌对关系因之基本稳定。自此之后，马楚与杨吴间的斗争日益尖锐，兵戎相见成为两者关系的主要内容。

马楚事大政策确立之后，与杨吴的关系进入了一个长期对峙的阶段。

① 《资治通鉴》卷二百九十，后周广顺元年十一月，第9467页。本条胡三省注云："唐昭宗光启三年，马殷从孙儒攻杨行密，乾宁三年，得湖南，自此与江淮为敌国。自光启三年至是年，适六十年。"胡三省此注有两误：其一，懿宗以来唐末诸帝行带"光"字年号的唯僖宗光启和昭宗光化两例，光启为僖宗李儇所行年号，胡注称"昭宗光启"无疑是不正确的。其二，自僖宗光启三年（887）至边镐胁迫马希崇率族入朝的后周广顺元年凡六十五个春秋，胡注称"自光启三年至是年，适六十年"，年数统计明显有误。

② 《新唐书》卷一百九十《刘建锋传》，第5482页。

天祐二年（905）十二月，“湖南兵寇淮南，淮南牙内指挥使杨彪击却之”①。此时马殷事大政策确立不久，力量相当有限，扩展辖域的方向和目标是湖南境内其余诸州及岭南刘氏而非势力强大的淮南。马殷这次对淮南的主动进攻似乎仅仅是一种政治姿态，只不过是向中原王朝尤其是朱全忠表明与杨吴的敌对关系，体现推行事大政策的诚意。对杨吴来说，马楚事大政策确立标志着又一个强势对手的形成，淮南因而彻底放弃了与马楚连好的打算，展开了与马楚的长期对峙。淮南不仅对马殷的进攻进行了有效抵制，而且在翌年三月对马楚重镇岳州发起攻击：“杨渥遣先锋指挥使陈知新攻湖南。三月，乙丑，知新拔岳州，逐刺史许德勋，渥以知新为岳州刺史。”② 岳州乃马楚北部门户，是沟通中原，抵御荆南和淮南势力南下的重要屏障，对马楚安全具有十分重要的意义。

马楚与淮南围绕岳州进行争夺的同时，中原地区已经完成了政权的更替，持续290年的李唐王朝被后梁取代，历史进入五代十国时期。马楚政权臣附刚刚建立的后梁王朝，“禀梁正朔，称臣奉贡”③。其他与中原王朝抗衡的势力则拒不承认朱梁政权，河东、凤翔、淮南等继续沿用李唐“天祐”年号，与后梁王朝对立，从而形成了一种南北对峙的局面。对臣附后梁的马楚，淮南对其兵戎相加，于开平元年（907）六月再次对马楚进行征讨：

> 弘农王以鄂岳观察使刘存为西南面都招讨使，岳州刺史陈知新为岳州团练使，庐州观察使刘威为应援使，别将许玄应为监军，将水军三万以击楚。楚王马殷甚惧，静江军使杨定真贺曰：“我军胜矣！”殷问其故，定真曰：“夫战惧则胜，骄则败。今淮南兵直趋吾城，是骄而轻敌也；而王有惧色，吾是以知其必胜也。”
>
> 殷命在城都指挥使秦彦晖将水军三万浮江而下，水军副指挥使黄璠帅战舰三百屯浏阳口。六月，存等遇大雨，引兵还至越堤北，彦晖追之。存数战不利，乃遗殷书诈降。彦晖使谓殷曰：“此必诈也，勿受！”存与彦晖夹水而阵，存遥呼曰：“杀降不祥，公独不为子孙计

① 《资治通鉴》卷二百六十五，唐天祐二年十二月，第8655页。

② 《资治通鉴》卷二百六十五，唐天祐三年三月，第8657页。

③ 《资治通鉴》卷二百六十六，后梁开平元年四月，第8675页。

耶！”彦晖曰：“贼入吾境而不击，奚顾子孙！”鼓噪而进。存等走，黄璠自浏阳绝江，与彦晖合击，大破之，执存及知新，裨将死者百余人，士卒死者以万数，获战舰八百艘。威以余众遁归，彦晖遂拔岳州。殷释存、知新之缚，慰谕之。二人皆骂曰：“丈夫以死报主，肯事贼乎！”遂斩之。①

杨吴征讨马楚的人员多达三万，战舰至少八百艘，大有一举灭楚，铲除后梁在己身边势力的企图。但杨吴这场旨在攻灭马楚的战争最后以失败告终，导致这种结局有多方面的原因。首先，此战关系到马楚的生死存亡，马殷与将士全力以赴，倾潭州之力应对杨吴的进攻。其次，战争环境对杨吴不利，马楚将士利用有利的天气条件反攻。最后，马楚采取了合理的战术，对杨吴进行侧面进攻，牵制了杨吴侵楚的兵力。杨吴大举水军入侵马楚时，马殷一方面正面迎战淮南军队，另一方面又在东面采取主动进攻的策略：“楚王殷遣兵会吉州刺史彭玕攻洪州，不克。”② 尽管东面的行动未能取得实质性战果，但从战略上牵制了杨吴兵力，为西面战场秦彦晖等取得胜利创造了条件。浏阳河之战的胜利粉碎了杨吴吞灭马楚的计划，坚定了马殷推行事大政策的决心，在一定程度上提升了马楚的军事实力。

马楚与淮南战争的胜利对刚刚建立的朱梁政权十分有利，缓解了后梁王朝南北强敌夹攻的压力。马楚力量的发展和事大政策的坚定化使之成为后梁牵制淮南的重要力量，后梁得以集中力量与河东李氏集团对抗。基于马殷在对付淮南中的重要作用，朱梁王朝着意提升马殷的政治地位，利用他牵制淮南。开平元年（907）八月，后梁王朝“以吴越王镠兼淮南节度使，楚王殷兼武昌节度使，各充本道招讨制置使”③。淮南、武昌此时实际上是杨吴辖地，后梁王朝命马殷遥领武昌节度使，目的是挑唆马殷趁浏阳河之捷进攻淮南。胡三省评论：“欲使两浙、湖南攻弘农王杨渥，先分授以杨氏所统二镇。”④ 朱梁的措施很快奏效，同年十月，马楚与淮南因争夺朗州雷彦恭势力而进行了再次较量。

① 《资治通鉴》卷二百六十六，后梁开平元年六月，第 8681、8682 页。

② 同上书，第 8682 页。

③ 《资治通鉴》卷二百六十六，后梁开平元年八月，第 8684 页。

④ 《资治通鉴》卷二百六十六，后梁开平元年八月胡注，第 8684 页。

> 冬，十月，高季昌遣其将倪可福会楚将秦彦晖攻朗州，雷彦恭遣使乞降于淮南，且告急。弘农王遣将泠业将水军屯平江，李饶将步骑屯浏阳以救之，楚王殷遣岳州刺史许德勋将兵拒之。泠业进屯朗口，德勋使善游者五十人，以木枝叶覆其首，持长刀浮江而下，夜犯其营，且举火，业军中惊扰。德勋以大军进击，大破之，追至鹿角镇，擒业；又破浏阳寨，擒李饶；掠上高、唐年而归。斩业、饶于长沙市。①

朗口之战的胜利对马殷具有十分重要的意义。朗州是当时经济较为发达的地区，是潭州西北部地区重要的战略要地，对马楚来说具有重要的地位（这一点从马楚内争者大多从朗州发家可以得到证明）。朗口之战打败了淮南，断绝了朗州与淮南的联系，朗州雷氏势力被孤立，为马殷最终夺取朗州创造了条件。为了进一步阻止淮南对朗州的援助，彻底击败朗州雷氏势力，开平二年（908）五月，马殷对淮南进行了主动攻击："楚兵寇鄂州，淮南所署知州秦裴击破之。"② 虽然这次行动没有成功，但马殷围攻朗州的军事战略却因此得以继续进行。正是由于与马楚战争的接连失利，淮南对依附自身的朗州雷彦恭虽然继续支持，但鞭长莫及，对马楚在朗州的军事行动无法遏制，朗州因此很快成为马殷的彀中之物："雷彦恭引沅江环朗州以自守，秦彦晖顿兵月余不战，彦恭守备稍懈；彦晖使裨将曹德昌帅壮士夜入自水窦，内外举火相应，城中惊乱，彦晖鼓噪坏门而入，彦恭轻舟奔广陵。彦晖虏其弟彦雄，送于大梁。淮南以彦恭为节度副使。先是，澧州刺史向环与彦恭相表里，至是亦降于楚，楚始得澧、朗二州。"③ 澧、朗二州的并入增强了马楚的军事、经济力量，对淮南来说则彻底失去了对朗州的控制，是与马楚对峙过程中的又一次失利。经过上述系列对淮南杨吴的军事胜利，马楚在东面与淮南形成了一种基本平衡的对峙局面。值得注意的是，马楚与淮南间的战争虽然围绕地域争夺展开，但这种争夺在地理位置上都局限于以潭州为中心的周边地区，基本上都位于今湖南境内。可以说，马楚与杨吴的战争实际上是马殷为保持辖域、维持自身政权

① 《资治通鉴》卷二百六十六，后梁开平元年十月，第8685、8686页。
② 《资治通鉴》卷二百六十六，后梁开平二年五月，第8697页。
③ 同上书，第8701页。

安危而进行的斗争，本质上是一种防御，而不是真正的主动出击，这与马殷对南汉刘隐的主动出击扩张辖域有明显区别。这一事实说明，尽管马殷开平初年在与淮南的战争中屡屡获胜，但实际力量与杨吴相比还存在相当大的差距，马楚基本上处于防御状态。

象牙潭之战是马楚由内守向外攻转变的标志。开平三年（909）六月，"抚州刺史危全讽自称镇南节度使，帅抚、信、袁、吉之兵号十万攻洪州。淮南守兵才千人，将吏皆惧，节度使刘威密遣使告急于广陵，日召僚佐宴饮。全讽闻之，屯象牙潭，不敢进，请兵于楚；楚王殷遣指挥使苑玫会袁州刺史彭彦章围高安以助全讽"①。对比此前马楚与杨吴的屡次战争可以看出，马楚这次出兵属于境外作战，具有向吴扩张，瓦解杨吴势力之意图。但马楚的实力实际上不足以与杨吴进行争夺，对杨吴的干涉很快失败。马殷积极协助危全讽的同时，吴老将周本一眼识破马殷的意图："楚人为全讽声援耳，非欲取高安也。吾败全讽，援兵必还。"② 遂直接进逼危全讽："危全讽在象牙潭，营栅临溪，亘数十里。庚辰，周本隔溪布阵，先使羸兵尝敌；全讽兵涉溪追之，本乘其半济，纵兵击之；全讽兵大溃，自相蹂藉，溺水死者甚众，本分兵断其归路，擒全讽及将士五千人。乘胜克袁州，执刺史彭彦章，进攻吉州。歙州刺史陶雅使其子敬昭及都指挥使徐章将兵袭饶、信，信州刺史危仔倡请降，饶州刺史唐宝弃城走。行营都指挥使米志诚、都尉吕师造等败苑玫于上高。"③ 尽管马殷由内守向外攻的尝试遭遇失败，但表明马楚已经不再单纯地处于防御。

象牙潭之战后，马殷的政治地位继续提高，升任天策上将军并开府置官署。在势力继续扩展的同时，对杨吴的进攻态势也继续保持。开平四年（910）六月，吴遣水军指挥使敖骈围吉州刺史彭玕之弟彭瑊于赤石，马殷再次派兵与之争夺，结果，"楚兵救瑊，虏骈以归"④。马殷对杨吴的主动进攻得到了后梁王朝的支持与配合，乾化二年（912）四月，后梁给马殷加官晋爵，令其与吴对抗："夏，四月，癸丑，以楚王殷为武安、武昌、静江、宁远节度使，洪、鄂四面行营都统。"⑤ 其目的如胡三省所言

① 《资治通鉴》卷二百六十七，后梁开平三年六月，第8712、8713页。
② 同上书，第8713页。
③ 《资治通鉴》卷二百六十七，后梁开平三年七月，第8714、8715页。
④ 《资治通鉴》卷二百六十七，后梁开平四年六月，第8724页。
⑤ 《资治通鉴》卷二百六十八，后梁乾化二年四月，第8755页。

“欲使攻杨氏之洪鄂也”。面对马殷与后梁王朝的进攻，淮南采取了主动出击的策略，乾化二年（912）十一月，“吴淮南节度副使陈璋等将水军袭楚岳州，执刺史苑玫；楚王殷遣水军都指挥使杨定真救岳州”①。乾化三年（913）八月，“楚宁远节度使姚彦章将水军侵吴鄂州，吴以池州团练使吕师造为水陆行营应授使，未至，楚兵引去”②。从上述可以看出，马楚与杨吴仍然处于对峙阶段，虽然开始了从内守向外攻的转变，但并没有实现与杨吴关系的转型。马楚与杨吴的对峙虽然已经开始由辖域之内向辖域之外转变，但实际力量上却无法真正与杨吴抗衡，战略目的的实现上也败多胜少。

马楚与杨吴争夺由防御向进攻转型之际，杨吴与南唐的政权交替已经在吴内部逐步进行。马楚与杨吴间的斗争进入了互有胜负、总体上对马殷更有利的时期。乾化四年（914）四月，“吴袁州刺史刘崇景叛，附于楚。崇景，威之子也。楚将许贞将万人援之，吴都指挥使柴再用、米志诚率诸将讨之”③。刘崇景的叛附是马楚对杨吴在由内守到外攻过程中取得的重要成就，以此为开端，马楚在外攻过程中取得了一系列的胜利：“楚岳州刺史许德勋将水军巡边。夜分，南风暴起，都指挥使王环乘风趣黄州，以绳梯登城，径趣州署，执吴刺史马邺，大掠而还。德勋曰：‘鄂州将邀我，宜备之。’环曰：‘我军入黄州，鄂人不知，奄过其城，彼自救不暇，安敢邀我！’乃展旗鸣鼓而行，鄂人不敢逼。”④ 从马楚与杨吴对峙的地域和内容可以看出，马殷在其辖域的东面主要是接受或策反吴军将领，在北面则直接与吴军进行对抗。这种战略措施与马楚北面的地理位置有关，潭州北面诸州要么在马楚境内，要么与马楚辖域紧邻，对实力不足的马楚而言必须阻止杨吴南下威胁潭州，故而直接与之对峙。东面诸州深入杨吴统治内部，马楚没有力量与之对垒，故而采取策反招降的方式。从历次战争的结果也可以看出，在北面争夺岳州等地域的斗争中，尽管马楚与杨吴各有胜负，但马楚在军事上并不比杨吴逊色多少，而对东面诸州的策反或进攻则往往无功。乾化四年（914）五月，“吴柴再用等与刘崇景、许贞战

① 《资治通鉴》卷二百六十八，后梁乾化二年十一月，第8764页。
② 《资治通鉴》卷二百六十八，后梁乾化三年八月，第8776页。
③ 《资治通鉴》卷二百六十九，后梁乾化四年四月，第8783页。
④ 同上。

于万胜冈，大破之，崇景、贞弃袁州遁去”[①]。与杨吴在东面的对峙得其人而失其地，实际上未获得多大好处。贞明三年（917）三月，“楚王殷遣其弟存攻吴上高，俘获而还”[②]。这同样是一种偷袭性质的军事胜利，而非长久的地域占领。贞明四年（918）七月，吴军攻虔州，谭全播求救于吴越、楚和闽。马殷遣将援助：“楚将张可求将万人屯古亭。”[③] 对马楚而言，张可求所统领的军队人数不少，马楚的出兵规模相当大，但在东面的这次出兵因自身条件的不足而再次遭到失败：“吴刘信遣其将张宣等夜将兵三千袭楚将张可求于古亭，破之。”[④] 马楚援助谭全播的失败带来了严重后果，导致吴越、闽军事援助的终止：“二国闻楚兵败，俱引归。”

后唐时期，随着政治、军事、经济力量的不断增强，马楚进入其鼎盛阶段，实力的增强使马殷在与杨吴的争夺中开始占据主动地位，进入了与杨吴对峙的短暂处于优势地位的时期。天成二年（927）二月，荆南高季兴叛，后唐王朝令马殷出兵配合政府军伐叛。高季兴求救于吴，马楚与吴再次交锋：“刘训兵至荆南，楚王殷遣都指挥使许德勋等将水军屯岳州。高季兴坚壁不战，求救于吴，吴人遣水军援之。”[⑤] 讨伐高季兴的战争很快因“江陵卑湿，复值久雨，粮道不继，将士疾疫，刘训亦寝疾”[⑥] 等问题而暂时结束，但马楚与杨吴的斗争却继续进行。天成三年（928）四月，吴对马楚北部重镇岳州发动进攻，结果惨遭失败：

> 吴右雄武军使苗璘、静江统军王彦章将水军万人攻楚岳州，至君山，楚王殷遣右丞相许德勋将战舰千艘御之。德勋曰：“吴人掩吾不备，见大军，必惧而走。”乃潜军角子湖，使王环夜率战舰三百，绝吴归路。迟明，吴人进军荆江口，将会荆南兵攻岳州，丁亥，至道人矶。德勋命战棹都虞侯詹信以轻舟三百出吴军后，德勋以大军当其前，夹击之，吴军大败，虏璘及彦章以归。[⑦]

---

① 《资治通鉴》卷二百六十九，后梁乾化四年五月，第 8784 页。
② 《资治通鉴》卷二百六十九，后梁贞明三年三月，第 8814 页。
③ 《资治通鉴》卷二百七十，后梁贞明四年七月，第 8833 页。
④ 《资治通鉴》卷二百七十，后梁贞明四年八月，第 8835 页。
⑤ 《资治通鉴》卷二百七十五，后唐天成二年三月，第 9004 页。
⑥ 《资治通鉴》卷二百七十五，后唐天成二年四月，第 9005 页。
⑦ 《资治通鉴》卷二百七十六，后唐天成三年四月，第 9017 页。

岳州是杨吴与马楚反复争夺的重要据点，对马楚而言，岳州是北上中原，与中原保持联系的重要枢纽，同时更是马楚与中原进行经济贸易的重要通道，所谓“五岭、三湘水陆会合之地，委输商贾，靡不由斯”[①]，其得失关系到马楚的安危。对吴而言，一旦占据岳州，不但可以获得丰厚的经济利益，更重要的是扼住了马楚的咽喉，随时可以通过岳州压制富甲一方的马楚，对实现统一的战略目标具有十分重要的意义。正因如此，马楚与杨吴围绕岳州展开了长期的反复争夺，岳州也因此反复易手。天成三年（928）四月岳州之战后，马楚与杨吴在岳州的争夺暂时平息，吴主动向马楚求和：“吴遣使求和于楚，请苗璘、王彦章；楚王殷归之，使许德勋饯之。德勋谓二人曰：‘楚国虽小，旧臣宿将犹在，愿吴朝勿以措怀。必俟众驹争皂栈，然后可图也。’时殷多内宠，嫡庶无别，诸子骄奢，故德勋语及之。”[②] 这一材料具有极为重要的意义。一方面，吴的求和表明两者在岳州乃至其他地区的争夺基本结束；另一方面说明马楚的力量已经比较强大，吴在力量上不占优势，故许德勋云：“楚国虽小，旧臣宿将犹在，愿吴朝勿以措怀。”自此之后，马楚与吴的关系进入相对平和时期，两者之间直接的军事对峙大为减少。可以说，天成年间对岳州的争夺是马楚与杨吴冲突对峙的高峰，也是马楚与吴在对峙中少有的占据优势地位的时期。

马楚与杨吴的关系在岳州之战后转向平和，这与杨吴内部政策的调整有关。天成年间，杨吴的实际控制权已完全落到了后来的南唐先主李昪（即徐知诰）手里。天成二年（927）十一月，徐知诰统领都督中外诸军事之职，杨吴实权实际由李氏掌握。李昪虽然暂时没有取代杨吴，但其政策实际上已经是后来南唐政策的先声。李昪对周边政权采取了友好相处的策略，他分析当时杨吴面临的形势，提出了自己的内外方针：

> 钱氏父子，动以奉事中国为辞，卒然犯之，其名不祥；闽土险瘠，若连之以兵，必半岁乃能下。恐所得不能当所失也，况其俗怙强喜乱，既平之后，弥烦经防。唯诸马在湖湘间，恣为不法，兵若南

① 《旧五代史》卷四《梁太祖纪第四》，第63页。

② 《资治通鉴》卷二百七十六，后唐天成三年五月，第9019页。

指，易如拾芥，孟轲谓齐人取燕，恐动四邻之兵，徒得尺寸地而享天下之恶名，我不愿也。孰若悉舆税之入，君臣共为节俭，惟是不腆之圭币，以奉四邻之欢，结之以盟诅，要之以神明，四封之外，俾人自为守，是我之存三国，乃外以为蔽障者也。疆场之虞，不警于外廷，则宽刑平政得以施之于统内，男不失秉耒，女无废机织，如此数年，国必殷足，兵旅训练，积日而不试，则其气必倍，有如天启其意。[①]

很明显，李昪实行的是与周边政权和睦相处，集中力量对付中原王朝的策略："今大敌在北，北方平，则诸国可尺书召之，何以兵为。轻举者，兵之大忌，宜畜财养锐以俟时焉。"[②] 李昪所云"兵若南指，易如拾芥"对此时的马楚而言显然并非事实。总之，天成三年（928）马楚与杨吴和好，这一方面是马楚力量强大的结果，另一方面则与南唐开创者（此时只是掌握了杨吴实权）李昪的息兵政策有关。正因为如此，天成三年（928）与马楚争夺岳州失败后，实际掌握杨吴大权的李昪开始改变长期与马楚敌对的政策，从而进入了马楚与吴之间相对和平的时期。自此至南唐建立的后晋天福二年（937），马楚与杨吴间的战争十分罕见，形成了楚吴之间难得的安定："烈祖每言：'百姓皆父母所生，安用争城广地，使之肝脑异处，膏涂草野。'是以执吴朝之政仅将一纪，才一拒越师，所谓不得已而用之。"[③]

天福二年（937）十月，李昪在金陵受吴禅，登基为帝，南唐政权建立。虽然李昪建立南唐是在后晋天福二年（937），但南唐政权的内外政策尤其是对外政策却早在李昪（当时称徐知诰）开始掌握杨吴实权的后唐天成二年（927）就已经开始酝酿，并且在禅代的过程中逐步定型。因而，南唐初期的对外政策实际上是杨吴后期政策的继续，实行与周边政权睦邻共处的政策。而马楚政权在马殷之后因继任者荒淫腐朽，整体实力逐步衰落，在推行事大政策的同时，对周边政权采取了守势。正是由于南唐统治者"讨伐之议，愿勿复关白也"[④] 的睦邻政策和马楚力量的削弱，两

① 《钓矶立谈》，第 52、53 页，《文渊阁四库全书》第 464 册。

② 马令：《南唐书》卷一《先主》，《文渊阁四库全书》第 464 册，第 253 页。

③ 《钓矶立谈》，第 48 页，《文渊阁四库全书》第 464 册。

④ 《钓矶立谈》，第 49 页，《文渊阁四库全书》第 464 册。

者之间基本上维持了一种睦邻友好的状态，这从南唐对马楚的态度可以得到佐证："自黄巢犯长安以来，天下血战数十年，然后诸国各有分土，兵革稍息。及唐主即位，江、淮比年丰稔，兵食有余，群臣争言'陛下中兴，今北方多难，宜出兵恢复旧疆。'唐主曰：'吾少长军旅，见兵之为民害深矣，不忍复言。使彼民安，则吾民亦安矣，又何求焉！'汉主遣使如唐，谋共取楚，分其地；唐主不许。"① 南汉遣使与南唐合谋取楚并瓜分其地，南唐不允，这说明马楚与南唐之间处于一种友好状态，睦邻政策成为马楚与南唐统治者的共识。

马楚与南唐间的睦邻关系因李昪的逝世和马楚内争的加剧而结束。马殷之后，其后相继统治楚政权的马希声、马希范、马希广等都荒淫腐朽，马楚虽然在马殷的余威下在政治上取得了一些成就，但经济力量却在马希范时期遭到严重削弱，经济体制遭到严重破坏，出现了用度不足而横加赋税的现象。更为严重的是，自马希声时期就已经存在的权力继承问题在马希广时期全面爆发，马楚内争逐步尖锐。马希广和马希萼围绕继承权展开了激烈的争夺，两者兵戎相见，许德勋所言之"众驹争皂栈"已成为事实。内争导致了马楚政权局势的动荡和分裂，刺激了南唐入侵马楚的欲望，睦邻关系首先因马楚内争而出现危机。

马楚与南唐睦邻关系彻底结束的标志是南唐睦邻政策的废弃。前文提到，南唐在前主李昪执掌杨吴政权时开始推行睦邻政策，终李昪一生未曾发生改变。李昪死后，继位的李璟遵从"汝守成业，宜善交邻国，以保社稷"② 的遗训，睦邻政策继续维持了一段时间。由于南唐实力的增强和马楚等对峙政权的衰落，南唐的睦邻政策也随之发生改变："元宗之初，尚守圣训，改元保大，盖有止戈之旨。三四年间，皆以为守文之良主。会元老去位，新进后生用事，争以事业自许，以为荡定天下，可以指日而就，上意荧惑，移于多口。由是构怨连祸，蹙国之势遂如削肌。"③ "元宗自以唐子孙，慨然有定中原复旧都之意。有司请行南郊礼，元宗曰：'俟天下为一，然后告谢天地。'"④ "朱元，颍川沈丘人，即舒元也。少倜傥，

① 《资治通鉴》卷二百八十二，后晋天福六年四月，第9221、9222页。

② 陆游：《南唐书》卷一《烈祖本纪》，《文渊阁四库全书》第464册，第391页。

③ 《钓矶立谈》，第49页，《文渊阁四库全书》第464册，

④ 陆游：《南唐书》卷十五《魏岑传》，《文渊阁四库全书》第464册，第475页。

辨捷强记，通《左氏春秋》。元既与李平留事元宗，以驾部员外郎待诏文理院。数上书论事，言今幸中原多故，苟支岁月，非所以为国，当取湖湘、闽越、钱塘以固根本，且请专任军旅，以次讨定。”[1] 由于南唐君臣致力于扩展疆土，征服邻邦，睦邻政策无法维持，马楚与南唐的睦邻关系走到了尽头。需要强调的是，马楚与南唐睦邻关系的结束与南唐睦邻政策的结束有关，但马楚内争是刺激南唐结束与湖湘睦邻关系的重要原因。“攻取之道，必先其易者”的原则对南唐同样适用，在马楚内争激化之前，尽管南唐的对外政策已经发生变化，但并没有对马楚发动战争，而是将目光投向了发生叛乱的南汉和内部发生动乱的闽。对南汉和闽的进攻没有取得预期效果，南唐转而将目光投向了西邻马楚。

前文我们已经提到，马希范死后，马希广越兄马希萼继位，逐引发了马希广与马希萼为争夺统治权的内战。在火并过程中，马希萼由于无法得到当时中原后汉王朝的支持而投靠南唐，请求南唐出兵对付马希广：

> 昔先王早以勋业，基有楚国，不幸即世，顾命之夕，显令兄弟，以天伦绍立，庶奉宗庙，获享国祚。无何，嗣君不延永命，奄弃社稷，讣告至日，臣不胜痛切肤骨，血泣颐睫，即时奔走哀庭，冀处苫由，用竭臣子之孝。不图天未殄祸，孽竖构隙，间离我戚属，汩乱先序，潜阻兵戈，将谋剿绝，苟不更图，殒在朝夕。故臣敢远遣行价，殚布腹心，惟君存先王之昔好，轸大国之武威，许出兵援，以附不腆，庶俾盗党，免弄凶器。[2]

马希萼最终依靠南唐以及蛮兵的力量战胜了马希广，取得了湖南政权。自马希萼开始，马殷时期确立的事大政策废止，马楚成为南唐的臣属。马希萼被南唐授封为楚王，任武安、武平、静江、宁远四军节度使。经过马希声、马希范等人的挥霍和马希广、马希萼内争的兵火涂炭以及蛮兵的大肆劫掠，马楚力量大为削弱，隐藏着巨大的危机。取得马楚政权的马希萼却对此熟视无睹，将军政大权交给马希崇，自己纵情享乐：“楚王希萼既得志，多思旧怨，杀戮无度，昼夜纵酒荒淫，悉以军府事委马希崇。希崇复

① 《十国春秋》卷二十四《朱元传》，第 342 页。

② 马希萼：《上南唐元宗乞师表》，《全唐文》卷一百二十九，第 1299 页。

多私曲，政刑紊乱。府库既尽于乱兵，籍民财以赏赉士卒，或封其门而取之，士卒犹以不均怨望；虽朗州旧将佐从希萼来者，亦皆不悦，有离心。”[①] 对于马楚内部发生的一切，南唐中主李璟了然在目，他密切注视着马楚局势的发展，伺机实现他开疆拓土的梦想。广顺元年（951）三月，马希萼遣刘光辅入贡于唐，李璟趁机笼络刘光辅，刘光辅向李璟告密：“湖南民疲主骄，可取也。”[②] 李璟获悉之后立即进行部署：“唐主乃以营屯都虞候边镐为信州刺史，将兵屯袁州，潜谋进取。”[③] 在南唐积极准备向楚扩张之际，马楚内部却依然争斗不休。这年三月，王逵、周行逢率朗州士卒哗变，逃回朗州，拥立刘言为节帅，称藩于后周。九月，又发生了第二次潭州兵变，马希萼被囚禁，马希崇接管湖南军政，马希萼则被衡山将士拥立为衡山王。这样，马楚政权内部出现了朗州刘言、衡山马希萼和潭州马希崇三股势力。刘言以讨马希崇篡权为名，自朗州对马希崇发起攻击，潭州内部徐威等也密谋叛乱。马希崇为避免徐威等人兵变之害、抵御朗州刘言的进攻，遂“密遣客将范守牧奉表请兵于唐”，南唐遂命边镐自袁州将兵万人西趣长沙，武昌节度使刘仁赡攻岳州。十月二十六日，边镐率军进入潭州，与此同时，刘仁赡率水军攻取岳州，潭州所控制的地区被南唐占领。十一月，在边镐的催促威逼下，潭州马希崇和衡山马希萼先后率族入朝，马氏政权灭亡。

总之，马楚与吴、南唐总体上是一种对立关系。这种对立一方面是由淮南集团与蔡州势力的宿怨造成的，另一方面也与两者的现实利益冲突有关。在杨吴政权时期，对立冲突是两者关系的主要内容，军事斗争是两者关系的主体。由于获得了中原王朝的支持，加之经济发展迅速，军事力量不断增强，马楚与杨吴的争斗经历了一个由内守到外攻的过程。李昪控制杨吴军政之后，开始实行睦邻政策，马楚与后期杨吴及随后的南唐在很长时期保持了睦邻关系。马楚与南唐睦邻关系的打破是马楚内争和南唐对外政策改变共同作用的结果。内争耗费了马楚的力量，为南唐的进入创造了条件，南唐睦邻政策向扩疆政策转变则加速了这一进程。

---

① 《资治通鉴》卷二百九十，后周广顺元年三月，第 9458 页。

② 同上。

③ 同上。

二　唇齿相依、战和相济的两楚关系

位于今湖北江陵的荆南是十国政权中最弱小的政权。就政治地位而言，荆南仅仅是一个独立性较大的藩镇："但割据荆南的高季兴及其世袭的后继者，并未建立宫殿（皇权的象征），也从未称孤道寡，更用新的年号；连官僚制度，也是藩镇的一套，而非作为一个国家必须具备的自成体系的官制；并且，南平在五代时期，自始至终，均与中原王朝在政治上、经济上、军事上保持着密切的联系。因此，我认为，从严格意义上说，南平在性质上仍然是中原王朝的一个藩镇，而不是一个脱离于中原王朝的独立国家，只是它得天独厚，比其他藩镇拥有的独立性更大一些，自主权更多一些，更桀骜不驯一些而已。"① 从荆南自身来看，其力量十分有限，对实力强大的马楚不会构成威胁，但马楚与荆南的关系却十分密切，在马楚的对外关系中占据着非常重要的地位，这与荆南所处的位置有关。"荆南即西川、江南、广南都会也。"② "古今谈形胜者皆云关中为上，荆襄为次，建康为下……荆州面施黔背襄汉，西控巴峡，东连鄢郢，环列重山，襟带大江，据上游之雄，介重湖之尾，为四集之地。蜀汉据而失之，骁将既折，重地授人，僻在一偏，不卜而知其土业之难成也。"③ "右控巴蜀，左联吴越；南通五岭，北走上都。"④ 可见，荆南所处的地理位置十分重要，对马楚而言，荆南是马楚出岳州经水路进入中原最为便捷的路线，处于这条交通线上的荆南因之与马楚形成了一种颇为复杂的关系。

马楚西面即今湘黔边界，此地山高坡陡，水深流急，马楚如取道川蜀通往中原，不但徒增行程，更重要的是在当时的交通条件下根本无法实现。东面是世仇与劲敌杨吴、南唐，势力远比马楚强大，二者与中原王朝几乎始终处于对立状态，马楚通过杨吴、南唐实现与中原的交通显然行不通。而取道荆南至少有两点优势：其一，荆南势力弱小，除了短暂时间之外，和马楚一样推行事大政策，同是中原王朝的臣属；其二，马楚从岳州沿长江顺流而上，水路直达荆州，在水运比陆运发达的背景下，取道荆南

① 曾国富：《五代南平史三题》，《中国史研究》1996 年第 1 期。

② 《续资治通鉴》卷四，宋乾德二年十月，第 81 页。

③ 《楚书》，第 8 页。

④ 颜真卿：《谢荆南节度使表》，《全唐文》卷三百三十六，第 3405 页。

无疑是方便快捷的选择，荆南因之成为马楚与中原王朝保持联系及通商的重要通道。此外，荆南处于马楚与中原王朝之间，中原王朝一旦攻占荆南，马楚将直接受到来自中原朝廷的威胁，将自己逼入南北两大势力夹击的不利处境中。对马楚而言，荆南与自身具有唇亡齿寒的关系，荆南一旦不存，马楚也就无法立足（北宋先灭荆南后收周保权的事实证明了这一点），正因为如此，荆南的存在对马楚具有十分重要的意义。

荆南力量弱小，处于四面受敌的不利境地，为了在这种不利的环境中维持自身的存在，荆南对周边称帝政权所向称臣："荆南地狭兵弱，介于吴、楚为小国。自吴称帝，而南汉、闽、楚皆奉梁正朔，岁时贡奉，皆假道荆南。季兴、从诲常邀留其使者，掠取其物，而诸道以书责诮，或发兵加讨，即复还之而无愧。其后南汉与闽、蜀皆称帝，从诲所向称臣，盖利其赐予。俚俗语谓夺攘苟得无愧耻者为赖子，犹言无赖也，故诸国皆目为'高赖子'。"① 荆南对周边称帝政权的所向称臣导致了它与中原王朝关系的不稳定，呈现出多变性的特点。而马楚政权在马希萼之前始终推行对中原王朝的事大政策，这样就与荆南在对待中原王朝的态度上发生冲突。当荆南同样对中原王朝推行事大政策时，两者之间合作的成分比较多；相反，当荆南称臣于其他政权时，它与中原王朝的关系就比较紧张，正是由于荆南与中原王朝关系的多变性和不稳定性，导致了它与马楚关系的多变性。荆南与中原王朝两度反目："荆南自后唐以来，常数岁一贡京师，而中间两绝。及世宗时，无岁不贡矣。"② 所谓"中间两绝"，一指绝后唐之贡。后唐灭前蜀，高季兴请夔、忠等州为属郡，未能遂愿，于是反叛，后唐王朝遣兵讨伐，高季兴断绝朝贡，投靠南唐。高从诲即位后，进赎罪银三千两，重修职贡，恢复了与中原王朝的关系。二指刘知远入主中原，建立后汉，荆南求郢州为属遭到拒绝，遂自绝于后汉，但"逾年，复通朝贡"。在两绝期间，马楚与荆南基本上是一种敌对关系。

马楚与荆南保持着一种合作式的睦邻关系，这种关系主要体现在以下几方面。第一，两者秉中原朝廷之命共同对敌。开平元年（907）九月，朗州节度使雷彦恭进攻荆南，不克，回师途中攻打马殷刚夺取的岳州，引起荆南和马楚的不满。后梁王朝下诏令荆南与马楚讨伐："雷彦恭攻涔

① 《新五代史》卷六十九《南平世家》，第859页。

② 同上。

阳、公安，高季昌击败之。彦恭贪残类其父，专以焚掠为事，荆、湖间常被其患；又附于淮南。丙申，诏削彦恭官爵，命季昌与楚王殷讨之。”[①] 十月，两楚共同出兵讨伐雷彦恭。由于朗州投靠杨吴，因此两楚的对手除了朗州雷彦恭之外还有淮南，两楚与朗州及淮南势力进行了激烈角逐：“十月，高季昌遣其将倪可福会楚将秦彦晖攻朗州，雷彦恭遣使乞降于淮南，且告急。弘农王遣将泠业将水军屯平江，李饶将步骑屯浏阳以救之，楚王殷遣岳州刺史许德勋将兵拒之。”[②] 结果马殷大败淮南军队，擒斩泠业和李饶。雷彦恭被迫退回朗州。虽然我们无法直接了解荆南在这次战役中的作用，但从马殷打败力量强大的淮南之事实可以推知，荆南至少在其中发挥了牵制分散杨吴力量的作用。开平二年（908）六月，马楚与荆南再次合作，夺回了被淮南占领的岳州：“岳州为淮贼所据，帝以此郡五岭、三湘水陆会合之地，委输商贾，靡不由斯，遂令荆湘湖南北举舟师同力致讨。王师集，淮夷毁壁焚郛郭而遁。”[③] 后晋天福六年（941），襄州安从进反，后晋王朝令马楚和荆南出兵配合朝廷讨伐：“以高行周知襄州行府事。诏荆南、湖南共讨襄州。高从诲遣都指挥使李端将水军数千至南津，楚王希范遣天策都军使张少敌将战舰百五十艘入汉江助行周，仍各运粮以馈之。”[④]

第二，马楚与荆南的合作还表现在危难时军事上的相互援助。乾化二年（912）十一月，吴遣兵袭击马楚重镇岳州，马殷遣兵增援之后，吴兵转而攻打荆南：“吴淮南节度副使陈璋等将水军袭楚岳州，执刺史苑玫；楚王殷遣水军都指挥使杨定真救岳州。璋等进攻荆南，高季昌遣其将倪可福拒之。吴恐楚人救荆南，遣抚州刺史刘信帅江、抚、袁、吉、信五州兵屯吉州，为璋声援。”[⑤] 那么，马楚是否声援了荆南？回答是肯定的，尽管杨吴摆出了夹击马楚，进攻潭州的架势，但马楚对荆南的援助显而易见：“吴陈璋攻荆南，不克而还，荆南兵与楚兵会于江口以邀之；璋知之，舟二百艘骈为一列，夜过，二镇兵遽出追之，不能及。”[⑥] 如果没有

---

① 《资治通鉴》卷二百六十六，后梁开平元年九月，第 8684、8685 页

② 《资治通鉴》卷二百六十六，后梁开平元年十月，第 8685、8686 页。

③ 《旧五代史》卷四《梁太祖纪第四》，第 63 页。

④ 《资治通鉴》卷二百八十二，后晋天福六年十二月，第 9230 页。

⑤ 《资治通鉴》卷二百六十八，后梁乾化二年十一月，第 8764 页。

⑥ 《资治通鉴》卷二百六十八，后梁乾化三年正月，第 8765 页。

马楚的援助，陈璋攻荆南恐不会无功而返，“荆南兵与楚兵会于江口”邀击吴水军的事实也证明了这一点。

第三，协助对方保持与中原王朝的联系也是两楚睦邻关系的重要内容。天成二年（927），高季兴叛，后唐王朝发兵讨伐，虽然后唐的行动因多种原因没有成功，但荆南也遭受损失。不久，高季兴卒，其子高从诲继掌荆南事务，他抛弃其父投靠杨吴的策略，转而侍奉中原王朝，这一转变是由马楚协助完成的：“高季兴之叛也，其子从诲切谏，不听。从诲既袭位，谓僚佐曰：‘唐近而吴远，非计也。’乃因楚王殷以谢罪于唐。又遣山南东道节度使安元信书，求保奏，复修职贡。丙申，元信以从诲书闻，帝许之。”①

从上述可以看出，两楚之间存在一定程度的合作和依赖。这种合作和依赖关系是在两者与中原王朝都保持臣属关系的前提下实现的。并且，由于马楚一方面需要通过荆南保持与中原的联系，另一方面又必须保存荆南作为屏蔽以确保自身不受中原王朝的直接威胁，因而，在这种友好关系中，荆南更多地占据主动地位。

马楚与荆南的冲突主要反映在军事斗争上，这是两楚关系紧张的方面。之所以出现战争，与两楚各自扩张势力有关，同时也与两楚对中原王朝的态度有关。在两楚对中原的态度出现对立时，两者之间的冲突往往就比较明显。两楚间的矛盾冲突可以分为两个阶段，第一阶段从马殷执掌湖南军政开始至后唐天成三年（928）两楚刘郎洑之战结束；第二阶段从天成三年（928）至后周广顺元年（951）。

乾宁二年（895），马殷开始掌握潭州军政，随后直至后唐天成二年（927）八月建国，马楚始终处于不断上升和扩展过程中，表现在地域不断扩大，经济迅速发展，政治地位不断提高。这一时期的马楚对荆南采取了积极进攻的态势，两楚之间在这段时间内屡屡兵戎相见。开平元年（907）六月，马殷为了缓解北面的压力，集中精力向南拓展疆土，同时也为消耗朗州雷彦恭的力量，在雷彦恭的请求下出兵攻荆南：“武贞节度使雷彦恭会楚兵攻江陵，荆南节度使高季昌引兵屯公安，绝其粮道；彦恭败，楚兵亦走。”② 开平二年（908）八月，荆南遣兵切断马楚朝贡之道，

① 《资治通鉴》卷二百七十六，后唐天成四年五月，第9030页。

② 《资治通鉴》卷二百六十六，后梁开平元年六月，第8683页。

进而引发了两楚之间的又一次军事对峙："荆南节度使高季昌遣兵屯汉口，绝楚朝贡之路。楚王殷遣其将许德勋将水军击之，至沙头，季昌惧而请和。"① 开平四年（910）六月，马殷就任天策上将军，设立天策府，同时对荆南发动进攻，结果惨败："殷遣将侵荆南，军于油口；高季昌击破之，斩首五千级，逐北至白田而还。"② 贞明五年（919），马殷再次对荆南进攻："楚人攻荆南，高季昌求救于吴，吴命镇南节度使刘信等帅洪、吉、抚、信步兵自浏阳趣潭州，武昌节度使李简等帅水军攻复州。信等至潭州东境，楚兵释荆南引归。"③ 正是由于马楚的步步进逼，对荆南构成了威胁，高季兴大修兵备，准备对马楚进行反击："（高）季兴大治战舰，欲攻楚，（孙）光宪谏曰：'荆南乱离之后，赖公休息士民，始有生意。若又与楚国交恶，他国乘吾之弊，良可忧也。'季兴乃止。"④ 很明显，两楚交恶在此之前就已存在，故孙光宪言"又与楚国交恶"。荆南与马楚虽暂未交恶，却在天成二年（927）谋叛，与后唐王朝发生严重冲突，导致朝廷发兵讨伐，马殷成为讨伐荆南的一支力量：

> 高季兴既得三州，请朝廷不除刺史，自以子弟为之，不许。及夔州刺史潘炕罢官，季兴辄遣兵突入州城，杀戍兵而据之。朝廷除奉圣指挥使西方邺为刺史，不受；又遣兵袭涪州，不克。魏王继岌遣押牙韩珙等部送蜀珍货金帛四十万，浮江而下，季兴杀珙等于峡口，尽掠取之。朝廷诘之，对曰："珙等舟行下峡，涉数千里，欲知覆溺之故，自宜按问水神。"帝怒，壬寅，制削夺季兴官爵，以山南东道节度使刘训为南面招讨使、知荆南行府事，忠武节度使夏鲁奇为副招讨使，将步骑四万讨之。东川节度使董璋充东南面招讨使，新夔州刺史西方邺副之，将蜀兵下峡，仍会湖南军三面进攻。⑤

马殷推行事大政策，响应中原王朝的命令出兵是其职责，故"刘训兵至

① 《资治通鉴》卷二百六十七，后梁开平二年九月，第8704页。
② 《资治通鉴》卷二百六十七，后梁开平四年六月，第8724页。
③ 《资治通鉴》卷二百七十，后梁贞明五年五月，第8845、8846页。
④ 《资治通鉴》卷二百七十五，后唐天成元年四月，第8979、8980页。
⑤ 《资治通鉴》卷二百七十五，后唐天成二年二月，第9002页。

荆南，楚王殷遣都指挥使许德勋等将水军屯岳州。”[①] 与刘训形成了夹击荆南之势。但马楚对后唐讨伐荆南的战争并不尽力，后唐王朝“遣使赐湖南行营夏衣万袭；丁卯，又遣使赐楚王殷鞍马玉带，督馈粮于行营，竟不能得。”[②] 为什么出现这种情况呢？胡三省解释曰：“湖南、荆南辅车相依，虽厚赐楚人以督其馈军，终不奉诏。”[③] 这可能是其中最主要的原因。但笔者认为，马殷这样做可能并不完全是出于存荆南以为屏蔽的考虑，之所以出兵而止于岳州，受赐而不出粮草，很有可能是出于保存实力的考虑，尤其是保存经济力量。

马楚终止对荆南的进攻，最终将其作为屏障是在刘郎洑之战后。天成二年（927）五月，后唐因对荆南的讨伐受挫而暂时退兵。马殷为弥补自己违诏之过，遣使入贡。当时的后唐王朝尚未完全摆脱庄宗弊政的影响，不仅未追究马殷之过，反而大肆赏赐，以笼络马殷再伐荆南，但赏赐之物在途经荆南时被高季兴劫掠：“楚王殷遣中军使史光宪入贡，帝赐之骏马十，美女二。过江陵，高季兴执光宪而夺之，且请举镇自附于吴。”[④] 荆南的这一行动无论对后唐还是对马楚都是严重的挑衅，天成三年（928）三月，马殷遣兵问罪荆南：“楚王殷如岳州，遣六军使袁诠、副使王环、监军马希瞻将水军击荆南，高季兴以水军逆战。至刘郎洑，希瞻夜匿战舰数十艘于港中；诘旦，两军合战，希瞻出战舰横击之，季兴大败，俘斩以千数，进逼江陵。季兴请和，归史光宪于楚。”[⑤] 马楚讨伐荆南的战争获得了胜利，马殷以未能拿下荆南为憾：“军还，楚王殷让环不遂取荆南。”王环曰：“江陵在中朝及吴、蜀之间，四战之地也，宜存之以为吾扞蔽。”[⑥] 马殷采纳了他的建议。自此之后，存荆南以为屏蔽成为马楚的重要策略。两者间的斗争虽然继续进行，但对马楚而言，这种斗争不再以吞并荆南为目的，相反，由于马楚内争的日益加剧，荆南反而对马楚采取了攻势，由于力量不足，在与马楚兵戎相见的同时，更多地采用离间手段。

天成三年（928）六月，高季兴再次称藩于吴，被吴封为秦王。明宗

① 《资治通鉴》卷二百七十五，后唐天成二年三月，第 9004 页。
② 《资治通鉴》卷二百七十五，后唐天成二年五月，第 9005 页。
③ 同上。
④ 同上。
⑤ 《资治通鉴》卷二百七十六，后唐天成三年三月，第 9015 页。
⑥ 同上书，第 9015、9016 页。

下诏令马殷进讨，从而发生了马楚与荆南沙头之战："六月，辛巳，高季兴复请称藩于吴，吴进季兴爵秦王，帝诏楚王殷讨之。殷遣许德勋将兵攻荆南，以其子希范为监军，次沙头；季兴从子云猛指挥使从嗣单骑造楚壁，请与希范挑战决胜，副指挥使廖匡齐出与之斗，拉杀之。季兴惧，明日，请和，德勋还。"① 胡三省音注曰："次沙头，则已逼江陵矣。"马殷这次出兵的规模很大，深入荆南辖域内地，之所以如此，一方面固然是对后唐命令的执行，体现推行事大政策的马楚秉中原命令对叛臣高季兴的征伐；另一方面则是马殷为自身利益的考虑。荆南是马楚进入中原通商和朝贡的通道，高季兴叛附于吴，马楚对中原的通道被切断，这对马楚是一个致命的打击。同时，荆南叛附于吴之后，马楚在东面和北面同时受吴及其臣属政权的夹击，这对马楚无疑是不利的。早在此年的四月，吴右雄武军使苗璘、静江统军王彦章率领水军万余人攻打马楚岳州期间，"吴人进军荆江口，将会荆南兵攻岳州"对马楚夹击之势十分明显，尽管吴未能实现其目的，但给了马殷一个警示，故在打退吴军，迫使吴军求和之后，对荆南采取行动，迫使荆南与之和好。

此后，马楚与荆南发生多次冲突，但规模不大。天成三年（928）九月，"荆南败楚兵于白田，执楚岳州刺史李廷规，归于吴"②。天成四年（929）四月，马楚对荆南进行报复："楚六军副使王环败荆南兵于石首。"③ 随后，荆南断绝与吴的关系，重新归顺中原王朝："从诲既袭位，谓僚佐曰：'唐近而吴远，非计也。'乃因楚王殷以谢罪于唐。又遗山南东道节度使安元信书，求保奏，复修职贡。丙申，元信以从诲书闻，帝许之。"④ "高从诲遣使奉表诣吴，告以坟墓在中国，恐为唐所讨，吴兵援之不及，谢绝之。"⑤ 两楚均执行事大政策，两者之间的军事斗争基本结束。

荆南对马楚内争的介入是两楚关系的另一内容。无论是从军事、经济还是从政治而言，荆南的力量都无法与马楚抗衡。在与马楚的斗争中，荆南虽然屡屡求援于马楚的宿怨杨吴，却没有取得明显的成效。出于自身利益的考虑，荆南一方面不愿马楚政权强大威胁自己，另一方面又想削弱马

---

① 《资治通鉴》卷二百七十六，后唐天成三年六月，第 9020 页。

② 《资治通鉴》卷二百七十六，后唐天成三年九月，第 9023 页。

③ 《资治通鉴》卷二百七十六，后唐天成四年四月，第 9029 页。

④ 《资治通鉴》卷二百七十六，后唐天成四年五月，第 9030 页。

⑤ 《资治通鉴》卷二百七十七，后唐长兴元年三月，第 9040 页。

楚实现辖域扩张。马楚政权长期存在的内争为荆南实现削弱马楚的目的提供了条件。马殷入主湖南之后，任用都军判官高郁为谋主，在高郁的谋划下，马殷政治上推行事大政策，经济上采取与中原通商的措施，使马楚的力量不断壮大，经济实力增强，地域扩大，成为富甲一方的重要力量。为削弱马楚，高季兴施计离间马氏父子与高郁的关系："高季兴亦以流言间郁于殷，殷不听，乃遣使遗节度副使、知政事希声书，盛称郁功名，愿为兄弟。使者言于希声曰：'高公常云马氏政事皆出高郁，此子孙之忧也。'希声信之。"① 高季兴的离间加速了高郁的被杀，不久马希声就将高郁"谋反而族灭之"，导致马楚"自是军中之政，往往失序，识者痛之"②的结局。虽然高郁之死并不完全是高季兴离间的结果，但其离间对高郁的被杀起了重要的促进作用。随后，马楚围绕继承权的问题长期内争不休，荆南积极利用机会窥视马楚，"荆渚日图窥伺"。马楚内争在马希广和马希萼的争夺中达到顶峰，荆南利用这一有利时机，大肆离间潭州与朗州的关系，急欲颠覆马楚："汉高从诲为荆南节度使，乾祐元年遣人押送朗州马希萼奏事官沈从进至京师，乞加恩命。希萼初与潭州马希广争立，希广用欧弘练、张仲荀谋，厚赂朝廷，请不行朗州恩命。及从诲革面自新，又援引希萼求通于朝，盖欲离间潭、朗，成其覆亡之祸也。朝廷知其意，累降诏示谕。"③ 虽然马楚内争主要是由其内部制度引起的，但荆南的离间无疑起了推波助澜的作用。事实证明，荆南的离间取得了成效，马希萼和马希广长期争夺，混战不休，严重削弱了马楚的力量，最终酿成了覆亡之祸。

在实行离间的同时，荆南在马楚政权内争白热化时还直接出兵干预马楚内政。乾祐三年（950）十月，马希广上书后汉王朝：

> 臣当道去九月内，量发兵士往朗州，招安户民。不料偶失威严，遂中奸便，须谋补卒，爰议班师。朗州自闻当道抽退已来，狂谋益甚。又探得荆南继差人下淮南与广州三处结构，荆南欲取澧、朗州，广南攻桂州，淮南欲取湖南。兼即日淮南支鄂州管内租税，衷私令荆

① 《资治通鉴》卷二百七十六，后唐天成四年八月，第 9031 页。

② 《五代史补》卷三《马希范杀高郁》，《文渊阁四库全书》第 407 册，第 661 页。

③ 《册府元龟》卷九百五十二《总录部·交构》，第 11202、11203 页。

> 南供给朗州。且如山结连，可知事势。其朗州已入附于淮甸，又纳款于荆南，兴破家亡国之心，作瓜剖豆分之势。兼诱草贼，烧却近封，顾基扃而危若缀旒，视黎庶而困于涂地。弦衰柱促，言发涕流。伏乞圣慈，念以臣四世勤王，三面受敌，欲兴师旅，动碍寇仇。望特降丝纶，聊差貔虎。亦知朝廷北面讬落，分兵处多，故不敢大假挠于兵力，只乞差借许蔡乡军三五千人，马一千骑，内得王师二千来人，夹带南渡，只到澧州屯驻，以断淮南与荆南援助之路。①

从马希广奏文可以看出，荆南直接参与了马希萼兄弟的夺权斗争，不仅从经济上对朗州予以援助，而且还积极联合其他力量对付潭州，甚至直接出兵援助朗州攻打马希广。

至此，我们可以对两楚关系作如下总结。马楚与荆南的关系受地理环境的影响，从两者关系的主导者来说，大致在马殷时期，马楚主导两楚关系，这是由于马楚的力量相对强大，荆南虽然有心遏制、阻碍马楚的发展，但力量有所不逮。马殷之后，马楚政权因内争而内耗不断，对外扩展的趋势减弱，荆南利用马楚的内争而干预马楚内政，在两楚关系中占据主导地位。从关系的内容而言，前期是以军事斗争为主，后期则以荆南的和平干涉为主，形成了一种战和交杂的关系。

三　和南汉的战争与联姻

马楚与南汉的关系以领土争端为主线，马楚疆域基本稳定之后，双方关系出现过一段稳定时期，这是由两者的联姻关系确立的。随着马楚力量的削弱和内争的加剧，南汉对马楚扩展疆土，两者关系再次出现倒退。总的来说，马楚与南汉的关系经历了一个紧张到缓和，再由缓和到紧张的发展历程。

岭南是马殷对外扩展疆土最为便捷的方向。马殷对岭南的扩展最早可以追溯至光化三年（900），这年十月，马殷遣李琼等打败岭南静江节度使刘士政，占领静江节度使辖下的桂州、宜州、岩州、柳州、象州五州，从而开启了马楚向岭南拓展疆域的先声。开平二年（908）九月，马殷将扩张目光再次转向岭南："殷又遣步军都指挥使吕师周将兵击岭南，与清

① 马希广：《请发兵击朗州奏》，《全唐文》卷一百二十九，第1299页。

海节度使刘隐十余战，取昭、贺、梧、蒙、龚、富六州。”① 此时马殷的力量正逐步壮大，对岭南的扩展并没有终止，两者围绕高州（治今广东茂名市）和容州（治今广西容县）展开争夺。宁远节度使庞巨昭、高州防御史刘昌鲁在抵抗黄巢起义的过程中建立功勋，从而在岭外占据了一席之地。天祐二年（905），刘隐经朱全忠表荐被李唐王朝任命为清海节度使。自此之后，刘隐在岭表积极拓展势力范围，但高州刘昌鲁、容州庞巨昭拒不依附：“宁远节度使庞巨昭、高州防御使刘昌鲁，皆唐官也。黄巢之寇岭南也，巨昭为容管观察使，昌鲁为高州刺史，帅群蛮据险以拒之，巢众不敢入境。唐嘉其功，置宁远军于容州，以巨昭为节度使，以昌鲁为高州防御使。及刘隐据岭南，二州不从。”② 开平四年（910）二月，刘隐遂命其弟刘岩攻打容、高二州，但均无功而返：“隐遣弟岩攻高州，昌鲁大破之，又攻容州，亦不克。”③ 刘隐的军事进逼将庞、刘二人推向了马楚，高州刺史刘昌鲁致书马殷请自归于楚：

> 仆昔占籍邺中，受恩唐室，莅高三岁，遏黄巢之乱，收合生齿，堡于掠山，因深为堑，凭高作垒，攻苦食淡，以勤士卒。洎盗贼平定，一境独全。高凉之民，至今相戴。而中原多故，岭南不宾。刘隐乱常，僭兴师律。举蛮貊之众，成吞噬之心。仆常训励甲兵，躬当矢石。扫垒一战，刘岩遁走。虽仗义者必胜，恃力者必亡。然而山越之人，疮痍众矣。残民以骋，所不忍为。昔古公去豳，窦融归汉，千古之下，迭为推美。仆虽颛愚，景慕前烈。窃惟明公负江湖之固，有桓文之业，土宇至广，仁风素厚。愿以所部归款于执事，谨刺血染翰，上达诚悃。惟明公图之。④

刘昌鲁和庞巨昭的投靠对致力于扩展势力的马殷来说无疑是一个绝好的机会，他立即遣横州刺史姚彦章率兵接应。姚彦章先至容州，节度使庞巨昭举州迎降，继至高州，“以兵援送巨昭、昌鲁之族及士卒千余人归长沙。

① 《资治通鉴》卷二百六十七，后梁开平二年九月，第8704页。
② 《资治通鉴》卷二百六十七，后梁开平四年十二月，第8733页。
③ 同上。
④ 刘昌鲁：《致马殷书》，《全唐文》卷八百三十九，第8830、8831页。

楚王殷以彦章知容州事，以昌鲁为永顺节度副使”①。马殷取得容州和高州。容州和高州与马殷前此取得的昭、贺、梧、蒙、龚、富六州结成一片，使马殷的力量几至南海。

容州、高州投向马楚，马殷势力几乎贯穿整个岭南，这对岭南刘氏显然不利。而马殷尽管取得了容、高等州，但由于这两州深入岭南腹地，周边缺乏有效拱卫，控制并不稳固。乾化元年（912）十二月，刚刚继承清海节度使的刘隐之弟刘岩遣兵攻容州和高州，容、高二州孤悬岭外，势力单薄，刘岩很快迫使楚将姚彦章弃城而走。容州陷落之后，高州与马殷控制下的岭南其余诸州的联系被割断，成为孤城，旋即被刘岩攻陷：“刘岩遣兵攻容州，殷遣都指挥使许德勋以桂州兵救之；彦章不能守，乃迁容州士民及其府藏奔长沙，岩遂取容管及高州。”②

可以发现，马殷统治下的马楚处于向外扩展疆土的阶段，而岭南刘氏也积极在岭南扩大势力范围，都力图占据岭外，两者之间的矛盾实际上是对势力范围的争夺。由于马殷和刘岩名义上是后梁王朝的藩属，后梁王朝对两者的争端进行了调解。乾化二年（912）五月，后梁派遣右散骑常侍韦戬进行调和：“帝闻岭南与楚相攻，甲戌，以右散骑常侍韦戬等为潭、广和叶使，往解之。”③ 马殷的事大政策早已确立，加之势力伸展过远，对岭南州县的控制不力，同时要集中力量对付杨吴，乐意缓和与岭南刘氏的矛盾。而刘岩尽管取得了容州、高州之战的胜利，在力量上却无法与马殷抗衡，为了巩固统治，也愿意调解。马殷与刘氏的矛盾因之缓和，两者进入睦邻时期。

马楚与南汉睦邻关系的确立是通过联姻实现的。乾化二年（912）潭州与岭南在后梁王朝的斡旋下和解，两者之间的疆域争夺暂告平息。南汉谋臣杨洞潜劝刘岩利用两者和好的机会与楚联姻，实现“以靖边隅”，“为久计”的目的，杨洞潜的建议得到了刘岩的同意。乾化三年（913）十月，④“高祖年二十八，将择偶，以楚新睦，欲结为婚姻，遂使如楚求

① 《资治通鉴》卷二百六十七，后梁开平四年十二月，第8734页。

② 《资治通鉴》卷二百六十八，后梁乾化元年十二月，第8749、8750页。

③ 《资治通鉴》卷二百六十八，后梁乾化二年四月，第8756页。

④ 刘岩遣使至潭州求婚的时间，《资治通鉴》卷二百六十八、《十国春秋》卷五十八《高祖本纪》均记为乾化三年十月，清梁廷枏《南汉书》卷二《高祖纪一》记为十二月，误。

后，武穆王许之"[①]。贞明元年（915）八月，"刘岩逆妇于楚，楚王殷遣永顺节度使存送之"[②]。马楚与南汉的联姻关系正式形成。

刘岩与马氏的联姻实际上是政治利益的产物，是为政治利益服务的。两者的联姻也确实起到了这样的作用，自乾化三年（913）开始，两者基本上没有发生冲突。为了确保这种联姻带来的政治利益，马殷之女在南汉享受了优厚的待遇。贞明三年（917），刘岩称帝建制，国号大越，马殷之女被封为越国夫人。贞明五年（919），"汉主岩立越国夫人马氏为皇后，殷之女也"[③]。马氏的尊崇地位反映出了南汉对两者关系的重视，自南汉与马楚联姻至马后薨逝的清泰元年（935），两者之间基本上保持了和平局面，唯一的一次疆域冲突也是由马殷挑起的。这就是天成三年（928）的封州之战，"楚大举水军击汉，围封州。汉主以《周易》筮之，遇《大有》，于是大赦，改元大有；命左右街使苏章将神弩三千、战舰百艘救封州。章至贺江，沉铁絙于水，两岸作巨轮挽絙，筑长堤以隐之，伏壮士于堤中。章以轻舟逆战，阳不利，楚人逐之，入堤中；挽轮举絙，楚舰不能进退，以强弩夹水射之，楚兵大败，解围遁去"[④]。封州之役是马楚与南汉联姻期间唯一的一次大规模冲突，结果以马殷的失败而告终。

清泰元年（934）十二月，"汉皇后马氏殂"，维持马楚与南汉睦邻关系的纽带消失，两者之间的冲突逐渐加剧。清泰三年（936）四月，"帝遣将孙德威侵楚蒙、桂二州，楚王自将步骑御之，我兵自蒙州引还"[⑤]。南汉之所以进攻蒙、桂二州，一方面是因为马皇后已死，与马楚的政治联姻不复存在，另一方面则是由于马楚静江节度使马希杲遭监军裴仁煦的离间，马希范对其疑忌不已，刘岩企图利用马楚内部产生矛盾的时机夺取蒙、桂地区。由于马希范亲率楚军迎击，刘岩的目的未能实现。自此之后，南汉与马楚之间冲突不断："大有中，与楚连岁构兵。"[⑥] 无疑，在马楚力量强大，内部相对稳定的情况下与之进行战争对南汉是无益的，正因如此，天福四年（939）七月，南汉君臣再次与马楚通好："是岁，汉门

① 《南汉书》卷七《后妃列传》，第 34 页。

② 《资治通鉴》卷二百六十九，后梁贞明元年八月，第 8796 页。

③ 《资治通鉴》卷二百七十，后梁贞明五年正月，第 8842 页。

④ 《资治通鉴》卷二百七十六，后唐天成三年三月，第 9016 页。

⑤ 《十国春秋》卷五十八《高祖本纪》，第 847 页。

⑥ 《南汉书》卷九《赵光裔传》，第 45 页。

下侍郎、同平章事赵光裔言于汉主曰：‘自马后崩，未尝通使于楚，亲邻旧好，不可忘也。’因荐谏议大夫李纾可以将命，汉主从之；楚亦遣使报聘。”[①] 这次通好的作用是显著的：“是役也，睦邻封，续旧姻，宁边鄙，弭敌兵。”[②] “终高祖之世，不复有楚难。”[③] 在交聘的基础上，天福六年(941)，南汉准备与马楚实施再次联姻：“夏五月，番禺刘龑（即刘岩）遣伪摄太尉、工部侍郎卢膺，尚仪谢宜清，尚衣高素清来逆我故王弟传璛之室马氏以为继室，不克遣。马氏即潭帅楚王殷之女也。先是，番禺亦聘马氏，既卒，遂求其弟。是行也，潭帅希范亦遣中军使欧阳练与广使俱至，马氏誓不许，故不克遣。”[④] 南汉为什么要到吴越去求故马皇后之妹呢？梁廷枏的记载直接明了的说明南汉的用意：“马后既殂，高祖欲续楚旧姻，将求为继后，先请于楚文昭王。王既内主其事，而虑吴越不许，约高祖自遣使往求之，楚亦使其中军使欧阳练偕行，以期必济。至是，膺以原职权摄太尉，与尚仪谢宜清、尚衣高素清等俱至吴越谒文穆王，备陈高祖意。”[⑤] 尽管与马楚的再次联姻因马皇后之妹不允而未能成功，但南汉与马楚之间至少在刘岩时期未再发生大的冲突。

马希范统治后期，马楚政权已全面走向衰落，经济上出现了入不敷出的现象，卖官鬻爵、横征暴敛成为维持财政的重要手段，内争日益激烈，正是在这样一种背景下，南汉对马楚“怀吞噬之志”。其实，早在准备与马楚再次联姻之前，南汉就有觊觎马楚之心：“汉主遣使如唐，谋共取楚，分其地；唐主不许。”[⑥] 马希范死后，马楚政权内部发生了马希广和马希萼的争位斗争，马希萼在朗州起兵，湖南大乱。乾祐元年（948）八月，南汉刘晟遣钟允章以求婚为名至楚探听虚实：“南汉主遣知制诰宣化钟允章求婚于楚，楚王希广不许。南汉主怒，问允章：‘马公复能经略南土乎？’对曰：‘马氏兄弟，方争亡于不暇，安能害我！’南汉主曰：‘然。希广懦而吝啬，其士卒忘战日久，此乃吾进取之秋也。’”[⑦] 获悉马楚不堪

① 《资治通鉴》卷二百八十二，后晋天福四年十二月，第9209页。

② 《十国春秋》卷六十三《李纾传》，第898页。

③ 《南汉书》卷九《赵光裔传》，第45页。

④ 《吴越备史》卷二《文穆王》，第194、195页。

⑤ 《南汉书》卷十二《卢膺传》，第64页。

⑥ 《资治通鉴》卷二百八十二，后晋天福六年四月，第9222页。

⑦ 《资治通鉴》卷二百八十八，后汉乾祐元年八月，第9398、9399页。

一击的刘晟决定对马楚发起进攻，十二月，“南汉主以内常侍吴怀恩为开府仪同三司、西北面招讨使，将兵击楚，攻贺州。楚王希广遣决胜指挥使徐知新等将兵五千救之。未至，南汉人已拔贺州，凿大阱于城外，覆以竹箔，加土，下施机轴，自堑中穿穴通阱。知新等至，引兵攻城，南汉遣人自穴中发机，楚兵悉陷，南汉出兵从而击之。楚兵死者以千数；知新等遁归，希广斩之。南汉兵复陷昭州”[①]。乾祐三年（950），南汉又联合荆南、淮南援助朗州马希萼，共同对付马希广：“湖南马希广遣使上章，且言荆南、淮南、广南三道结构，欲分割湖、湘，乞聊发兵师，以为援助。”[②]在岭南、荆南与淮南的援助下，马希萼夺取潭州，取得了对湖南的统治权。但马楚内部的纷争却更加激烈。随后，马楚内部不断发生变乱，最终分裂为朗州、潭州、衡山三股主要的势力，最后在广顺元年（951）被南唐攻灭。在南唐攻灭湖南之际，南汉趁机夺取了马楚岭南所辖各州，完全据有岭外之地：

> 楚静江节度副使、知桂州马希隐，武穆王殷之少子也。楚王希广、希萼兄弟争国，南汉主以内侍吴怀恩为西北招讨使，将兵屯境上，伺间密谋进取。希广遣指挥使彭彦晖将兵屯龙峒以备之。希萼自衡山遣使以彦晖为桂州都监、在城外内巡检使、判军府事，希隐恶之，潜遣人告蒙州刺史许可琼。可琼方畏南汉之逼，即弃蒙州，引兵趣桂州，与彦晖战于城中。彦晖败，奔衡山，可琼留屯桂州。吴怀恩据蒙州，进兵侵掠，桂管大扰，希隐、可琼不知所为，但相与饮酒对泣。
>
> 南汉主遗希隐书，言：“武穆王奄有全楚，富强安靖五十余年。正由三十五舅、三十舅兄弟寻戈，自相鱼肉，举先人基业，北面仇雠。今闻唐兵已据长沙，窃计桂林继为所取。当朝世为与国，重以婚姻，睹兹倾危，忍不赴救！已发大军水陆俱进，当令相公舅永拥节旄，常居方面。”希隐得书，与僚佐议降之，支使潘玄珪以为不可。丙寅，吴怀恩引兵奄至城下，希隐、可琼帅其众，夜斩关奔全州，桂州遂溃。怀恩因以兵略定宜、连、梧、严、富、昭、柳、龚、象等

① 《资治通鉴》卷二百八十八，后汉乾祐元年十二月，第9404页。

② 《旧五代史》卷一百三十《汉隐帝纪下》，第1369页。

州，南汉始尽有岭南之地。[1]

总之，马楚与南汉的关系实际上是围绕疆域争夺展开的，双方围绕岭南的桂州、昭州、蒙州、严州、龚州等十三州展开争夺。在这种争夺中，马楚实际上掌握了两者关系的主动权，在两者关系中占有优势。在马楚内争激化之后，主动权逐渐落到南汉手里，与此同时是马楚的灭亡。从形式上说，马楚与南汉关系的主要形式是战争，联姻是政治斗争的产物，在客观上起了缓和两者关系的作用，使得两者关系经历了一个由紧张到缓和，再由缓和到紧张的过程。

四 远交近攻联吴越

前面我们对马楚与毗邻政权的关系进行了分析，但探讨马楚与周边政权的关系并不能简单地以地域的邻接作为标准。实际上，马楚与自身不毗邻的政权同样存在外交关系，其中尤以与吴越的关系最为明显。

马楚政权最大的对手是杨吴和南唐，在与这两个政权的关系中，马楚基本上处于一种被动状态。尽管在杨吴后期和南唐初年因李昪推行睦邻政策而形成了和平局面，但中主李璟即位不久就将其抛弃，取而代之的是吞并四邻，挺进中原，混一天下的野心。马楚处于杨吴、南唐的西面，又是其宿敌，因而受杨吴、南唐的威胁很大。为了摆脱被吞并的命运，马楚统治者除了采取臣事中原的政策之外，还采取了远交吴越近制南唐的策略。

远交近攻是吴越与马楚之间的双边活动。马楚政权远交近攻政策的推行与否及推行的程度有赖于吴越对这一政策的响应，那么，吴越对马楚远交近攻政策支持的根源何在？

吴越地处今浙江地区，其东面临海，北面和西面是十国政权中力量最为强大的吴、南唐，南面是力量相对弱小的闽政权。王闽政权虽然在王审知时期一度兴盛，但同光三年（925）王审知死后，其子争权夺利，王国随之分裂，力量也日削月割，最终在开运二年（945）为南唐攻灭。由此看来，吴越政权实际上长期处在南唐的包围之中，其生存空间受到南唐的挤压，为了在强敌包围之下求得生存，吴越和马楚一样采取了臣附中原的事大政策。尽管推行了事大政策，但中原王朝只是地域或者传承意义上的

① 《资治通鉴》卷二百九十，后周广顺元年十一月，第 9468、9469 页。

正统，并没有如唐、宋等统一王朝那样较强大的军事、经济力量，依赖中原朝廷并不能确保自身的安全和抵御吴、南唐的侵犯。吴越统治者深谙此道，故在推行事大政策的同时积极寻求与其他政权的联盟，以对付杨吴、南唐。

如果将五代与十国的疆域进行对比，可以发现杨吴、南唐的北面和西面是中原王朝、荆南、马楚这三个政权，南面则是南汉。在荆南、南汉、马楚这几个政权中，马楚无疑是力量最为强大的势力。从地域上看，马楚处于南唐的西面，与南唐有很长的交界地带，两者尽管存在过一段和睦时期，但基本上以对立冲突为主。无论是在地理上还是在现实需求上，马楚都是一个可以利用的对象，是一个对付南唐，减轻自身压力的依靠力量，这为吴越与马楚的联盟创造了条件。

远交近攻对马楚与吴越来说是双向的。就政策内容来说，它包括吴越与马楚的联盟和两者对杨吴与南唐的攻势两个方面。马楚与吴越的远交主要体现在以下几个方面：首先是给吴越提供进入中原的通道。贞明二年（916）五月，“吴越王镠遣浙西安抚判官皮光业自建、汀、虔、郴、潭、岳、荆南道入贡”。吴越入贡中原的这条通道很快被切断，改由航海入贡：“吴越贡道始自淮南饶、信之间至处州，出湖南马氏境而入京师。梁贞明四年，淮人居处州，贡道遂绝，由是航海入贡。”① 其次是马楚与吴越之间的联姻。贞明六年（920）十二月，“吴越王镠遣使为其子传琇求婚于楚，楚王殷许之。”② 第二年七月，“潭州楚王马殷遣掌书记李岘、马匡送女归于都知兵马使、检校尚书左仆射王子传瓘。”③ 马楚与吴越的联姻关系正式确立。这种联姻关系至少维持至后晋天福六年（941）以后，④ 联姻的存在对维持马楚与吴越的关系具有十分重要的作用。

马楚与吴越的结交为他们协调对付共同的对手创造了条件。贞明四年

---

① 《吴越备史》之《舆地图》，第9页。

② 《资治通鉴》卷二百七十一，后梁贞明六年十二月，第8861页。《吴越备史》卷二、《旧五代史》卷九、《十国春秋》卷八十三均载娶马氏者乃传瓘，非传琇。当以传瓘为是。

③ 《吴越备史》卷一《武肃王》，第144页。

④ 南汉主刘晟于后晋天福六年遣使至吴越，求纳传瓘遗孀马氏为继室。《十国春秋》卷八十三《钱传瓘传》云：“天宝十四年，娶楚武穆王女马氏，未几，传瓘死，马氏愤不欲生。天福中，南汉主命侍郎卢膺偕楚使欧阳练来逆马氏为继室，盖汉主后故马氏女兄也。至是欲续旧姻，楚文昭王实内主之，马氏涕泗迸至，誓不再适，遂终其身于吴越。”可以肯定，马楚与吴越的联姻至少维系到了传瓘妻马氏逝世。

(918) 七月，吴遣王祺率洪、抚、袁、吉州兵攻虔州谭全播，谭全播遂向吴越、马楚等求援："谭全播求救于吴越、闽、楚。吴越王镠以统军使传球为西南面行营应援使，将兵二万攻信州；楚将张可求将万人屯古亭，闽兵屯雩都以救之。"① 吴越、马楚等的救援最后未能成功："吴刘信遣其将张宣等夜将兵三千袭楚将张可求于古亭，破之；又遣梁诠等将兵击吴越及闽兵，二国闻楚兵败，俱引归。"② 虽然以马楚、吴越为主的救援军没有取得预期成效，但马楚与吴越共同出兵救援谭全播，抵制杨吴势力的扩张，无疑是两者合作的有力证明。

① 《资治通鉴》卷二百七十，后梁贞明四年七月，第 8833 页。
② 《资治通鉴》卷二百七十，后梁贞明四年八月，第 8835 页。

第五章

马楚经济

第一节　马楚发展经济的措施及成绩

马殷入主湖南之后，在高郁的辅佐下确立了“上奉天子，下抚士民，内靖乱军，外御强藩”的政策。这一政策的确定解决了马楚政权与周边政权的关系，在一定程度上缓解了马楚与杨吴等政权的冲突，为其赢得了一个相对稳定的外部环境，为马楚推行发展经济的措施，实现经济的富庶创造了条件。十国政权中，马楚政权的经济建设十分出色，无论是农业、商业还是手工业都有很大发展，经济发展的水平超过同时期的周边政权，“国赖以富强，邻国皆疾之”的经济成就为马楚政权的稳固、发展、扩张奠定了坚实的基础。使其在“天子，兵强马壮者当为之，宁有种耶”的混乱局势中得以存在数十年。

在古代社会，农业始终是立国之本，发展农业是发展经济的重要内容。马楚政权作为五代十国时期南方九政权的一员，为了在混乱纷争的环境中求得生存，同样重视农业的发展。马楚发展农业首先表现在兴修水利上，“初，五代马氏于潭州东二十里，因诸山之泉，筑堤潴水，号曰龟塘，溉田万顷”[①]。“衡阳县马王塘，近城，大可百亩，五代马殷所凿。”[②]水塘可以调节因雨水的季节变化给农业生产带来的不利影响，为实现旱涝保收提供了基本条件，对农业生产具有十分重要的意义。无论是灌田万顷的龟塘还是大可百亩的马王塘，其规模都很大。在当时的生产力条件下能完成如此规模庞大的工程，不仅说明马楚的水利事业比较发达，更反映出

① 《宋史》卷一百七十三《食货志上一·农田条》，第4183页。

② 《湖广通志》卷二十一《水利志·衡州府》。

马楚统治者对农业生产的重视。

马楚农业的发展还表现在大力推广其他经济作物和树种的种植上。湖南地区多山地丘陵，土壤以带酸性的黄土为主，适合茶树的种植。湖南是重要的茶叶生产基地，五代时期上供中原王朝的物品中就有著名的枕子茶、含膏茶、龙凤茶等品种，茶叶种植和产量相当大，这从马楚进奉给中原王朝的物品主要以茶叶为大宗得到证明，“岁贡茶二十五万斤”①，“楚地多产金银，茶利尤厚，由是财货丰殖”。② 这都说明马楚的茶叶产量不小。另外，从马楚与中原通商的物品种类来看，其主要的商品也是茶叶：“殷始修贡京师，然岁贡不过所产茶茗而已。乃自京师至襄、唐、郢、复等州置邸务以卖茶……又令民自造茶以通商旅，而收其算，岁入万计。”③ 上述事实表明，马楚重视农业生产的发展，茶叶的种植和产量都有相当规模的发展。其他经济作物的种植也取得了相当成绩：“鸡狗坊卒长，未详其姓氏。当马氏时，善种子母蔗，灌莳有法，繁殖蔓衍，遂为湖南圃人冠。蔗凡三种：曰蜡蔗，曰荻蔗，曰赤昆仑蔗，一时称绝盛焉。”④ 上述史料表明，马楚政权民众不仅种植甘蔗的种类较多，而且技术也相当先进。唯有如此，乳糖、白砂糖等才成为马楚政权上贡中原王朝的重要贡物。

农业发展的另一表现是蚕桑业的进步。湖南地区原来的蚕桑业并不发达，丝织业的发展因此相当有限。马殷入主湖南之后，出于促进经济发展的目的，采取措施鼓励桑蚕业的发展：“湖南民不事桑蚕，（高）郁命民输税者皆以帛代钱，未几，民间机杼大盛。”⑤ 所谓机杼大盛并非溢美之词，溪州铜柱的记载反映了马楚桑蚕比较发达的事实。铭文曰：“无何忽乘间隙，俄至动摇。我王每示含弘，尝加姑息。渐为边患，深入郊圻；剽掠耕桑，侵暴辰、澧，疆吏告逼，郡人失宁。非萌作孽之心，偶昧戢兵之法；焉知纵火，果至自焚。”马希范把“剽掠耕桑”作为彭士愁的一项重要罪责，说明马楚地区较多地存在桑树种植。铭文后面的内容进一步证实这一推测不谬：“尔宜无扰耕桑，无焚庐舍，无害樵牧，无阻川涂，勿矜

---

① 《资治通鉴》卷二百六十六，后梁开平二年七月，第 8702 页。

② 《资治通鉴》卷二百八十三，后晋天福八年十二月，第 9258 页。

③ 《新五代史》卷六十六《楚世家》，第 824 页。

④ 《十国春秋》卷七十五《卒长传》，第 1035 页。

⑤ 《资治通鉴》卷二百七十四，后唐同光三年十二月，第 8953 页。

激濑飞湍，勿恃悬崖绝壁。荷君亲之厚施，我不征求；感天地之至仁，尔怀宁抚。苟违诫誓，是昧神祇；垂于子孙，庇尔族类。”马希范对溪州蛮族提出的首要要求是“无扰耕桑”，这一方面说明耕桑在马楚政权中占有重要地位，关系到马楚经济的存亡；另一方面也说明马楚的桑耕业发达。

总之，马殷入主湖南之后，在农业方面采取了一系列措施，农业得到了相当程度的发展。农田灌溉事业颇有成效，茶叶种植和产量迅速增加，桑蚕业发展迅速。马楚农业的发展为马楚商业的繁荣创造了条件。

在大力发展农业的同时，马楚还十分重视商业的发展，推行重商政策：“楚王殷既得湖南，不征商旅，由是四方商旅辐辏。”[①] 马楚通商的主要对象是中原各朝。湖湘地区是重要的产茶区，其茶叶生产具有相当的规模与产量，产茶的州府达 11 个之多[②]，而茶叶在北方的产量十分有限，却因饮食结构多肉食而对茶叶的需求量较大，这就使得马楚的茶叶在北方有广阔的销售市场。马楚与中原通商可以取道北面的杨吴（后为南唐）或者荆南。杨吴是南方诸国中最为强大的势力，且有统一天下之志，与中原王朝长期处于对立状态，奉行事大政策的马楚要通过杨吴与中原通商并无可能，唯一的途径就是出岳州沿长江而上，取道荆南与中原通商。荆南虽然几度背叛中原王朝，但绝大部分时间内都臣附于中原。而且，即使在荆南背叛中原王朝的时期，由于其力量有限，对马楚的商队也构不成实质性的威胁，实际上对马楚与中原的交通影响有限。总之，马楚与中原王朝既有互通有无的必要，又有互通有无的途径。从主观上看，马楚为了维持政权的生存，实现经济的发展，也有互通有无的欲望。正因为如此，马楚推行与中原通商的政策。需要说明的是，马楚与中原王朝的贸易内容并不局限于茶叶，应该还包括其他内容。由于茶叶交易在两者的交易内容中占主要地位，故以茶叶交易为例来说明。

马楚与中原王朝（同时也包括与周边政权）的茶叶贸易主要有民营和官营两种形式。所谓民营，就是马楚管辖下的茶农或者其他商人将茶叶卖给中原商人，潭州政权在交易过程中收取一定的税额。开平二年

① 《资治通鉴》卷二百七十四，后唐同光三年十二月，第 8953 页。

② 杜文玉、王凤翔：《唐五代时期茶叶产区分布考述》，《陕西师范大学学报》2007 年第 3 期，第 84 页。李翔《五代楚国茶叶初析》（《农业考古》2014 年第 2 期）一文对 11 州府之观点持异议，认为当时楚国产茶州府为 10 个。

(908) 六月，“湖南判官高郁请听民自采茶卖于北客，收其征以赡军，楚王殷从之”。[①] “又令民自造茶以通商旅，而收其算，岁入万计。”[②] 很明显，民营茶业对增加马楚政权的经济收入是很有帮助的。现在的问题是，马楚政权既然“不征商旅”，也就是不对商人征税，这里为什么又有“收其算，岁入万计”的说法呢？两者是否矛盾？笔者认为并非如此。马殷所实行的“不征商旅”很可能是针对外商（来自统治区域之外的商人）的优惠措施，辖区之内的商人则必须按照原则征收相应的税额。“不征商旅”实际上是对外商的一种免税优惠措施，其目的是吸引域外商人，促进马楚经济的发展。马楚与中原王朝进行茶叶贸易的另一种方式是官营。所谓官营，就是由马楚政权组织一定的机构和人员，与中原和其他地区进行茶叶贸易。由于这种经营方式是由官方组织的，因而规模比较大。开平二年（908）七月“（马）殷奏于汴、荆、襄、唐、郢、复州置回图务，运茶于河南、北，卖之以易缯纩、战马而归，仍岁贡茶二十五万斤，诏许之。湖南由是富赡”[③]。由于这种贸易主要在境外进行，因而必须向交易地区交纳一定的税款。天成元年（926）四月，明宗下诏曰：“省司及诸府置税茶场院，自湖南至京六七处纳税，以至商旅不通，及州使置杂税务，交下烦碎，宜定合税物色名目，商旅即许收税，不得邀难百姓。诸道盐务，破脚价极多，获少，须有条流，以成规制。”[④] 正因为税目繁多，马楚与中原地区的通商在地域上主要集中于河南一带：“潭郎（朗）茶货只至襄州，客旅并不北来，请三司差清强官于襄州自立茶务，收税买茶，足以赡国。”[⑤] 从双方贸易的品种来看，马楚主要向中原地区倾销茶叶，购进自身短缺的马匹等物品，由此构成了马楚历史上有名的茶马互市景象。对马楚政权而言，与中原地区的贸易往来不仅促进了马楚经济的发展，而且有助于提高马楚的军事实力。在冷兵器时代，骑兵由于行动迅速，爆发力强而成为战场作战的主力。而战马主要产于北方，通过茶马互市，马楚获得了满足军事需要的马匹，在一定程度上提高了马楚的战斗力。此外，长沙、衡州一带的茶叶还通过灵渠运往岭南，远至越南等东南

① 《资治通鉴》卷二百六十六，后梁开平二年六月，第 8702 页。

② 《新五代史》卷六十六《楚世家》，第 824 页。

③ 《资治通鉴》卷二百六十六，后梁开平二年七月，第 8702 页。

④ 《册府元龟》卷五百四《邦计部·关市》，第 6052 页。

⑤ 《册府元龟》卷四百七十六《台省部·奏议七》，第 5685 页。

亚地区。

马楚发展商业的另一措施是铸造贱金属货币。自唐末以来，钱荒一直是困扰统治者的一个重要问题。马殷在湖南建立政权之后，同样面临钱荒的问题，这严重影响了社会经济的交流和发展。同光三年（925）十二月，马殷采纳谋士高郁的建议，利用湖南境内丰富的铅铁资源，铸造铅铁钱等贱金属货币："湖南地故产铅铁，用都军判官高郁策，铸铅钱，以十当铜钱一；已又铸铁钱，围六寸，文曰'乾封泉宝'，用九文为贯，以一当十，流行境内。"① 马楚之所以发行贱金属货币，除了缓解钱荒之外，还有限制贵金属货币外流目的："湖南地多铅铁，殷用军都判官高郁策，铸铅铁为钱，商旅出境，无所用之，皆易他货而去，故能以境内所余之物易天下百货，国以富饶。"② 我们知道，马楚推行"关市无征"的免税措施，对外来经商者给予政策上的优惠，以吸引外地商人与马楚进行商业交往。但是，如果实行免税政策之后外商携带通行货币离境，这不仅导致重金属货币大量外流，进一步加剧钱荒现象，更重要的是外来客商在马楚的商业活动无法给马楚带来应有的经济利益。马楚铸造铅、铁等贱金属地区性货币，迫使外地客商在离境之前用手中的铅、铁钱购买在其他地方有销路或者自身需要的物品离境，通过这一环节实现了经济利益的获取。当然，马殷这种货币政策与单纯的掠夺存在不同。首先，马殷承认铅、铁钱是贱价货币，不是依靠强制权力发行大面额的虚钱来获取经济利益，在交换过程中是相对平等的。其次，铅、铁钱的发行弥补了当时货币不足的问题，为解决茶叶等大宗交易提供了充足的货币，有利于经济的发展。最后，尽管外商离境之前在与马楚交易的过程中因贱金属钱存在的差价而被马楚侵占了部分利益，但马楚的免税政策在一定程度上弥补了因货币问题带来的损失，外地商人在马楚还是有利可图的。

马楚的货币政策还有一个值得重视的现象，这就是契卷的使用。"马殷始铸铅钱，行于城中，城外即用铜钱。贾人多销铅钱持过江北，高郁请铸铁钱，围六寸，文曰乾封泉宝，以一当十，钱既重厚，市肆以券契指契（垛）交易。"③ 材料中的契卷究竟是什么？有学者认为契券即具有纸币性

① 《十国春秋》卷六十七《武穆王世家》，第942、943页。

② 《资治通鉴》卷二百七十四，后唐同光三年十二月，第8953页。

③ 胡我琨：《钱通》卷五《铸辨》，《文渊阁四库全书》第662册，第430页。

质的交换媒介，是纸币的雏形；另有学者持反对意见，认为这里的契卷不是纸币。[①] 尽管我们对契卷性质的认识还存在分歧，但用契卷指垛交易说明马楚的商业相当发达并无疑问。

此外，马楚政权手工业的发展也十分明显。除了经常提到的铸造业、制瓷业等发展迅速之外，马楚手工业发展中最容易被人忽视的就是其造船技术的进步和规模的扩大。马楚境内河流分布很广，在当时陆路运输相对落后，水路运输具有运载量大，运输速度快等优点的情况下，马楚的造船业相当发达。这从马楚与杨吴对峙时庞大的水军规模可以得到证明："吴右雄武军使苗璘、静江统军王彦章将水军万人攻楚岳州，至君山，楚王殷遣右丞相许德勋将战舰千艘御之。"[②]

总之，在马殷入主湖南到建国创制这段时间里，马楚经济得到了迅速发展，成为南方诸多政权中的强势力量。"湖南由是富赡"、"楚地多产金银，茶利尤厚，由是财货丰殖"、"地大力完，数邀封爵"、"遂致一方富盛，穷极奢侈"、"国赖以富强，邻国皆疾之"、"马氏之强闻海内"等记载都证明马楚经济建设的成就非凡。经济的发展为马楚扩展疆域，提高政治地位准备了条件。正因为具有雄厚的经济基础，马殷才有资格"数邀封爵"，也由于具有厚实的经济条件，才能与周边政权抗衡，最终建立楚王国。

第二节　马楚经济发展的原因

为什么马楚政权在唐末混乱的局势下，在五代十国的纷争环境中能够取得较大成绩呢？是什么原因导致了这种局面的形成？下面略作分析。

第一，马楚经济的发展具有一定基础，是在唐代后期经济发展的基础上继续发展起来的。唐以前，湖南地区长期处于渔猎山伐、火耕水耨的落后状态，但在唐时期尤其是在"安史之乱"后，湖南的经济得到了相当

---

① 罗庆康：《马楚史研究》，第 109 页；福临：《五代时期楚国"市肆以契券指垛交易"的"契卷"是纸币吗?》，《西安金融》2004 年第 7 期。

② 《资治通鉴》卷二百七十六，后唐天成三年四月，第 9017 页。

程度的发展，成为李唐王朝重要的财政来源地之一。[①] 这从湖南的粮食生产可以得到证明，刘晏曰："潭、衡、桂阳必多积谷"[②]，"湖南江西，管内诸郡，出米至多，丰熟之时，价亦极贱"[③]。湖南在唐代后期经济的发展一方面固然与湖南的长期开发存在密不可分的联系，是整个社会发展的必然反映。另一方面则是唐代后期经济重心南移的体现。由于受安史之乱的影响，北方人口大量南迁，为江南地区带来了大量劳动力和相对先进的技术。马楚正是在唐代湖南发展的基础上，利用有利条件和有力的政策，继续沿袭了唐代后期以来湖南地区的经济发展趋势，在此基础上实现了经济的再发展，尽管这种发展在相对速度上出现过反复，但总的趋势是继续向前进步。

第二，马楚经济的发展与马楚政权的相对安定有关。经济的发展需要相对稳定的外部内部环境，外部环境的好坏决定了一个政权能否集中精力发展经济，内部环境的安定则有利于经济的发展。马楚经济在马殷统治末年达到顶峰，这与马楚政权当时的内外环境存在密切的关系。马楚政权处于内地，四面分别与荆南、杨吴、蜀和南汉等政权毗邻。为了在动荡的局势中获得生存和减轻自身的压力，马殷采纳高郁的建议，采取了臣附中原抵制邻藩的事大政策，依靠中原王朝的声威为自己的统治提供保障。事大政策的推行为马楚政权赢得了一个相对稳定的和平环境，这主要表现在两个方面。首先，马楚政权"上奉天子，下抚士民，内靖乱军，外御强藩"的政策对周边毗邻政权是一个威慑，在一定程度上提高了马楚的政治地位，有利于阻止周边杨吴等政权对马楚的觊觎，减少了战争发生的频率。另一方面，马楚通过推行事大政策，对中原王朝履行一定的义务，使中原王朝对马楚政权的外部纷争进行了一定程度的介入和调解，为马楚争取和平的外部环境提供了一定条件，这在处理马楚与南汉的关系时表现得尤其明显。马殷在入主湖南初期与南汉政权在岭南进行了反复争夺，尽管马殷在冲突中大多处于优势地位，但也在一定程度上分散了马楚精力，牵制了马楚的力量。正是在这种情况下，后梁王朝对马楚与南汉的关系进行了调

① 唐启淮《唐五代时期湖南地区社会经济的发展》对隋唐时期尤其是"安史之乱"后湖南地区经济的发展有详细说明。《中国社会经济史研究》1985 年第 4 期，第 22—25 页。

② 《旧唐书》卷一百二十三《刘晏传》，第 3512 页。

③ 唐僖宗：《南郊赦文》，《全唐文》卷八十九，第 933 页。

解，调解的最终结果是贞明元年（915）八月两者结成了联姻关系：“刘岩逆妇于楚，楚王殷遣永顺节度使存送之。”[①] 联姻关系的形成与存在在很大程度上改善了马楚与南汉的关系，消除了马楚南面的压力，为马楚内部的发展创造了良好条件。

由于受历史原因和现实利益关系的影响，马楚与杨吴长期处于对立状态，两者间屡屡兵戎相见，这在很大程度上牵制了马楚的力量，对其经济的发展极为不利。这一局面在马殷统治后期开始发生变化，天成二年（927）十一月，徐知诰（即李昪）统领都督中外诸军事之职，杨吴实权落到李昪手中。鉴于杨吴当时的形势，李昪推行与周边政权友好相处，集中力量应对中原的政策。由于与杨吴敌对关系发生变化，长期处于劣势的马楚不再主动挑起事端，马楚与杨吴的关系得以改善，其外部环境至此得到全面改善。

再来看马楚政权的内部环境。如果说外部环境主要考虑的是敌对势力和威胁消除的话，内部环境则主要考虑政权的稳定。马殷主政潭州后，湖南境内的其他割据势力被消灭收服，朗州雷氏势力被攻灭，岳州的地位也基本稳固。以潭州、朗州、桂州为中心的三大藩镇先是控制在原蔡州军将手中，开平四年（910）之后逐步转入马氏家族的统治之下，马殷牢牢掌握了这些藩镇。事大政策的推行使得马楚在一定程度上获得了中原王朝的支援，政治地位日益提高，最终开国建制，出现了“地大力完，数邀封爵”的局面。尽管马楚内部此时已经酝酿着内争的诱发因素，但在马殷时期毕竟没有大规模显露出来。正因为如此，马楚政权在总体上显现出一种稳定团结的局势。内部环境的稳定为马楚政权经济的发展创造了有利条件，提供了便利环境。

总之，在马殷统治后期，马楚在前期疆域扩展的基础上放慢或者停止了拓土的活动，与南汉、杨吴的敌对关系暂时结束，外部环境得到了改善，在内也基本维持了一种稳定局势。这种良好的内外环境是马楚经济发展的重要保障。外部环境的改善减轻了马楚统治者的压力，使其能够关注经济的发展，同时也为对外经济交流提供了良好的外部环境；内部环境的改善直接促进了马楚农业、手工业和商业的发展，为其提供了安定的内部平台。正是由于内外部环境的改善，才使得马楚政权出现了四方商旅辐

---

① 《资治通鉴》卷二百六十九，后梁贞明元年八月，第8796页。

臻，“马氏之强闻海内”的良好局面。

需要说明的是，马楚政权经济的发展诚然离不开内外环境的改善，但并不是说马楚政权经济的发展是在其内外部环境完全改善之后实现的。事实上，马楚政权经济的发展与内外部环境的改善是同时进行的，而且又是相辅相成的。内外部环境的改善有利于马楚经济的发展，但经济的发展又加强了马楚的军事、经济实力，为马楚政权内外部环境的改善提供了条件。

第三，马楚经济的发展与湖南优越的自然条件有关。这主要包括两点，首先是马楚境内自然资源丰富，这为马楚经济的发展提供了物质条件。马楚境内金、银、铜、朱砂的产量很大，分布较广。虽然五代史籍对湖南地区自然资源的产量和分布没有详细记载，但我们可以从《新唐书》《元和郡县图志》等典籍中窥见一斑。

表 5—1　　湖南主要矿产资源表①

州县名	矿产名称
潭州长沙县	金
衡州	金
永州湘源县	金、铁
永州祁阳县	铁
道州江华县	锡
道州永明县	银、铁
郴州义章县	铜、铅、银
郴州平阳县	银、铜
连州桂阳县	银、铁
连州连山县	铜、铁、金
邵州	银
澧州石门县	铁
辰州	荣明朱砂

① 本表转引自唐启淮《唐五代时期湖南地区社会经济的发展》所列表，见《中国社会经济史研究》1985 年第 4 期。

续表

州县名	矿产名称
锦州	光明朱砂
溆州	金
奖州	金
溪州	朱砂
岳州巴陵县	铁

丰富的自然资源为马楚经济的发展创造了条件。“楚地多产金银，茶利尤厚，由是财货丰殖”的记载说明金银等矿产为马楚经济的发展做出了重要贡献。马楚在境内大肆推行铅、铁钱等贱金属货币，这固然是一种货币手段，但大量铅铁矿的存在为马楚推行这种发展经济的政策奠定了基础。马楚自然条件优越的另一个表现是其地理位置的重要和良好的自然环境上。湖南地处中南部地区，是中原王朝南通岭表的要道。无论是陆路还是水路，马楚都占有极其重要的地位，经潭州、衡州和桂州南进岭南是一条十分便捷的路径。就水路而言，马楚境内水系发达，北面经湘水入洞庭，沿长江而上，达江陵，可由水陆两路直达中原。向南，沿灵渠入漓江，经桂州等地可以抵达岭南。这种优越的地理条件有利于经济的交往，为四方商旅辐辏局面的形成提供了便利条件。此外，马楚境内河流纵横，土壤肥沃，多适宜种植茶树的红壤等，这些为马楚种植业尤其是茶业的发展奠定了基础。

最后，马楚经济的发展离不开马殷及其谋臣的努力，这是马楚经济发展的重要内部原因。一个政治实体经济的发展与否，怎么发展，发展的速度如何，不仅与其所处的内外环境有关，而且还受统治者政策的影响。马楚统治者采取了一系列发展经济的政策和措施，这是马楚经济发展的重要原因。如大力发展茶桑，鼓励对外贸易，铸造重金属钱币，免征关税，等等。

第三节　马楚经济的衰落及影响

马楚经济在马殷统治后期亦即后唐天成、长兴年间达到顶峰，但马楚经济的极盛之时同时就是它的衰落之始。马殷死后，马楚经济在其后继者手中迅速衰落，最终走向崩溃。马楚经济衰落的原因有以下几点。

统治者的奢侈腐化是马楚经济衰落的首要原因。长兴元年（930），马殷薨，其子马希声继位。这位取代其兄马希振继位的统治者开创了马楚荒淫腐朽的先河："武安、静江节度使马希声闻梁太祖嗜食鸡，慕之，既袭位，日杀五十鸡为膳；居丧无戚容。庚申，葬武穆王于衡阳，将发引，顿食鸡数盘，前吏部侍郎潘起讥之曰：'昔阮籍居丧食蒸豚；何代无贤！'"① 为父服丧期间尚且纵情享乐，指望其施政有为显然是不可能的，事实的确如此："湖南帅马希声，在位多纵率。有贾客沈申者，常来往番禺间，广主优待之，令如北中求宝带。申于洛汴间市得玉带一，乃奇货也。回由湘潭，希声窃知之。召申诣衙，赐以酒食，抵夜送还店，预戒军巡，以犯夜戮之。湘人俱闻，莫不嗟悯。"②

继马希声之后的马希范虽然个人很有才能，但奢侈腐化比其兄马希声更胜一筹："希范始纵声色，为长夜之饮，内外无别。"③"楚王希范，奢欲无厌，喜自夸大。为长枪大槊，饰之以金，可执而不可用。募富民年少肥泽者八千人，为银枪都。宫室、园囿、服用之物，务穷侈靡。作九龙殿，刻沉香为八龙，饰以金宝，长十余丈，抱柱相向；希范居其中，自为一龙，其襆头脚长丈余，以象龙角。"④"楚王希范好奢靡，游谈者共夸其盛。"⑤ 由于长期的奢侈浪费，大兴土木，马楚经济在马希范统治时期出现了严重危机，马殷时期的富庶景象成为历史：

> 用度不足，重为赋敛。每遣使者行田，专以增顷亩为功，民不胜租赋而逃。王曰："但令田在，何忧无谷！"命营田使邓懿文籍逃田，募民耕艺出租。民舍故从新，仅能自存，自西徂东，各失其业。又听人入财拜官，以财多少为官高卑之差。富商大贾，布在列位。外官还者，必责贡献。民有罪，则富者输财，强者为兵，惟贫弱受刑。又置函，使人投匿名书相告讦，至有灭族者。
>
> 是岁，用孔目官周陟议，令常税之外，大县贡米二千斛，中千

① 《资治通鉴》卷二百七十七，后唐长兴二年十二月，第9063页。

② 《太平广记》卷一百二十四《报应二十三·沈申》，第875页。

③ 《资治通鉴》卷二百八十一，后晋天福三年十月，第9193页。

④ 《资治通鉴》卷二百八十三，后晋天福八年十二月，第9258、9259页。

⑤ 《资治通鉴》卷二百七十九，后唐清泰二年十月，第9135页。

斛，小七百斛；无米者输布帛。[①]

内争和蛮族的劫掠是马楚经济衰落的重要原因。马殷死后，马楚政权的内争日益激烈，最终导致了马希广、马希萼兄弟长达三年的战争以及马楚政权的彻底分裂乃至灭亡。内争使马楚失去了发展经济的稳定环境，耗费了原有的经济积累，严重破坏了经济的发展。另一方面，内争发生之后，马楚统治者将主要精力集中于内争而放松甚至放弃了对经济的建设，再加上统治者的奢侈腐化，其经济走向崩溃也就理所当然。马楚境内民族成分复杂，蛮族劫掠对马楚经济的发展也有重要影响，这在马希广和马希萼争夺过程中表现得十分明显："马希萼既败归，乃以书诱辰、溆州及梅山蛮，欲与共击湖南。蛮素闻长沙帑藏之富，大喜，争出兵赴之，遂攻益阳。"[②] 乾祐三年（950）十二月，朗州兵及蛮兵进入潭州，大肆劫掠："朗兵及蛮兵大掠三日，杀吏民，焚庐舍，自武穆王以来所营宫室，皆为灰烬，所积宝货，皆入蛮落。"[③] 破坏之严重，损失之巨大可见一斑。"马希萼之帅群蛮破长沙也，府库累世之积，皆为溆州蛮酋苻彦通所掠，彦通由是富强，称王于溪洞间。"[④] 由于上述原因，马楚经济每况愈下，最后只能靠盘剥百姓度日："平阳县自马氏时税民丁钱，岁输银二万八千两，民生子，至壮不敢束发，廓奏蠲除之。"[⑤] "马氏暴敛，州人出绢，谓之地税。"[⑥] "湘中自马氏擅国，计丁输米，身死产竭不得免。"[⑦] 事实上，在马希萼攻克潭州，爬上湖南最高统治者的宝座之后，马楚经济已因统治者的挥霍浪费，长期内争消耗，蛮族的掠夺等原因而全面崩溃，以至于马希萼为犒赏借以起家的朗州将士时无物可赏，只能靠劫掠民众来实现："府库既尽于乱兵，籍民财以赏赉士卒，或封其门而取之，士卒犹以不均怨望；虽朗州旧将佐从希萼来者，亦皆不悦，有离心。"[⑧]

---

① 《资治通鉴》卷二百八十三，后晋天福八年十二月，第9258、9259页。

② 《资治通鉴》卷二百八十九，后汉乾祐三年六月，第9425页。

③ 《资治通鉴》卷二百八十九，后汉乾祐三年十二月，第9445页。

④ 《资治通鉴》卷二百九十二，后周显德元年十一月，第9520、9521页。

⑤ 《宋史》卷三百一十《齐廓传》，第10005页。

⑥ 《宋史》卷三百二十四《李允则传》，第10479页。

⑦ 《宋史》卷三百三十一《韩赞传》，第10666页。

⑧ 《资治通鉴》卷二百九十，后周广顺元年三月，第9458页。

总之，马楚经济在马希声时期就停滞不前，发展到马希范时期开始走向衰落，到马希范统治后期已出现了入不敷出的状况，而在马希广、马希萼兄弟争国之后，由于长期的内耗和外耗，马楚经济实际上已经完全崩溃。经济的崩溃给马楚带来了非常严重的后果。首先是马楚内部的分裂，尽管马楚政权内部的纷争几乎从来没有止息过，但经济崩溃之后的马楚却形成了朗州、潭州、衡山三股各自独立的势力，作为一个统一政权已经不再存在。其次，经济的崩溃加剧了人民的负担，增加了他们对马楚的离心力。广顺元年（951），南唐刘仁赡攻克岳州，马楚民众竟“人忘其亡”①。这固然与刘仁赡的惠政有关，但能够令亡国之民不仇视侵略者，说明马楚民众在马氏的统治下灾难深重。边镐攻下潭州之后，“楚人大悦”同样反映了这一事实。最后，经济的崩溃直接导致了南唐的入侵和马楚的灭亡。由于经济上的崩溃，导致了政治、军事上的分裂，各种分裂势力为求得生存纷纷投靠南唐，结果引狼入室，最终在广顺元年（951）被南唐攻灭。

至此，我们可以对马楚经济作如下概括。马殷入主湖南之后，在唐末湖南经济发展的基础上，利用南迁人口与技术，积极创造有利于经济发展的稳定环境，采纳谋臣高郁“上奉天子，下抚士民”的基本政策，采取发展种植业，对外通商，免征关税，铸造重钱等措施，促进了马楚经济的发展，使之成为南方诸国中经济力量最为强大的政权之一。经济上的成就为马楚拓展疆域，增强实力，稳固统治奠定了基础，有力地促进了马楚建国的历程。而马楚统治者的荒淫腐朽、长期内争以及蛮族的劫掠等则是马楚经济走向崩溃的主要原因。

---

① 《资治通鉴》卷二百九十，后周广顺元年十月，第9466页。

结　语

本书分唐末局势与马楚政权的建立、马楚历史概述、马楚内政、马楚对外关系、马楚经济等章节对包括马氏政权和后马楚政权在内的十国楚史进行了分析，简要叙说了马氏政权的兴盛衰亡以及后马楚政权的形成与纳土归宋的历程，对马楚政权的政治体制、民族政策、对外关系、经济的繁荣与衰落等问题进行了初步研究，并得出以下几点基本认识。

第一，马楚政权在形式上包括马氏政权和后马楚政权两部分，马殷父子、刘言、王逵、周行逢是马楚政权的主要领导者。统治集团的本土化是马楚政权发展的线索：蔡州集团击败湖湘及其周边土著势力，建立起以马殷为首的蔡州集团在湖湘地区的统治，这是马楚政权历史发展的第一阶段；马氏家族集团取代蔡州集团在湖湘的集体统治，进入马氏家族式统治时期，这是马楚历史发展的第二阶段；以朗州势力为代表的湖湘土著力量在马希广、马希萼内争过程中崛起，通过发动潭州兵变脱离了马氏家族的控制，建立了与马氏家族统治集团相对立的朗州土著政权。在南唐攻灭马氏政权之后，朗州土著集团利用南唐在湖湘统治不稳的有利时机，驱逐南唐力量，恢复了马氏除岭南之外的绝大部分旧地，建立了以朗州土著势力为核心的统治并一直持续至周保权纳土归宋，这是马楚政权发展的第三阶段。简而言之，马楚政权的统治集团经历了一个由蔡州集团—马氏家族集团—朗州土著集团的转变过程。

第二，马楚政权属于复合式或组合式藩镇。马楚政权所辖诸州分属三大藩镇统辖，即潭州武安军、朗州武平军、桂州静江军。武安、武平、静江三大藩镇共同构成了马楚政权的组织形式。三大藩镇以潭州为督府，统一在作为中原藩镇的马楚的旗帜之下，从而形成了一种复合型藩镇的组织形式。

第三，双轨制的政治体制。在马楚政权内部存在过藩镇体制、天策府体制、王国体制三种政治体制。无论是在马氏政权时期还是在后马楚政权时期，其政权都具有藩镇体制的基本特点，藩镇体制是马楚政权最基本的政权组织方式。天策府体制是马殷在开平四年（910）建立的，并随着王国体制的建立而暂时被其取代，直至马希声统治结束未能重新恢复。马希范当政之后，天策府体制重新恢复，并且成为重要的决策机构，一直延续至马氏政权灭亡。自天成二年（927）马殷建国至长兴元年（930）马希声去建国之制，复藩镇之旧，王国体制仅在马楚政权内部存在三年多的时间，其影响很小。整体而言，马楚政权实际上是藩镇体制与天策府体制的长期并存，实行的是双轨制的统治体制。其中藩镇体制是基础，天策府体制实际上承担了处理马氏政权时期主要政务的职能，是马楚政治体制的主体。

第四，兄终弟及继承制度是马楚政权的重要特点。五代十国各朝邦推行兄终弟及继承方式者不少，但都没有像马楚一样形成一种明确规定的制度。兄终弟及继承制度是马殷在当时特定局势下迫不得已的选择，是动荡局势下成年继承的需要。兄终弟及继承制度包含两个原则：平行传承原则；长幼相继原则。马楚兄终弟及继承制度在实际推行过程中屡遭破坏，长幼相继的原则经常被打破，兄终弟及继承制度实际上并没有得到真正的实施。兄终弟及继承制度被破坏引发了马氏兄弟的内争，严重削弱了马楚政权的实力，导致了马楚内部的分裂，为朗州土著势力的趁机崛起提供了机会，为南唐挥师灭楚创造了条件。

第五，马楚辖域内民族成分复杂，羁縻安抚是马楚处理民族关系的主要手段。马楚政权的北部、西部、南部生活着武陵蛮、石门蛮、辰州蛮、锦州蛮、溪州蛮、叙州蛮、奖州蛮等少数民族。尽管蛮族与马楚政权之间冲突不少，但马楚统治者并没有完全采用镇压手段，而是以羁縻安抚为主，辅之以军事镇压。溪州铜柱铭文是马楚羁縻安抚政策的集中体现，铜柱的树立是马楚民族羁縻安抚政策确立的标志。开明的民族政策对维持马楚政权的稳定，促进各少数民族地区的发展具有重要作用。

第六，内争是马楚政权的重要特点，几乎贯穿了马楚政权的始终，兄终弟及继承制度遭到破坏是马楚内争的重要诱因。从马希声谮杀高郁开始至张文表叛周保权，马楚政权的内争从未停止过。内争是五代十国时期动荡局势在马楚政权内部的体现，反映了五代十国历史“乱”的特点。长期内争打断了马楚历史发展的进程，加速了马楚各方面的衰落过程，导致了马楚的分裂和灭亡。

第七，事大政策是马楚处理同中原王朝关系的基本政策。无论是作为藩镇还是作为王国，除了在马希萼与马希崇期间短暂臣附于南唐之外，马楚对中原各朝保持着臣属关系，奉行事大政策。事大政策的推行使得马楚统治者获得了来自中原各朝政治、军事等方面的支持，对维持马楚自身的稳定和抵御周边敌对力量的觊觎有重要作用。在推行事大政策的同时，马楚统治者还存在自大思想和行为，事大政策与自大行为的矛盾交织是马楚高于藩镇低于王国地位的反映。对中原王朝推行事大政策的同时，马楚根据与自身力量的对比关系，对周边政权采取了务实的对外关系方略：存荆南以为屏蔽，御杨吴（南唐）以求自立，征南汉以广土，联吴越以为近援，与前后蜀则因山岭隔绝、交通不便而联系较少。

第八，经济强盛是马楚政治地位迅速提升的重要原因，经济崩溃则加速了马楚政权的灭亡。合理的经济政策和得力的人才支持是马楚初期经济出现飞跃的重要原因。马殷入主湖南后，在谋臣高郁的辅佐下，采取了兴修水利，鼓励贸易、以帛代钱收税，不征商旅等措施促进了经济的发展，成为当时南方诸政权中的强势政权之一。经济的发展为马楚政权的稳固和疆域的扩展，为马楚政治地位的提高创造了条件，这也是马殷开国的经济条件。马楚经济因马希声、马希范等统治者的奢侈腐化以及内争外战的不断耗费而逐渐衰退，最终在马希萼时期全面崩溃。经济崩溃导致了马楚军事力量的削弱，加速了它的分裂和灭亡过程。

马楚政权是十国中颇具特色的政权。就与中原王朝的关系而言，马楚政权与荆南、吴越可以视为十国中同一类型：“五代十国，称帝改元者七。吴越、荆、楚，常行中国年号。”① 荆南、马楚、吴越这三个政权尽管在总体上都臣附于中原各朝，“行中国年号”，但他们对中原王朝的态度实际上存在明显的区别。荆南因与中原王朝毗邻，处于四面受敌的境地，因而与中原王朝分合多变，在所向称臣的夹缝中求生存。马楚对中原王朝推行事大政策，同时又不乏自大行为，在马希萼、马希崇当政时甚至中断了事大政策，改而投靠南唐。后马楚政权建立之后，事大政策被重新拾起。吴越虽然同样推行事大政策，却是三政权中自大行为的登峰造极

① 《新五代史》卷七十一《十国世家年谱》，第873页。

者："然予闻于故老，谓吴越亦尝称帝改元，而求其事迹不可得，颇疑吴越后自讳之……独得其封落星石为宝石山制书，称宝正六年辛卯，则知其尝改元矣。"① 可以说，从本质而言，尽管荆南几度反叛中原，但其制度本身并无僭越之处，礼制上对中原王朝最为恭顺；马楚对中原王朝推行事大政策，但其在推行事大政策的同时杂糅着自大思想和行为，尤其是在马希范时期，经常在某些方面僭越君臣之礼，其对待中原王朝的恭顺态度不如荆南；吴越则是三政权中曾经与中原王朝并立的政权。之所以对中原王朝的态度存在这样的差别，与三政权基于实力基础上的政治地位有关。

荆南、马楚、吴越与吴、南唐等其余清政权虽然都被称为国，但这只是一种习惯性的称呼，名不副实的情况是非常明显的。荆南是十国政权中最为弱小的政权，在地域上局限于荆州一隅，极盛时也只有三州，辖域十分狭小。从经济上看，荆南没有建立自己独立的能够支持王国财政的经济基础，而是靠劫掠四邻贡物和宗主国的赏赐而维持。正因如此，荆南实际上并不能称为国，只能称为藩镇，与之相适应的是藩镇体制的推行。"高季兴及其后继者从未建国称帝，也没有自己独立的政治与经济。因此，我认为，南平是不应该算作国家的。""但割据荆南的高季兴及其世袭的后继者，并未建立宫殿（皇权的象征），也从未称孤道寡，更用新的年号；连官僚制度，也是藩镇的一套，而非作为一个国家必须具备的自成体系的官制；并且，南平在五代时期，自始至终，均与中原王朝在政治上、经济上、军事上保持着密切的联系。因此，我认为，从严格意义上说，南平在性质上仍然是中原王朝的一个藩镇，而不是一个脱离于中原王朝的独立国家，只是它得天独厚，比其他藩镇拥有的独立性更大一些，自主权更多一些，更桀骜不驯一些而已。"② 与荆南相比，马楚政权无论是在地域范围、经济实力还是在军事力量上都具有相对坚实的基础，故而马殷在开平四年（910）建天策府并开府置官署，天成二年（927）建国创制。但马楚政权王国体制存在的时间很短，从天成二年（927）八月至长兴元年（930）年十一月仅持续了三年多的时间，随后就因马希声"去建国之制，复藩镇之旧"而恢复旧制，自后未能恢复王国体制。吴越与荆南、马楚明显不同，长期以王国政体的形式存在，虽然后唐长兴三年（932）钱元瓘继

① 《新五代史》卷七十一《十国世家年谱》，第 873 页。

② 曾国富：《五代南平史三题》，《中国史研究》1996 年第 1 期。

位时“以遗命去国仪，用藩镇法”[①] 而短暂回归藩镇旧制，但不久又重新恢复为王国政体。自后直至五代历史结束，吴越都以王国的方式存在。从上述对比中可以看出，荆南是具有较大独立性的藩镇；吴越是一个典型的王国政权；马楚则是介于藩镇与王国之间，由藩镇向王国过渡的政权，在本质上依然是一个藩镇。

马楚政权组合式藩镇的特点对我们认识藩镇的类型以及五代十国的历史具有重要作用。马楚政权在本质上是一个藩镇，但与以往单一的藩镇构成形式不同。以潭州为督府的马楚政权长期由潭州藩镇、朗州藩镇和桂州藩镇构成。自马殷开始迄马希崇率马氏宗族迁入金陵，潭州的马氏统治者无一例外地身兼武安节度使，拥有对朗州武平、桂州静江节度的控制权。作为中原王朝地方藩镇的马楚自身又包含着三个藩镇，由此形成了一种复合型的藩镇结构。单一藩镇是另一类型的藩镇。与复合藩镇相比，单一藩镇力量较弱，割据程度也相对较小。传统的十国政权中，荆南是单一藩镇，所以它的割据程度最弱，政治地位最低；马楚是一个由三大藩镇组合而成的复合藩镇，实力远超过荆南，所以其割据程度与政治地位高于前者；吴越则基本上是一个臣附于中原王朝的王国；十国其余六政权则是与中原王朝并立的独立王国。这样，我们可以对十国政权进行如下分类：单一藩镇、复合藩镇、臣附王国、独立王国。很明显，从单一藩镇到独立王国，其独立性、割据性逐步增强。这四种不同形式政权并存的现实正是唐末以来藩镇割据扩大化趋势的反映，是五代地方分权发展线索的体现。

兄终弟及继承制度是马楚政权的独创，有助于加深我们对藩镇权力传承制度的认识。对割据藩镇而言，权力的平稳有效传承是割据政权存在的重要条件。从河朔藩镇开始，割据藩镇的权力传承依惯例采用父死子继的方式进行（父死子继又遵循嫡长子继承原则），这在河朔藩镇中表现得十分明显：“河北三镇，相承各置副大使，以嫡长为之，父没则代领军务。”[②] 在父死子继因各种原因无法实行时，才辅之以兄终弟及。尽管唐末五代时期兄弟相继的事例不少，但都是父死子继继承制度的变通与补充，兄终弟及在藩镇的权力传承中只是作为个案存在，始终未能取代父死子继成为一种制度。马楚政权则与此不同，兄弟相继不再是偶尔为之的权

① 《资治通鉴》卷二百七十七，后唐长兴三年三月，第 9066 页。

② 《资治通鉴》卷二百三十七，唐元和四年三月，第 7657 页。

力传承方式，而成为一种固定的具有相当约束力的继承制度。尽管兄终弟及继承制度在马楚政权内部推行的过程中大打折扣，尽管兄终弟及继承制度的长幼原则未能得到贯彻，但广义上的兄弟相继原则作为制度在马楚得到了确立和实施，马希声、马希范、马希广、马希萼、马希崇兄弟先后执掌马楚权力，尽管这种兄弟间的权力传承掺杂着武力夺取、兵变威胁等因素，但兄弟相继的基本原则得到了遵循。马楚兄弟相继继承制度确立之后，藩镇的继承方式形成了父死子继与兄终弟及两套体系。兄终弟及与父死子继继承制度在五代的同时并存是当时社会动荡形势的产物。在五代时期，明确实行兄弟相继继承制度的虽然只有马楚，但推行或有意实行兄终弟及继承方式的个案不少，如王闽、荆南等都有过兄弟相继的例子。之所以形成这样一种状况，与当时地方分权，藩镇势力的扩大有关。为了在政权林立，争夺不断的动荡环境中维持自身政权的稳定与长久存在，成年继承显得尤为重要。父死子继这种垂直传承的继承制度在古代人均寿命较低的情况下，往往导致幼年继承的出现，由此给外戚与权臣窃权乱政提供了机会。兄终弟及继承制度采取权力平行传承的方式，兄弟之间的年龄差距一般不会很大，而兄弟相继的长幼原则进一步缩小了继承者与被继承者之间的年龄差距，对实现成年继承具有重要意义。

总之，马楚政权包括马氏政权和后马楚政权前后相连的两个部分。统治集团的本土化是马楚政权统治的基本特点，同时也是马楚政权发展的线索。它经历了湖湘土著集团—蔡州集团—马氏家族集团—朗州土著集团的发展历程，马楚政权的历史就是赵宋王朝之前四个集团先后征服和取代的历史。马楚政权在形式上包括潭州藩镇、朗州藩镇、桂州藩镇三部分（后马楚政权只包括潭州和朗州藩镇）。政治体制上藩镇体制、天策府体制长期并存，是一个介于藩镇与王国之间的过渡性质的政权，在本质上是一个复合型藩镇，与单一藩镇、臣附王国、独立王国共同构成了十国政权的存在模式。事大政策是马楚处理与中原王朝关系的基本政策，是马楚藩镇地位的体现和反映。兄终弟及继承制度是马楚政权的独创，丰富了藩镇继承制度的内容，是五代混乱局势下成年继承的客观要求。兄终弟及继承制度虽然避免了幼年继承的出现，但导致了马氏兄弟的内争，为朗州土著势力的趁机崛起提供了机会，加速了马楚政权的分裂与灭亡。羁縻安抚政策是马楚处理与少数民族关系的基本策略，成为了后代湘西地区延续数百年土司制度的滥觞。积极有效的经济政策，有力的人才支持和因事大政策的推行而取得的良好外部环境以及内部政权的稳定是马殷时期经济飞速发展的主要原因。统治者的挥霍浪费以及长期内争造成的内耗和分裂则是马楚经济迅速崩溃的根本原因。

参考和征引文献目录

一　古籍书目

（西汉）戴圣：《礼记》，商务印书馆 1947 年版。
（北魏）郦道元：《水经注》，商务印书馆 1933 年版。
（唐）杜佑：《通典》，中华书局 1988 年版。
（唐）李吉甫：《元和郡县图志》，中华书局 1983 年版。
（五代）刘昫等：《旧唐书》，中华书局 1975 年版。
（五代）史虚白：《钓矶立谈》，中华书局 1991 年版。（丛书集成初编）
（五代）孙光宪：《北梦琐言》，三秦出版社 2003 年版。
（五代）佚名：《五国故事》，杭州出版社 2004 年版。
（五代）何光远：《鉴诫录》，中华书局 1985 年版。（丛书集成初编）
（宋）薛居正：《旧五代史》，中华书局 1976 年版。
（宋）欧阳修：《新五代史》，中华书局 1974 年版。
（宋）欧阳修、宋祁：《新唐书》，中华书局 1975 年版。
（宋）王溥：《五代会要》，中华书局 1998 年版。
（宋）王溥：《唐会要》，中华书局 1955 年版。
（宋）王溥：《周世宗实录》，杭州出版社 2004 年版。
（宋）司马光：《资治通鉴》，中华书局 1956 年版。
（宋）李焘：《续资治通鉴长编》，上海古籍出版社 1986 年版。
（宋）龙衮：《江南野史》，台北商务印书馆 1983 年版。（文渊阁四库全书）
（宋）王钦若：《册府元龟》，中华书局 1960 年版。
（宋）李昉等：《太平御览》，中华书局 1960 年版。
（宋）李昉等：《太平广记》，中华书局 1961 年版。

（宋）乐史：《太平寰宇记》，中华书局1985年版。
（宋）路振：《九国志》（附拾遗），中华书局1985年版。（丛书集成初编）
（宋）周羽翀：《三楚新录》，中华书局1985年版。（丛书集成初编）
（宋）马令：《南唐书》，台北商务印书馆1983年版。（文渊阁四库全书）
（宋）延一：《广清凉传》，山西人民出版社1989年版。
（宋）范坰、林禹：《吴越备史》（附补遗、世系图、州考），中华书局1991年版。（丛书集成初编）
（宋）叶梦得：《石林燕语》，中华书局1984年版。
（宋）龙衮：《江南野史》，台北商务印书馆1983年版。（文渊阁四库全书）
（宋）陶岳：《五代史补》，台北商务印书馆1983年版。（文渊阁四库全书）
（宋）尹洙：《五代春秋》，中华书局1985年版。（丛书集成初编）
（宋）陆游：《南唐书》，台北商务印书馆1983年版。（文渊阁四库全书）
（宋）郑文宝：《南唐近事》，中华书局1985年版。（丛书集成初编）
（宋）赞宁：《宋高僧传》，中华书局1987年版。
（宋）张唐英：《蜀梼杌》，中华书局1985年版。（丛书集成初编）
（元）脱脱等：《宋史》，中华书局1977年版。
（明）陶晋英：《楚书》，湖北教育出版社2002年版。
（明）陈霆：《唐余纪传》，杭州出版社2004年版。
（清）毕沅：《续资治通鉴》，中华书局1957年版。
（清）吴任臣：《十国春秋》，中华书局1983年版
（清）郑方坤：《五代诗话》，杭州出版社2004年版。
（清）董诰等：《全唐文》，中华书局1983年版。
（清）梁廷楠：《南汉书》，广东人民出版社1981年版。
（清）陆增祥：《八琼室金石补正》，文物出版社1985年版。
（清）王夫之：《读通鉴论》，中华书局1975年版。
（清）王士祯：《五代诗话》，人民文学出版社1989年版。
（清）王昶：《金石萃编》，中国书店1985年版。
（清）穆彰阿等：《大清一统志》，上海古籍出版社2007年版。
（清）《光绪龙山县志》，江苏古籍出版社2002年版。（中国地方志集成）

（清）《乾隆长沙府志》，江苏古籍出版社 2002 年版。（中国地方志集成）
（清）《嘉庆常德府志》，江苏古籍出版社 2002 年版。（中国地方志集成）
（清）《乾隆衡州府志》，江苏古籍出版社 2002 年版。（中国地方志集成）
（清）《乾隆岳州府志》，江苏古籍出版社 2002 年版。（中国地方志集成）

二 今人著作

韩国磐：《隋唐五代史纲》，人民出版社 1977 年版。
湖南省博物馆：《三十年来湖南文物考古工作》，文物出版社 1979 年版。
梁方仲：《中国历代户口、田地、土地和田赋统计》，上海人民出版社 1980 年版。
郭武雄：《五代史料探源》，台北商务印书馆 1981 年版。
谭其骧：《中国历史地图集》（第五册），中国地图出版社 1982 年版。
吕思勉：《隋唐五代史》，上海古籍出版社 1984 年版。
陶懋炳：《五代史略》，人民出版社 1985 年版。
卞孝萱、郑学檬：《五代史话》，北京出版社 1985 年版。
张泽咸：《唐五代赋役史草》，中华书局 1986 年版。
严耕望：《唐代交通图考》，台北“中研院”史语所 1986 年版。
张国刚：《唐代藩镇研究》，湖南教育出版社 1987 年版。
王永兴：《隋唐五代经济史料汇编校注》，中华书局 1987 年版。
彭武一：《湘西溪州铜柱与土家族历史源流》，中央民族学院出版社 1989 年版。
［英］崔瑞德编：《剑桥中国隋唐史》，中国社会科学出版社 1990 年版。
郑学檬：《五代十国史研究》，上海人民出版社 1991 年版。
任爽：《南唐史》，东北师范大学出版社 1993 年版。
张其凡：《五代禁军初探》，暨南大学出版社 1993 年版。
彭武文：《溪州铜柱及其铭文考辨》，岳麓书社 1994 年版。
敦煌研究院：《敦煌石窟艺术·莫高窟第 61 窟》，江苏美术出版社 1995 年版。
张伟然：《湖南历史文化地理研究》，复旦大学出版社 1995 年版。
胡如雷：《隋唐五代社会经济史论稿》，中国社会科学出版社 1996 年版。
李治安：《唐宋元明清中央与地方关系研究》，南开大学出版社 1996 年版。

朱玉龙：《五代十国方镇年表》，中华书局 1997 年版。
徐晓望：《闽国史》，台北五南图书出版公司 1997 年版。
李斌城等：《隋唐五代社会生活史》，中国社会科学出版社 1998 年版。
方积六：《五代十国军事史》，军事科学出版社 1998 年版。
杨曾文：《唐五代禅宗史》，中国社会科学出版社 1999 年版。
伍新福：《湖南通史》（古代卷），湖南出版社 1999 年版。
邹劲风：《南唐国史》，南京大学出版社 2000 年版。
樊文礼：《唐末五代的代北集团》，中国文联出版社 2000 年版。
张兴武：《五代十国文学编年》，人民文学出版社 2001 年版。
何灿浩：《唐末政治变化研究》，中国文联出版社 2001 年版。
杜文玉：《南唐史略》，陕西人民教育出版社 2001 年版。
何勇强：《钱氏吴越国史论稿》，浙江大学出版社 2002 年版。
［日］冈田宏二著：《中国华南民族社会史研究》，赵令志、李德龙译，民族出版社 2002 年版。
罗庆康：《马楚史研究》，湖南人民出版社 2004 年版。
任爽主编：《十国典制考》，中华书局 2004 年版。
杜文玉：《五代十国制度研究》，人民出版社 2006 年版。
任爽主编：《五代典制考》，中华书局 2007 年版。
何剑明：《沉浮：一江春水——李氏南唐国史论稿》，南京大学出版社 2007 年版。
王凤翔：《晚唐五代秦岐政权研究》，三秦出版社 2009 年版。
陈欣：《南汉国史》，广东人民出版社 2010 年版。
王德忠：《中国历史统一趋势研究——从唐末五代分裂到元朝大一统》，商务印书馆 2010 年版。
杜文玉：《五代十国经济史》，学苑出版社 2011 年版。
周阿根：《五代墓志汇考》，黄山书社 2012 年版。

三　今人论文

卞孝萱：《五代时期南方诸国与契丹的关系》，《山西师范学院学报》1957 年第 3 期。
周世荣：《略谈长沙的五代两宋墓》，《文物》1960 年第 3 期。
［日］日野开三郎：《楚与南汉的关系》，《田村博士颂寿纪念东洋史论

丛》，1968 年。

［日］日野开三郎：《楚之马殷的通货政策与五代时期的金融业者（上、下）》，《东洋学报》第 54 卷第 2、3 号，1971 年。

［日］冈田宏二：《五代楚王国的建国过程》，《大东文化大学纪要》，1976 年。

［日］冈田宏二：《五代楚王国的性质》，《中嶋敏先生古稀纪念论集（下卷）》，1981 年。

郑学檬：《五代十国商品经济的初步考察》，《唐史研究会论文集》，1983 年。

唐启淮：《略论马殷和马楚政权的建立》，《湘潭大学社会科学学报》1984 年第 1 期。

吕以春：《试论五代吴越的基本国策与县名更改》，《杭州大学学报》1985 年第 2 期。

魏承思：《略论唐五代商人和割据势力的关系》，《学术月刊》1984 年第 5 期。

唐启淮：《唐五代时期湖南地区社会经济的发展》，《中国社会经济史研究》1985 年第 4 期。

郑学檬：《五代时期长江流域及江南地区的农业经济》，《历史研究》1985 年第 4 期。

任爽：《唐宋之际统治集团内部矛盾的地域特征》，《历史研究》1987 年第 2 期。

郑学檬：《五代十国的若干土地政策述论》，《中国社会经济史研究》1987 年第 3 期。

朱巨亚：《浅论荆南政权存在的原因》，《铁道师院学报》1987 年第 5 期。

林英男：《唐宋时代地方行政体制和强干弱枝传统的形成》，《深圳大学学报》1988 年第 3 期。

董恩林：《五代政治体制考略》，《中南民族学院学报》1989 年第 4 期。

杜文玉、高长天：《五代人口的数量与分布》，《延安大学学报》1989 年第 2 期。

宋嗣军：《五代时期南平立国原因浅析》，《湖北师范学院学报》1990 年第 3 期。

彭武一：《五代马楚羁縻政策剖析》，《中央民族学院学报》1991 年第

2 期。
王永平：《关于南唐的统一方略及流产》，《扬州师院学报》1991 年第 2 期。
曾四清：《马楚、王闽政权灭亡原因初探》，《湖湘论坛》1991 年第 3 期。
龙海清：《湘西溪州铜柱与盘瓠文化》，《中央民族学院学报》1991 年第 4 期。
［日］内藤湖南：《概括的唐宋时代观》，《日本学者研究中国史论著选译》1992 年总第一卷。
［日］桑原陟藏：《历史上所见的南北中国》，《日本学者研究中国史论著选译》1992 年总第一卷。
萧高洪：《唐五代北人迁赣及其社会效果》，《江西社会科学》1992 年第 6 期。
易图强：《五代藩镇动乱特征分析》，《历史教学》1994 年第 2 期。
易图强：《五代朝廷军事上削藩设置》，《中国史研究》1994 年第 3 期。
陈致远：《隋唐五代时期的常德》，《武陵学刊》1995 年第 4 期。
曾四清：《南平史三题》，《中国史研究》1996 年第 1 期。
易图强：《五代朝廷行政上削藩制置》，《益阳师专学报》1996 年第 2 期。
陶敏：《试论马楚时期的湖湘文学》，《求索》1996 年第 6 期。
易图强：《动乱与反动乱：五代历史发展的线索——兼论五代的历史地位》，《湖南教育学院学报》1997 年第 1 期。
朱馥生：《吴越国改元探索》，《杭州师范学院学报》1997 年第 1 期。
陈先枢：《马楚政权的重商政策》，《经贸导刊》1998 年第 2 期。
罗庆康：《马楚政权的经济发展对开发湖南的意义》，《湖南教育学院学报》1998 年第 6 期。
陈致远：《论周行逢及其治楚》，《求索》1998 年第 6 期。
罗庆康：《马殷述评》，《株洲师范高等专科学校学报》1999 年第 3 期。
林荣贵：《五代十国的辖区设治与军事戍防》，《中国边疆史地研究》1999 年第 4 期。
罗威：《马希范主楚述论》，《湖南教育学院学报》1999 年第 6 期。
罗庆康：《马楚兵制与五代兵制比较研究》，《常德师范学院学报》2000 年第 1 期。
吕维新：《五代十国时期茶史考略》，《茶叶机械杂志》2000 年第 1 期。

何灿浩:《唐末五代湖南地区的蛮族活动及其他》,《宁波大学学报》2000年第3期。
罗庆康:《试析马楚政权对五溪"蛮"的统治措施》,《湖南教育学院学报》2000年第3期。
罗庆康:《马楚商业浅释》,《长沙大学学报》2001年第1期。
罗庆康:《马楚犁耕农业蠡测》,《益阳师专学报》2001年第1期。
何灿浩:《唐末五代的水军与水战》,《宁波大学学报》2001年第1期。
刘复生:《五代十国政权与西南少数民族的关系》,《四川大学学报》2001年第2期。
罗庆康:《马楚治国方略的探讨》,《湖南师范大学学报》2001年第4期。
周流溪:《五代十国纪年与史书》,《史学史研究》2001年第4期。
张兴武:《马楚政权下的文人群体》,《首都师范大学学报》2001年第4期。
罗庆康:《马楚手工业管窥》,《求索》2001年第6期。
赵建玲:《南汉与中原及周边割据政权关系概述》,《安徽大学学报》2002年第3期。
何灿浩:《试论五代十国时期南方诸国宗室内争的发生原因》,《浙江师范大学学报》2003年第1期。
曹学群:《彭士愁的族属及来源新探》,《贵州民族研究》2003年第2期。
罗庆康:《论马楚的历史作用及地位》,《湖南师范大学学报》2003年第2期。
杜文玉、王丽梅:《五代十国封爵制度初探》,《陕西师范大学继续教育学报》2003年第4期。
何灿浩:《五代十国时期马楚内争中的三个集团及内争特征》,《宁波大学学报》2004年第2期。
何剑明:《南唐国伐楚之战及其败因探析》,《湖南师范大学学报》2004年第3期。
[日]山根直生:《唐朝军政统治的终局与五代十国割据的开端》,《浙江大学学报》2004年第3期。
何灿浩:《吴越国方镇体制的解体与集权政治》,《历史研究》2004年第3期。
袁波澜、敏生兰等:《唐、宋民族政策——羁縻问题之比较研究》,《西北民族大学学报》2004 年第 5 期。
曾代伟：《“溪州铜柱”铭文解读——以民族法文化视角》，《现代法学》2004 年第 6 期。
罗庆康、周虎辉：《试析马殷父子创修长沙开福寺的缘由》，《长沙大学学报》2006 年第 3 期。
戴显群：《五代十国割据形态的特征及其对统一进程的影响》，《长沙理工大学学报》2006 年第 3 期。
邵磊：《五代马楚史料的一则重要发现——马光赞墓志考释》，《南方文物》2007 年第 3 期。
彭文峰：《马楚政权兄终弟及继承制度述论》，《船山学刊》2008 年第 4 期。
彭文峰：《马楚政权统治集团本土化略论》，《湖南大学学报》（社会科学版）2009 年第 2 期。
薛政超：《唐末五代湖南割据势力移民考论》，《历史教学》2009 年第 2 期。
李正明：《马楚天策府十八学士考》，《船山学刊》2010 年第 3 期。
杨建宏：《马楚国时代长沙诗学述略》，《长沙大学学报》2010 年第 3 期。
张跃飞：《五代十国时期的捍蔽与平衡——以荆南为中心》，《唐史论丛》2012 年总第十五辑。
李翔：《五代楚国茶叶初析》，《农业考古》2014 年第 2 期。

四 学位论文

曾现江：《唐后期、五代之淮蔡军人集团研究》，四川大学 2002 年硕士学位论文。
高学钦：《五代时期十国与中原王朝的政治关系研究》，福建师范大学 2004 年硕士学位论文。
赵旭东：《五代与十国政治、军事关系研究》，厦门大学 2008 年硕士学位论文。
胡滨：《五代时期南方九国“善和邻好”政策与史家评论》，上海师范大学 2010 年硕士学位论文。
吴宝明：《五代十国时期马楚诗人与诗歌研究》，沈阳师范大学 2011 年硕士学位论文。

张雯：《马楚文学研究》，四川师范大学2012年硕士学位论文。
周加胜：《南汉国研究》，陕西师范大学2008年博士学位论文。
周庆彰：《五代时期南方诸政权政区地理》，复旦大学2010年博士学位论文。
张跃飞：《五代荆南政权研究》，北京师范大学2010年博士学位论文。
彭文峰：《唐末五代南方割据政权统治集团本土化与南人当国研究》，华东师范大学2009年博士后出站报告。

附录一　马楚大事记

乾宁元年（894）五月，刘建锋、马殷自江西进入湖南醴陵。马殷劝降龙回关守将蒋勋。

乾宁二年（895）四月，刘建锋以马殷为内外马步军都指挥使。

乾宁三年（896）正月，马殷领兵攻打邵州刺史蒋勋。

乾宁三年（896）五月，马殷被张佶等推为武安留后。

乾宁三年（896）九月，唐王朝令马殷以武安军留后身份判湖南军府事。

光化元年（898）二月，张佶打败蒋勋，马殷取得邵州。

光化元年（898）三月，唐以潭州刺史、判湖南军府事马殷知武安留后。

光化元年（898）五月，马殷取得衡州、永州。

光化二年（899）七月，马殷取得道州。

光化二年（899）十一月，马殷取得郴州、连州，湖南管内七州全部落入马殷之手。

光化三年（900）十月，马殷打败静江节度使刘士政，获得岭南桂、宜、岩、柳、象五州之地，势力发展到十二州。

天复二年（902）三月，唐王朝加马殷同平章事，淮南、宣歙、湖南等道立功将士，听用都统牒承制迁补，然后表闻。

天复三年（903）五月，马殷与雷彦恭联合攻陷江陵。回师途中取得岳州。

天祐元年（904）十二月，马楚事大政策确立。

天祐三年（906）三月，淮南陈知新攻取马殷控制下的岳州。

天祐三年（906）十二月，吉州刺史彭玕归顺马殷。

开平元年（907）正月，淮南将吕师周投奔马殷。

开平元年（907）四月，朱温册封马殷为楚王。

开平元年（907）六月，马殷打败吴将陈知新，重新夺回岳州。

开平元年（907）十月，马殷大败淮南。

开平二年（908）五月，马殷打败雷彦恭，取得朗、澧二州。

开平二年（908）九月，马殷打败清海节度使刘隐，取得昭、贺、梧、蒙、龚、富六州。

开平三年（909）六月，楚遣苑玫、彭彦章助抚州刺史危全讽攻吴洪州。

开平三年（909）七月，吉州刺史彭玕率数千人奔楚，殷表玕为郴州刺史，为子马希范娶彭玕之女。

开平四年（910）六月，后梁册封马殷为天策上将军。马殷开天策府，置左右相。

乾化元年（911）正月，马殷取得溆州。

乾化二年（912）二月，马殷攻取辰州。

乾化四年（914）四月，楚将王环袭吴黄州，大掠而还。

贞明二年（916）十二月，马殷与河东李氏通好。

同光元年（923）十月，马殷遣马希范入觐唐主李存勖。

同光二年（924）四月，庄宗加马殷兼尚书令。

天成元年（926）九月，明宗加马殷守尚书令。

天成二年（927）六月，明宗封马殷为楚国王。

天成二年（927）八月，马殷建立楚国。

天成四年（929）八月，马希声杀高郁。

长兴元年（930）十一月，马殷薨，子马希声继位，去建国之制，复藩镇之旧。

长兴元年（930）十二月，后唐王朝以武安节度使马希声为武安、静江节度使，加兼中书令。

长兴三年（932）七月，马希声卒。

长兴三年（932）八月，马希范继位。

长兴四年（933）二月，后唐王朝以马希范为武安、武平节度使，兼中书令。

清泰元年（934）正月，马希范被册封为楚王。

天福元年（936）四月，马希范出兵桂州，迁马希杲于朗州。

天福二年（937）十二月，晋加马希范江南诸道都统，制置武安、静江等军事。

天福三年（938）十月，彭玕之女马希范之妻顺贤夫人逝世。

天福四年（939）四月，后晋加马希范天策上将军，赐印，听开府置官署。

天福四年（939）八月，溪州刺史彭士愁起兵反楚。

天福四年（939）十一月，马希范重开天策府，设十八学士。

天福五年（940）正月，彭士愁战败，纳溪、锦、奖三州印请降。

天福五年（940）十二月，马希范树溪州铜柱。

开运二年（945）七月，马希范毒杀马希杲。

天福十二年（947）五月，马希范卒，马希广越兄马希萼继立。

天福十二年（947）七月，后汉王朝以马希广为天策上将军、武安节度使、江南诸道都统兼中书令，封楚王。

天福十二年（947）八月，马希萼至潭州奔丧，遭马希广阻挡无果而返。

乾祐元年（948）十二月，南汉攻楚，取楚贺州、昭州。

乾祐二年（949）八月，马希萼进攻潭州遭遇仆射州之败，退回朗州。

乾祐三年（950）六月，马希萼纠合辰、溆诸蛮再次进攻潭州。

乾祐三年（950）九月，马希萼称藩于南唐，乞师攻打马希广，南唐出师援助马希萼。

乾祐三年（950）十月，马希广求师于后汉王朝，汉廷兵未出而郭威之难起。马希广遭遇湄州之败。

乾祐三年（950）十一月，马希萼对潭州发起总攻。

乾祐三年（950）十二月，马希萼攻克潭州。马殷以来的宫室财富被焚毁洗劫一空。马希萼自称天策上将军、武安、武平、静江、宁远等军节度使、楚王。马希广被赐死。

广顺元年（951）二月，马希萼派遣掌书记刘光辅至南唐入贡。

广顺元年（951）三月，南唐册封马希萼为天策上将军、武安、武平、静江、宁远节度使兼中书令、楚王。同月，王逵、周行逢发动潭州兵变，立马光惠为武平节度使，建立朗州政权。

广顺元年（951）六月，王逵、周行逢废马光惠改立刘言为武平节度使。

广顺元年（951）九月，徐威等发动兵变，拥立马希崇，囚马希萼于衡山。马希萼至衡山后，被彭师暠等拥立为衡山王。刘言以声讨马希崇篡夺之罪为名，发兵进攻潭州。马希崇请兵于南唐。

广顺元年（951）十月，边镐进驻潭州，就任武安节度使。

广顺元年（951）十一月，马希崇、马希萼举族迁入金陵，马氏政权灭亡。南汉取得宜、连、梧、严、富、昭、柳、象、龚等州。

广顺二年（952）正月，南唐将孙朗、曹进帅率奉节都将士发动兵变，失败后投奔王逵。

广顺二年（952）十月，刘言、王逵、周行逢等驱逐南唐势力，恢复马氏岭北除郴、连二州之外的旧地。

广顺三年（953）正月，后周以武平留后刘言为武平节度使，制置武安、静江等军事、同平章事；以王逵为武安节度使，何敬真为静江节度使，周行逢为武安行军司马。

广顺三年（953）六月，王逵击败刘言，控制马楚政权。

显德二年（955）二月，潘叔嗣叛，王逵败死。周行逢掌握马楚政权，潘叔嗣被杀。

显德二年（955）七月，后周王朝以周行逢为武平节度使，制置武安、静江等军事。

建隆三年（962）八月，周行逢卒，子周保权继立。衡州刺史张文表叛。

建隆三年（962）十二月，北宋王朝以周保权为武平节度使，并令荆南出兵助周保权。

乾德元年（963）正月，宋廷以讨张文表为名出师湖湘。

乾德元年（963）三月，宋廷攻取朗州，后马楚政权结束。

附录二　五代十国形势图

（此表引自谭其骧《中国历史地图集·隋唐五代十国时期》）

后　记

拙著是在笔者博士论文的基础上略加修订而成的。自 2006 年答辩通过顺利毕业之后，笔者先后辗转于沪、冀、京多个单位，颠沛流离之间，博士论文一直束之高阁。近几年来，学界的一些朋友就马楚政权的一些问题与笔者进行过多次交流。在交往的过程中，笔者感到拙著的出版或许会给同行提供一些线索和思考，可能会有抛砖引玉之效，遂生出版之念。甲午年之孟夏，我与中国社会科学出版社的宋燕鹏编辑聊天时谈及出版拙稿之筹划，宋老师一则以鼓励，二则以帮助，遂定昔时出版之念，方成今日付梓之功。

2006 年拙著成稿前后，学界尚有多人对马楚政权进行过专门研究，之前有罗庆康的专著《马楚史研究》、日本学者冈田宏二的《中国华南民族社会史研究》（第一章“五代之楚王国”），之后有徐仕达《马楚政权之研究》、张雯《马楚文学研究》等学位论文，这些研究成果对拙著的撰写及修改颇有帮助，在此表示感谢。

博士导师施建中先生在拙著撰写过程中给予了悉心指导，硕士导师孙继民先生、博士后合作导师牟发松先生以及答辩委员会成员瞿林东先生、李锦绣先生、葛承雍先生、李鸿宾先生、王冠英先生对拙著在答辩前后都提出过不少修改意见，特此感谢。

拙著从动笔到付梓历时绵远，但仍有许多问题未得到完美解决，比如对溪州铜柱的研究还停留在浅表的探索阶段，马楚文化的研究也因材料限制等原因而一笔带过，等等。文中所有不当和疏漏均由本人负责，恳请读者批评指正。

彭文峰

2014 年 8 月 28 日